カエサル戦記集

内乱記

カエサル戦記集

内乱記

Commentarii de bello civili

高橋宏幸 訳

岩波書店

目次

凡例

一、本書は、ガーイウス・ユーリウス・カエサル『内乱記』全三巻の全訳である。翻訳にあたっては、J. M. Carter, *Julius Caesar The Civil War Books I & II*. Warminster 1991 および Id., *Julius Caesar The Civil War Book III*. Warminster 1993 を底本とし、「訳者解説」に掲げた他の校訂本を併せて参照した。

一、本文の区分は、「章」を漢数字で示し(段落冒頭の太字)、「節」をアラビア数字で示した(文字の右肩に付した小字)。訳注などで本文個所に言及する際は、「巻・章・節」で示した(たとえば、一・三〇・二は第一巻第三〇章二節を表わす)。

一、固有名詞について、同一子音の連続は促音、長音は音引き記号によって表記したが、地名については慣用に従った場合がある(ガッリア→ガリア、アレクサンドリーア→アレクサンドリア、アイギュプトス→エジプトなど)。また、部族名の第三変化形語尾は短母音扱いとした。

一、本文中で用いた記号の意味は次のとおりである。

［ ］ 校訂者による削除提案
〈 〉 校訂者による補足
（ ） 訳者による補訳

一、人物の発話について、原文において直接話法が用いられている場合、訳文では前後を一行空け、全体を二字下げて表示した。訳文中に「 」で括って示した発話は、原文において間接話法によるものである。

詳細目次

第一巻

第二巻

第三巻

カエサルの時代のローマの版図

第一巻

一 [1]カエサルの書簡は両執政官のもとに届けられた(1)。だが、彼らがようやく指示を出したのは、護民官(2)らの一歩も引かぬ踏ん張りがあったためで、しかも、元老院で読み上げられはしたものの、書簡にもとづく審議については認可を得られなかった。[2]両執政官は国政一般(3)の問題を審議にかけた。執政官

(1) 作品冒頭は唐突な出だしで始まる(唐突さは『ガリア戦記』冒頭と比較すると顕著であるうえに、ヒルティウスによる『ガリア戦記』第八巻末尾の記述とのあいだにも隔絶がある)ことから、重要と考えられる書簡の内容への言及がないことと合わせて、欠落を想定する見方もある。なお、このとき、カエサルはラウェンナにいて、書簡はガーイウス・クーリオーによって前四九年の執政官ルーキウス・コルネーリウス・レントゥルスとガーイウス・クラウディウス・マルケッルスのもとへ届けられ、カエサルのこれまでの国家への貢献を示し、カエサルとポンペイウス双方の軍隊解散を求めた(後出九・三、アッピアーノス『内乱史』二・三二、ディオーン『ローマ史』四一・一・一―四)。

(2) カエサル派のマルクス・アントーニウスとクイントゥス・カッシウス・ロンギーヌス(後出二・七)。

ルーキウス・レントゥルスは元老院に断言した。「私は国家のために力を尽くすので、元老院は大胆かつ強硬な意見を述べてくれればよい。[3]しかし、カエサルに気を遣い、彼の機嫌を伺うというような、これまでしてきたことを続けるなら、私は私の考えで行動し、元老院の権威に従うことはない。カエサルなら、この私でも愛想よく友人として迎えてくれるからな」。[4]スキーピオー(4)も同様の意見を述べた。「ポンペイウスは国家のために力を尽くす所存でいるので、元老院はあとについていけばよい。躊躇したり、軟弱な態度をとれば、彼からの支援が必要になってあとから泣きついても、どうにもならない」。

二 [1]このスキーピオーの演説は、元老院が都で開かれ、ポンペイウスもすぐそばにいたので、ポンペイウス自身の口から発せられているように思われた。[2]穏便な意見を述べた者もいた。その一人がマルクス・マルケッルスで、彼はこう演説を切り出した。「この問題を審議するより先にイタリア全土で徴兵を実施して兵士の登録を完了しておくべきだ。この護りがあれば、元老院も安心して忌憚なく意思決定ができる」。[3]また、マルクス・カリディウスもこう具申した。「ポンペイウスは自身の任地属州(5)へ出発すべきだ。そうすれば、武力衝突の原因はなくなる。カエサルは恐れている。ポンペイウスが彼から二個軍団を奪い取った(6)からだ。このままでは、ポンペイウスはカエサルに危害を加えるためにそれらの軍団を都の近くに留めていると見られてしまう」。さらに、マルクス・ルーフスもカリディウスの意見に、少し変化をつけただけで、ほぼ従った。[4]これらの人々は執政官ルーキウス・レントゥルスから罵りを浴びて退けられた。[5]レントゥルスが、カリディウスの提案を審議にかけることはまったくないと言明すると、マルケッルスは罵倒に恐れをなして自分の提案を取り下げた。[6]こうして、執政官の恫喝、間近で軍隊が与える恐怖、ポンペイウスの友人らの脅迫の前にほとんどの人々が屈した。不本意でもやむなくスキーピオーの意見に追従した。すなわち、期日までにカエサルは軍隊を解散すること、それが実行されない場合、カエサルは国家の反逆者と見なされること、であった。[7]マルクス・アントーニウス、クイントゥス・カッシウスの両護民官は拒否権を行使した。即座に護民官の拒否権発動について審議された。[8]述べられた意見は厳しいものばかりで、発言が過激で残酷であればあるほど、カエサルの敵対者から大きな喝采を受けるという具合だった。

三　[1]暮れ方、元老院が散会すると、元老院議員全員がポンペイウスから呼び出された。彼は意欲的な議員には褒め言葉や、今後に向けて激励の言葉をかける一方、及び腰の議員には叱責したり、喝を入

(3)　「一般の(infinite)」は、意味をなさない写本の読み(in civitate)への修正提案に従う。
(4)　クイントゥス・カエキリウス・メテッルス・ピウス・スキーピオー・ナーシーカ。前五二年のポンペイウスの同僚執政官で、彼の岳父ともなる。
(5)　内外ヒスパーニア属州。
(6)　前五三年にクラッススがカッライの戦いで敗死したあと、パルティアの脅威に対抗して、カエサルとポンペイウスのそれぞれ一個軍団をシュリア派遣にまわすことが決定されたが、ポンペイウスは以前にカエサルに貸し与えていた軍団を自分の割り当て分に当てることとした。その結果、二個軍団はともにカエサルの負担になったうえ、ポンペイウスによって彼のもとに引き留められた(『ガリア戦記』八・五四・一―五五・一)。

れたりした。[2]かつてポンペイウスの軍隊で仕えた退役兵(7)が四方から数多く召集され、カエサルから移管された二個軍団からも数多くが呼び集められた。[3]都は民会広場(8)まで軍団士官、百人隊長、再役兵で埋め尽くされた。[4]両執政官の友人、また、ポンペイウスの取り巻きとカエサルに昔から敵対していた人々の縁者がすべて元老院に集められた。[5]この者たちが駆けつけて騒いだために、気弱な人々は怯え、迷っていた人々は腹を決めた。しかし、たいていの人は自由な意思決定の場を奪われた。[6]監察官ルーキウス・ピーソー(9)は、自分がカエサルのところへ行く、と申し出をし、法務官ルーキウス・ロスキウスも同様の申し出をした。現況をカエサルに伝えることを目的として、これを完了するために六日間を彼らは要求した(10)。[7]数人の者はまた、使者をカエサルのもとへ派遣して、元老院の意思を彼に説明させよ、と提案した。

四 [1]これらの案はどれも反対された。すべてに対して執政官、スキーピオー、カトーが反論した。カトーはカエサルとの昔からの敵対関係と落選(11)の悔しさに駆られた。[2]レントゥルスは膨大な借金ゆえに、軍隊と属州を獲得できるという期待のもと、王の称号を授与する見返り(12)に突き動かされ、身内のあいだでこう嘯《うそぶ》いていた。「私は第二のスッラになる(13)。最高指揮権を握るのだ」。[3]スキーピオーも同様に属州と軍隊を獲得できる期待――ポンペイウスとの姻戚関係ゆえに彼と分け合えると考えていたのである――とともに、裁判にかけられることへの恐怖、自己顕示欲、国政と司法の場でこのときもっとも権勢があった有力者たちからの追従を動機としていた。[4]ポンペイウス自身はカエサルの敵対者たちにけしかけられ、自分と同等の地位に立つ者が一人もないことを望んでいたため、カエサルとの友誼を完全に断ち切り、二人に共通の敵だった者とよしみを結び直していた。だが、そのうちの大部分はポンペイウスがカエサルと縁戚関係にあったときにポンペイウス自身のせいでカエサルの敵にまわった者たちであった。(14) [5] それと同時に、二個軍団に関わる不祥事も気持ちを動かした。これらをポンペイウスはアシアとシュリアへの行軍途中に自身の権力と支配強化のために引き戻していたのである。かくして彼は武力による決着を切望していた。

五 [1] このような事情から、事態の進展はなにもかもが性急で混乱していた。カエサルの縁者には彼に

（7） ヒスパーニア遠征（前七〇年解散）、および、ミトリダーテース戦争（前六二年解散）に出征した兵士。

（8） 元老院議事堂に隣接した広場で、もとは民会がここで開かれた。ローマの発展とともに選挙や立法の場としては手狭となったものの、公の集会にはまだ用いられていた。

（9） 彼の娘カルプルニアがカエサルの妻となっていた。

（10） 後出八・四参照。

（11） 前五二年、執政官に立候補して落選した。

（12） ローマ支配地域の周辺弱小国の指導者は、ローマから「王」の称号を受けることで自身の統治権を確立し、その見返りとしてローマの支配層は賄賂を受け取った。

（13） スッラは前八八―八二年の内乱に勝利して、独裁官となったあと、広範囲に公権剥奪や土地没収を実施する恐怖・強権政治を布いた。

（14） カエサル、クラッスス、ポンペイウスの三頭体制はカエサルの娘ユーリアとポンペイウスの婚約（前五九年五月）によって確固たるものとなったが、三頭体制に敵対した勢力の大半はポンペイウスへの反感からそうしたので、もともとカエサルに敵対的ではなかった、ということを述べたもの。

イタリア
クリクタ
リブルニア
ダルマティア
クレモーナ
プラケンティア
内ガリア
ラウェンナ
アリミヌム
ピサウルム
ファーヌム
ルビコーン川
ルカ
ウンブリア
アンコーナ
アウクシムム
イーグウィウム
アッレーティウム
カメリーヌム
ピーケーヌム
キングルム
フィルムム
アスクルム
ハドリア海
サローナエ
イッサ
エトルーリア
パエリグニー
コルシカ
コサ
イギリウム
ティベリス川
マルシー
コルフィーニウム
マッルーキーニー
フレンターニー
アルバ
スルモー
ローマ
サムニウム
ラーリーヌム
ラティウム
ルーケリア
タッラキーナ
カシリーヌム
カヌシウム
アープーリア
カンパーニア
カプア
ヒルピーニー
ブルンディシウム
プテオリー
ネアーポリス
コンプサ
タレントゥム
ルーカーニア
サルディニア
トゥーリイー
カラリス
ブルッティイー
ウィボー
メッサーナ
シキリア
シュラークーサエ

知らせを送る暇もなく、護民官たちには身の危険に抗して訴えること、さらには、拒否権発動によって最低限の権利を護ること――これにはルーキウス・スッラも手をつけずにおいたのだが(15)――、いずれの機会も与えられなかった。2 それどころか、七日のうちに身の安全について配慮することを余儀なくされた。そのようなことは、これまで政情不安定化に奔走した、かの護民官ら(16)でさえ八カ月後にようやくさまざまな所行を振り返って心配する事態であった。3 ついには、かの元老院最終決議の可決にいたった。この決議がこれまで成立したのは、都が炎上し、いかなる人の身の安全も見捨てるような無謀な法律を提案する者があった場合だけである(17)。すなわち、「執政官、法務官、護民官、都の近くにいる執政官格属州総督は国家が損失を蒙ることのないよう力を尽くすべし」という決議であった。4 この文言が元老院決議として記録されたのは一月七日であったから、レントゥルスの執政官就任の日から数えて――二日の民会日を除いた(18)元老院招集の可能な――わずか五日のうちにカエサルの命令権、

(15) 独裁官スッラの改革(前八二―八一年)の一つに、護民官の存在を政情不安定化の要因として、その立法権や高位公職への昇任権に対する制限があったが、拒否権には手をつけなかった。

(16) 念頭に置かれていると考えられる護民官は、プブリウス・スルピキウス(前八八年)、ルーキウス・アップレイウス・サートゥルニーヌス(前一〇三、一〇〇年)、グラックス兄弟(兄ティベリウス、前一三三年。弟ガーイウス、前一二三、一二二年)など(後出七・六参照)。「八カ月」という言及の意味ははっきりしない。

(17) この言説には誇張がある。元老院最終決議は、追加的権限を付与することはなく、国家が危機的状況にあることを宣言して警鐘を鳴らす目的で出される。キケロー『縁者・友人宛書簡集』一六・一一・二参照。

(18) 一月三―四日。民会日には選挙や立法に関わる会合を開けなかった。

および、国家の要職者である護民官に関してきわめて由々しく過酷な決定がなされたことになる。[5]護民官らはただちに都から落ち延びてカエサルのもとに身を寄せた(19)。カエサルはそのとき、ラウェンナにいて、自身のこれ以上はない穏当な要求への返答を待っていた。人と人が筋を通せば、事は穏便に済ませられると期待していたのである。

六 [1]次の日からは都の域外(20)で元老院が開かれた(21)。ポンペイウスはスキーピオーを介して示していたのと同じことを弁じた。元老院の勇気と固い決意を称賛し、自分が持てる兵力を説明した。「私は一〇個軍団を用意している。[2]また、確かな情報によると、兵士らの心はカエサルから離れており、彼らを説得してカエサルのために守護や服従をさせることはできないということだ」。[3]ただちに他の議案が元老院の審議にかけられた。イタリア全土での徴兵、ファウストゥス・スッラのマウレーターニアへの急派、ポンペイウスへの国庫金使用の認可である。加えて、ユバ王をローマの盟友とすることも審議された。[4]最後の議案にマルケッルスは、いまは認められない、と言った。ファウストゥスの議案は護民官ピリップスが差し止めた。[5]その他の議案については元老院の議決として記録された。属州が私人に割り当てられた。執政官格属州二つと法務官格属州二つ(22)である。シュリアはスキーピオーの手に、ガリアはルーキウス・ドミティウスの手に渡った(23)。ピリップスとコッタは私人の策謀でかやの外に置かれ、二人の籤は引かれなかった。[6]残りの属州には法務官経験者が派遣された。彼らは時間を惜しんだ。前年の例のように命令権について国民の信任を受けることをせず、軍服を着るや、誓言をしたうえで都を出た。両執政官は、一度として前例のないことをした。〈吉兆を占うことすらせず〉[24]都から出発したのである。また、私人たちも都の域内とカピトーリウム丘上で先駆警吏を仕えさせた。[25]これも古来の先例にまったくはずれるものである。イタリア全土で徴兵、武器の徴発が行なわれ、資金が町々から徴収されるとともに神殿から持ち出された。神事の掟も、人と人の掟も乱された。

(19) キケロー『縁者・友人宛書簡集』一六・一一・二には、二人の護民官は力ずくで追い出されたのではない、と記される。

(20) ローマには建都当時の境界に由来する母市境界線(pomerium)があり、この域内には武装して入ることが許されなかった。そこで、命令権を放棄しないかぎり、ポンペイウスは域内に入れなかった。

(21) 一月八―一五日。

(22) 二つの執政官格属州はシュリアと外ガリア、法務官格属州の一つは内ガリア(キケロー『縁者・友人宛書簡集』一六・一二・三)だが、いま一つの法務官格属州ははっきりしない。

(23) 執政官もしくは法務官が任地属州の統治へ向かう時期について、前五二年のポンペイウス法施行以前は、任期終了直後であったのに対し、ポンペイウス法は任期終了から五年以上の期間を置くことを定めた。スキーピオーは前五二年の執政官であり、この定めに反している。ドミティウス・アヘーノバルブスが割り当てられたガリアは外ガリア(キケロー『縁者・友人宛書簡集』一六・一二・三参照)で、前五四年の執政官であったドミティウスがポンペイウス法に適格であったかはっきりしない。なお、ルーキウス・マルキウス・ピリップス(前五六年の執政官)とルーキウス・アウレリウス・コッタ(前六五年の執政官)はいずれも法的に適格で、親カエサル派。

(24) 写本では、前文の「前例のない」を説明する文言が見当たらないことから、テキストに欠落が想定されている。補いは底本の採用する提案に従う。

(25) 先駆警吏は高位政務官の命令権を象徴するので、私人の立場で自由に使えるものではなかった。

七 [1]このようなことを知ると、カエサルは兵士たちを前に演説し[26]、自分の敵対勢力がこれまでずっと続けてきた不当行為を語って聞かせた。これらの者どもが自分の勲功を妬み、貶めることでポンペイウスの気を引き、心を歪めた、と嘆いた。「私自身はいつでも彼の栄誉と威信に力添えし、手助けしてきたのだ」。[2]これまでなかったことが先例として国家に持ち込まれたことについてもカエサルは嘆いた。「護民官の拒否権が武力によって斥けられ、弾圧されたのだ。[3]スッラは他のすべての護民官権限を剥奪したけれども、拒否権だけは手をつけずに残した[27]。[4]ポンペイウスは失われた権限を取り戻したように見えながら[28]、以前からあった権限まで奪い去ってしまった。[5]いつであれ、「国家が損失を蒙ることのないよう力を尽くすべし」という決議[29]がなされたとき、すなわちこの声が上がり、この元老院決議によってローマ国民が武器を執るよう求められたときとは、有害な法案提出、護民官の横暴、国民の離反、神殿や要衝の占拠といった場合に限られた。[6]しかも、これら過去の例はサートゥルニーヌスやグラックス兄弟の死によって穢れが払われた[30]。ところが、現在はそうしたことが何一つ行なわれてはいないし、考えられてもいないのだ」。[7]カエサルは兵士らを鼓舞した。「諸君は私の指揮下で九年のあいだ国家に最高の成果をもたらした。幾多の戦闘に勝利を収め、全ガリアとゲルマーニアを平定した。であれば、いま、私の名望と威信を政敵から護ってもらいたい」。[8]居合わせた第一三軍団[31]の兵士らが一斉に喊声を上げた――騒乱が始まったときにカエサルが呼び寄せたのはこの軍団だけで、他の軍団はまだ合流していなかったのである――、「われわれは覚悟ができている。わが将軍と護民官を不当行為から護ってみせる」。

八　[1]これで兵士らの意志を了解すると、カエサルはこの一個軍団を率いてアリミヌムへ進発、(32)その地で彼のもとへ逃げ込んできた護民官らと合流した。他の軍団には冬期陣営を出て、自分のあとに続くように命令を下した。[2]そこへ、青年ルーキウス・カエサルがやって来た。(33)これは父がカエサルの副司令官であった(34)人物である。彼は、まず話をして、来訪の目的を済ませてから、ポンペイウスからカエ

(26)　ここでは、この時点でカエサルはまだラウェンナ、つまり、属州内にいる(前出五・五)というように記されているが、スエートーニウス『皇帝伝』「ユーリウス・カエサル」三三、ディオーン『ローマ史』四一・四・一には、兵士への演説がアリミヌム(後出八・一)において行なわれたとされている。カエサルは、演説が内乱開戦を意味するアリミヌムへの進発以前になされたとすることで、自身の進軍決断がポンペイウス側に挑発された結果、やむをえないものであったように記述する。
(27)　前出五・一参照。
(28)　スッラが剥奪した護民官権限は、前七〇年にポンペイウス、クラッスス両執政官のもとで復活した。
(29)　前出五・三参照。
(30)　前出五・二参照。前一〇〇年一二月、護民官アップレイウス・サートゥルニーヌスは翌年の護民官再任が決まっていたが、彼の暴政に抗する元老院最終決議が可決されたのち、暴徒によって殺された。ティベリウス・グラックスに対して元老院最終決議は行なわれていないが、弟ガーイウス同様に非業の死を遂げた。
(31)　この軍団は内ガリア属州の守備に当たっていた(『ガリア戦記』八・五四・三)。
(32)　内ガリア属州からローマ直轄領内への進軍、つまり、内乱の開戦に踏み切った行為を示す。有名な「賽は投げられた」の逸話(プルータルコス『対比列伝』「カエサル」三二・六、「ポンペイウス」六〇・二、スエートーニウス『皇帝伝』「ユーリウス・カエサル」三二)を、カエサル自身は語っていない。
(33)　一月一七日または一八日と推定されている。
(34)　前五二年から前四九年のあいだ。したがって、このときまだカエサル軍に仕えていた。

サルに宛てた私信を預かってきていると言って、これを差し出した。[3]ポンペイウスの手紙には、「私はカエサルに釈明したい。私が国家のためになしたことをカエサルに対する侮辱と受け取らないでくれ。私はつねに国家の便益を私的利害関係より大切にしてきた。カエサルもその威信に見合う義務として、国家のためを思い、己れの執着も怒りも棄てるべきだ。政敵に対する怒りも、政敵を傷つけようと思うあまり、国家まで傷つけるほど激しいものであってはならない」とあった。[4]ルーキウス・カエサルも同様のことを少し言い添えて、ポンペイウスの弁解と調子を合わせた。また、法務官ロスキウス(35)もほぼ同じ内容を同じ言葉でカエサルに伝え、これはポンペイウスから言いつかったことだ、と告げた。

九　[1]このような弁解をしても不当行為の罪を軽くすることには何一つ役立たないと思われたが、それでもカエサルは、訪ねてきた人々がポンペイウスに自分の考えを届けるのに適任であったことから、二人にこう頼んだ。「あなた方はポンペイウスの言葉を預かって私に届けてくれたのだから、私の要求も彼のもとへ快く届けてほしい。そうすれば、あなた方のわずかな手間で大きな対立が解消し、イタリア全土が恐怖から解放されるかもしれない。[2]私はいつも、自身の威信を第一と考え、命より大切にしてきた。私が痛憤を覚えたのは、ローマ国民が私に与えた恩恵(36)を政敵が奪い取って侮辱したからだ。私は六カ月間の統治権を奪い取られ、都へ引き戻されそうになったが、私が不在のまま次の選挙に立候補できることとするというのが国民の命じるところだったのだ。[3]それでも、このように公職を奪われたことを私は、国家のためを思い、冷静に辛抱した。私は書簡を元老院に送って、すべての者が軍隊を手放すべきだという提案(37)をしたが、それも聞き届けられなかった。[4] いま、イタリア全土で徴兵が行なわれ、パルティアとの戦争を口実に私のもとから連れ去られた二個軍団(38)はイタリアに留め置かれ、国じゅうが武装している。いったい、これらすべての目的は何か。私を破滅させるためではないのか。[5] それでも私には、国家のためなら、どのようなことにも応じ、どのようなことも我慢する用意がある。ポンペイウスは自分の任地属州へ出発すべきだ。われわれはみずから武装解除しよう。イタリア国内のすべての者が武器を手放すべきだ。国じゅうの恐怖を解消し、自由な選挙と国政全般を元老院とローマ国民の手に握らせるべきだ(39)。[6] このことをより円滑に、所定の条件下で実行しようとするなら、また、誓約によって拘束力をもたせようとするなら、ポンペイウスがみずから出向いてくる

(35) 前出三・六参照。同じ使命を受けたルーキウス・ピーソーが来訪しなかった理由は必ずしも明らかではないが、カエサルの岳父として関係が近すぎたためか。

(36) 前五二年三月、護民官一〇人全員の提案で成立した法律(後出三二・三参照)で、カエサルがガリアに軍隊を保持し、ローマに不在のまま執政官選挙に立候補することを認めた。

(37) クーリオーが一月一日に執政官に手渡した書簡(前出一・一)に記されていた(ディオーン『ローマ史』四一・一・四、アッピアーノス『内乱史』二・三二参照)。

(38) 前出二・三参照。

(39) カエサルの提示した条件について、キケロー『縁者・友人宛書簡集』一六・一二・三(前四九年一月二七日付)参照。そこにはさらに、カエサルが外ガリアをドミティウス・アヘーノバルブスに、内ガリアをコンシディウス・ノーニアーヌスに引き渡し、自身は執政官選挙に立候補するためローマに赴き、不在のままの立候補を求めないことが記される。

か、私が出向いていくのを認めるかしなければならない。対立点はすべて話し合いを通じて解決することになろう」。

一〇　[1]ロスキウスはこの言葉を預かってルーキウス・カエサルとともにカプアに到着し、その地で両執政官とポンペイウスに会うと、カエサルの要求を伝えた(40)。[2]彼らは審議ののち、カエサルへの返答文書を作ると、再度彼らに託して送り届けた。その要点は次のとおりである。[3]カエサルはガリアへ戻ること。アリミヌムを退去し、軍隊を解散すること。このことが実行されたなら、ポンペイウスは両ヒスパーニア属州へ向かう。[4]カエサルが約束を果たすという確証が得られるまで、それまでのあいだ両執政官とポンペイウスは徴兵をやめないだろう。

一一　[1]これは不当な条件であった。カエサルにはアリミヌムを退去して属州へ戻れと要求しながら、自身は属州も他人のものである軍団も保持する、カエサル軍解散を望む一方で徴兵を行なう、[2]属州へ出発すると約束しても、いつまでに出発するか期日は定めず、それによって、もしカエサルの執政官任期終了時点で出発していなかったとしても、虚偽の咎めをまったく受けずにすむ、というのであるから。[3]実際また、ポンペイウスが会談の機会を与えず、カエサルのもとへ来る約束をしないことは和約に関する絶望感を大きくしていた。[4]かくして、カエサルはマルクス・アントーニウスを五個大隊とともにアリミヌムからアッレーティウムへ派遣する一方、自身はアリミヌムに二個大隊とともに留まり、この地で徴兵に取りかかった。そして、ピサウルム、ファーヌム、アンコーナをそれぞれ一個大隊の兵力で占領した(41)。

一二 [1]そうするうちにカエサルに知らせが入り、イーグウィウムを法務官テルムス(42)が五個大隊をもって守り、城市の防備を固めているが、イーグウィウムの住民は誰もがカエサルに絶大な支持を寄せている、という。[2]そこで、ピサウルムとアリミヌムに置いていた三個大隊とともにクーリオーをそこへ派遣した。クーリオーの到着を知ると、テルムスは住民の支持に信頼を置けなかったため、部隊を町から引き出して逃亡した。兵士らは途中で彼から離反し、故国へ戻った(43)。[3]クーリオーは全住民の圧倒的支持を受けてイーグウィウムを掌握した。これを知るとカエサルは、住民の支持を信頼して第一三軍団の数個大隊を町の守備から外し、アウクシムムへ進発した。この城市はアッティウス(44)が数個大隊

---

(40) キケロー『アッティクス宛書簡集』七・一四・一によれば、会ったのはテアーヌム(カプアの北約二〇キロメートルの町)で、一月二三日。

(41) この占領はキケロー『縁者・友人宛書簡集』一六・一二・二の言及から一月一六日以前であったと推定される。他方、ルーキウス・カエサルとロスキウスとの会談は一月一七日以降と考えられる。すると、カエサルは二人からポンペイウスの示した条件を聞く前にすでに軍を進めていたことになる。

(42) クイントゥス・ミヌキウス・テルムス。前五三年の法務官で、前五二年から前五〇年まで属州アシア総督(キケロー『アッティクス宛書簡集』六・一・一三)。ここでの「法務官」は法務官経験者の意。

(43) 離反した兵士は一部。テルムスの部隊はコルフィーニウムのドミティウス軍と合流した(キケロー『アッティクス宛書簡集』七・二三・一)。

を入城させて守っていた。アッティウスはまたピーケーヌム地方の隅々に元老院議員をまわらせて徴兵を行なっていた。

一三 [1]カエサルの到着を知ると、アウクシムムの参事会員[45]がこぞってアッティウス・ウァールスのもとへ集まり、こう告げた。「われわれも他の住民もガーイウス・カエサル将軍を町の城壁内へ入れないわけにはいかない。国家のために尽力し、あのような大成果を上げた方なのだから。それゆえ、あなたは後々のこととご自身の危難について考慮されるがよろしい」。[2]この言葉に動揺したウァールスは、入城させてあった守備隊を城市の外へ引き出して逃亡した。[3]これに対し、カエサル軍の先頭にいた部隊兵が少数で追撃して行く手を阻んだ。[4]交戦ののち、ウァールスは部下に見捨てられた。兵士らのかなりの部分が故国へ戻り、残りはカエサルの指揮下に入った。彼らはルーキウス・プーピウスという首位百人隊長を捕らえて一緒に連行してきた。これはかつてグナエウス・ポンペイウスの軍隊でも同じ位階に就いた者である。[5]するとカエサルは、アッティウスの兵士らを称揚する一方、プーピウスを釈放し、アウクシムムの住民には感謝を述べ、彼らがなしてくれたことを自分は忘れない、と約束した。

一四 [1]この知らせがローマに届くと、突如として激しい恐怖が襲ったため、執政官レントゥルスは国庫に赴いて、これを開き、元老院決議にもとづいてポンペイウスに資金を渡そうとしたけれども、予備金庫を開けるや、ただちに都から逃亡した。(46) 実際、いまにもカエサルが到来する、彼の騎兵もすぐに来るという誤報が流れていた。[2] レントゥルスのあとを同僚執政官マルケッルスとほとんどの政務官らが追った。[3] グナエウス・ポンペイウスはその前日に都を出発し、カエサルから受領して冬営のためにアープーリアに配備してあった軍団のもとへ旅立った。[4] ローマ周辺での徴兵は中断された。カプア以北のどこも安全ではないと誰もが考えたからである。カプアに着いて初めて彼らは気を取り直して態勢を整え、ユーリウス法(47)によってカプアに入植していた植民者たちを徴兵し始めた。レントゥルスは、カエサルがその地の訓練所に入れていた剣闘士らを中央広場に引き出すと、自由の身になれるという期待を抱かせてその気にさせ、馬をあてがったうえで、自分に従うように命じた。[5] しかし、そのような行為は誰が見ても非難されることであったので、あとになって身内の忠告を容れ、これら剣闘

(44) プブリウス・アッティウス・ウァールス。後出三一・二参照。また、ピーケーヌムはポンペイウスの出身地方で、アウクシムムはその中心城市。

(45) 参事会はイタリア自治市の審議機関。ローマの元老院に相当。

(46) 資金持ち出しにいたらなかった、の意。逃亡は、おそらく一月一八日か一九日のこと。キケローは一月二一日にフォルミアエでレントゥルスと会っている(『アッティクス宛書簡集』七・一二・二)。予備金庫は緊急事態に備えて(奴隷解放時に主人が納めた税金を源泉とする)資金を保管した(リーウィウス『ローマ建国以来の歴史』二七・一〇・一一)。キケロー『アッティクス宛書簡集』七・二一・二には、二月七日、カプアにいた両執政官に対し、ローマに赴いて予備金庫から資金を運び出してくるようにというポンペイウスからの指示が届けられたことが記される。

(47) 前五九年、カエサルが執政官のときに退役兵に土地を分配するために成立させた農地法。

士をカンパーニア協会(48)の諸家に割り当てて監督してもらうこととした(49)。

一五 [1]カエサルはアウクシムムから軍を進めてピーケーヌム地方を走り抜けた。この地方の管区はどこもカエサルを喜色満面で歓迎し、軍隊にあらゆる面の支援を行なった。[2]キングルムですら、ラビエーヌス(50)が創建し、私財をもって建設した城市であったにもかかわらず、カエサルのもとへ使節を寄越し、彼の下命を誰にも負けぬ熱意をもって実行すると約束した。[3]カエサルが兵士の提供を命じると、派遣してきた。そうするうちに第一二軍団がカエサルに追いついた。これで二個となった軍団を率いてカエサルはピーケーヌム地方のアスクルムへ進発した。この城市はレントゥルス・スピンテールが一〇個大隊をもって守っていたが、カエサルの到来を知ると、城市から逃走した。部隊兵も一緒に率いていこうと試みたが、兵士の大部分から見捨てられた。[4]残された少数の兵とともに進むうちに彼はウィブッリウス・ルーフス(51)に偶然出会った。ポンペイウスによってピーケーヌム地方の民心鼓舞のために派遣されてきたところだった。ウィブッリウスはレントゥルスの話からピーケーヌムの状況を知ると、彼から兵士を貰い受け、レントゥルスを解任した。[5]ウィブッリウスはまた、近隣の地域からポンペイウス派の徴兵による部隊兵を可能なかぎり多く駆り集めた。こうして受け入れた中にカメリーヌムから逃げてきたルーキーリウス・ヒッルスがいた。ヒッルスは六個大隊とともにその地の守備に当たっていた。それらを統合すると一三個大隊になった。[6]ウィブッリウスはこの軍勢を率いてドミティウス・アヘーノバルブスが守るコルフィーニウムへ強行軍で到着すると、カエサルが二個軍団とともに迫っていると報告した。[7]ドミティウスは自力で約二〇個大隊をアルバや、マルシー、パエリグニー、および、近隣地域から集めていた。

一六 [1]フィルムムを掌握し、レントゥルスを駆逐したあと、カエサルはレントゥルスから離反した兵士らを駆り集めることと徴兵の開始を命令した。その地に一日だけ留まって穀物調達をしてから、コルフィーニウムへ急行した。[2]そこへ着くと、ドミティウスが城市から先発させた五個大隊が川に架かる橋を切り落とそうとしていた。この橋は城市から約三マイル(52)の地点にあった。[3]ここでカエサル軍の先着部隊が戦闘を交えると、ドミティウス軍は橋から押しのけられ、城市内へ退却した。[4]カエサルは軍団を渡河させると、城市の近くで進軍を停止し、城壁のそばに陣営を置いた。

一七 [1]これを知ると、ドミティウスは地域に詳しい者たちに多大な褒賞を示し、書簡を託してアープ

---

(48) カプアの市民組織。カエサルの農地法によって入植者が入ったあと、地位が低下していたと考えられる。

(49) キケロー『アッティクス宛書簡集』七・一四・二には、「ポンペイウスはカエサルの剣闘士を各家父に二人ずつ割り振った」と記される。

(50) ティトゥス・ラビエーヌスはガリア遠征中ずっとカエサルの副司令官を務め、もっとも有能な腹心であったが、カエサルのルビコーン渡河の数日後に離反し、ポンペイウス側についた。

(51) ルーキウス・ウィブッリウス・ルーフスのこのときの活躍については、キケロー『アッティクス宛書簡集』八・二・四、八・一一B・一にも言及がある。

(52) 距離と時間の単位については、巻末「用語説明」(「マイル」「昼間時」「夜警時」の項)参照。

ーリアにいるポンペイウスのもとへ送り出した。救援に来てくれ、と要請するためであった。「地形が狭隘であるので、二個軍団あればカエサルを孤立させるのも、穀物補給を断つのも容易だ。[2]ポンペイウスが救援に来なかった場合、私と三〇を超える数の大隊、それに、多数の元老院議員とローマ騎士が危機に陥るであろう」。[3]とりあえず彼は部下を激励してから、弩砲を城壁の上に配置し、各員に所定の持ち場を割り当てて町を防衛させた。兵士らを前に演説し、自身の所有地から農地を一人四〇ユーゲルム(53)ずつ、また、百人隊長と再役兵にはそれに見合うだけ与えよう、と約束した。

一八　[1]そのあいだにカエサルに報告が入り、スルモー――この城市はコルフィーニウムから七マイル離れたところにある――の住民がカエサルの望むとおりの行動を取りたいが、元老院議員クイントゥス・ルクレーティウスとパエリグニー人アッティウスによって阻まれている、という。ルクレーティウスとアッティウスは七個大隊の守備隊をもってこの城市を占拠していた。[2]そこへカエサルはマルクス・アントーニウスを第一三軍団の五個大隊とともに派遣した。スルモーの住民はわが軍の軍旗を見ると同時に城門を開いた。すると、住民も兵士も全員が一斉に喜び勇んでアントーニウスを迎えに出た。[3]ルクレーティウスとアッティウスは城壁の上から飛び降りた(54)。アッティウスはアントーニウスの前へ引き出されると、カエサルのもとへ送ってくれるよう頼んだ。アントーニウスはアッティウスとその大隊とともに、進発したのと同日に帰還した。[4]カエサルはそれら大隊を自軍と統合し、アッティウスは危害を加えずに解放した。カエサルは初めの数日間、大規模な工事で陣営の防備を固めるとともに近隣の町から穀物を運び込みながら、他の軍勢の到着を待つことにした。[5]三日経って彼のもとへ第八軍団、ガリアでの徴兵による新兵二二個大隊、(55)それに、ノーリクムの王が寄越した騎兵三〇〇騎が到着した。この到着を受けて、カエサルはもう一つの陣営を城市の向こう側に築き、この陣営の指揮をクーリオーに任せた。[6]このあとの数日をかけて防壁と砦による城市の包囲が始まった。この工事が大部分完成したのとほぼ同時に、ポンペイウスのもとへ送られていた使いが(ドミティウスのところへ)戻ってきた。

一九 [1]手紙を読み終えたドミティウスは、うわべを繕い、作戦会議の場で、ポンペイウスはすぐに救援に来る、と告げ、気持ちを切らさず、城市の防備に必要な用意をせよ、と激励した。[2]だが、内心では密かに少数の近しい者たちと会談し、逃走計画を立てることを決めていた。[3]ドミティウスは語った演説にそぐわない顔つきをしていた。何を話すときも前日までには見られない狼狽と不安な様子を示

---

(53) 約一〇ヘクタールの広さ。仮に兵士の数が一万五〇〇〇とすると、一五万ヘクタールの土地が必要になる計算で、広大に過ぎるため、「四ユーゲルム」とする読み替え提案もある。だが、ドミティウスのような大地主には不可能な数字ではない。また、リーウィウス『ローマ建国以来の歴史』三五・四〇・六には、ウィボーへの植民の際、歩兵に四〇ユーゲルム、騎兵にその倍の土地が与えられた、という記述がある。

(54) キケロー『アッティクス宛書簡集』八・四・四には、アッティウスが城門を開き、ルクレーティウスは逃走した、と記される。

(55) これで、進攻当初の第一三、あとから追いついた第一二(前出一五・三参照)と、この第八で古参兵三個軍団、および、新兵が二個軍団あまりの兵力となった。

した。内々で相談するために普段にない長時間の密談をして、他の人々との会合や集会を避けた。このため、事実をそれ以上は覆い隠しておけなくなった。[4]ポンペイウスの返事はこうだった。「私は事態を瀬戸際まで追い込むことはしない。ドミティウスがコルフィーニウムに立て籠もったのは私の助言や意図によるものではない。それゆえ、もし可能であるなら、全軍勢を率いて私のもとへ来るがよい」[56]。[5]しかし、それは不可能となっていた。城市が封鎖され、包囲されていたからである。

二〇 [1]ドミティウスの計画が知れ渡ると、コルフィーニウムにいた兵士らは日暮れに持ち場を引き揚げ、軍団士官や百人隊長、それに兵卒仲間でも一目置かれている者たちを介して次のように話し合った。[2]「われわれはカエサルによって包囲され、封鎖線の工事はほとんど完了した。ところが、われわれの指揮官であるドミティウスはというと、彼に期待し、彼を恃みとしてわれわれが踏み止まっているのに、われわれ全員を見捨てて逃亡計画を立てている。われわれは自分で身の安全を図らねばならない」。[3]当初、マルシー人[57]の兵士らが、このように主張する人々とは異なる見方をして、城市の中でもっとも防備が固いと思われた地点を占拠した。両派の対立は激しくなり、戦いを交えて武力による決着を試みるまでにいたった。[4]しかし、しばらくすると、仲裁の使いが双方のあいだを行き来し、マルシー人らもそれまで知らずにいたルーキウス・ドミティウスの逃走計画について理解した。[5]かくして、兵士らは全員が同じ一つの考えのもと、ドミティウスをみんなのいる前へ引き出してから、取り囲んで監視する一方、自分たちのあいだから選んだ使節をカエサルのもとへ派遣した。「われわれには城門を開く用意がある。カエサルが下した命令を実行し、ルーキウス・ドミティウスを生きたままカエサルの権限下に引き渡そう」。

二一 [1]このことを知るとカエサルは、できるだけ早く城市を掌握し、その兵力を自軍の陣営へ移管することはたしかに重要だと考えた。金品のばらまき、戦意の鼓舞、情報の捏造などで考えが変わらないともかぎらない。戦争においては些細なことが弾みとなって幾度となく重大な結果を生じてきたのである。[2]それでもカエサルは、兵士を送り込んだ場合、夜間のために規律が緩み、町の略奪が起きないか心配した。そこで、やって来た使節には、称賛の言葉を述べてから、城市に戻って城門と城壁を守備するよう命じた。[3]その一方で、建設に着手していた封鎖線に兵士を配置した。前日までのように一定の間隔を空けてではなく、夜警と歩哨を切れ目なく立たせ、お互いが触れ合うほどに封鎖線全体を兵士で満たした。[4]軍団士官と部隊長らを巡回させ、城市からの出撃を警戒するだけでなく、一人で密かに脱出してくる者も見張るように訓示した。[5]しかし、その夜に眠り込んでしまうほど気の緩んだ怠け者の兵は一名たりともいなかった。[6]大事を前にした心の高ぶりは尋常でなかったため、一人一人みなさまざまな考えや思いに囚われた。いったいコルフィーニウムの人々は、ドミティウスは、レン

---

(56) ポンペイウスからドミティウスへの手紙は三通が伝存し（キケロー『アッティクス宛書簡集』八・一二B―D）、カエサルの記述を裏づけている。その三通目は二月一七日発信。

(57) ドミティウスが自力で集めた軍勢（前出一五・七参照）であるので、そこに彼の地所もあったと考えられる。

トゥルスは、その他の人々はどうなるのか、各人をどんな結末が待ち受けているのか、と。

二二　第[1]四夜警時頃、レントゥルス・スピンテールが城壁の上からわが軍の夜警と衛兵に話しかけてきた。「もし機会をもてるなら、カエサルと会談したい」。機[2]会が設けられ、彼は城市の外に送り出されたが、ドミティウスの兵士がずっと彼のそばを離れず、そのままカエサルの面前まで連行された。レ[3]ントゥルスはカエサルと自分の身の安全について〈話し〉、どうか助けてくれ、と泣きついて頼んだ。昔の友情を語り、カエサルから受けた恩義について述べた。それはじつに多大な恩義であった。す[4]なわち、カエサルの力添えで神祇官同僚に加わったこと、法務官任期後にヒスパーニア属州を手に入れたこと、執政官に立候補した際に援助を受けたこと、(58)などであった。彼[5]の話をカエサルは遮って言った。「私が任地属州から足を踏み出したのは悪事をなすためではない。政敵の侮辱からわが身を護るため、現下の問題で国を逐われた護民官たちの威信を回復するため、少数者の派閥に苦しめられている私とローマ国民のために自由を勝ち取るためだ」。こ[6]の言葉に意を強くしたレントゥルスは、城市へ戻る許可を求めた。「私の身の安全について聞き届けられたことは、他の人々にも元気を与え、希望となるだろう。なかにはひどく怯え上がっている者たちもいて、自分の命ももはやこれまでとしか考えられなくなっているほどなのだ」。彼は許可を得て立ち去った。

二三　夜[1]が明けると、カエサルは、元老院議員とその子供、また、軍団士官とローマ騎士の全員を自分の前へ引き出すように命じた。[2]元老院議員は五人であった。ルーキウス・ドミティウス、プブリウス・レントゥルス・スピンテール、ルーキウス・カエキリウス・ルーフス、財務官セクストゥス・クインティリウス・ウァールス、ルーキウス・ルブリウスであった。これ以外にドミティウスの息子たち、その他かなりの数の青年たち、それに、ローマ騎士およびドミティウスが自治市から呼び出していた参事会員らが多数いた。[3]こうして全員が引き出されると、カエサルは彼らに兵士らが侮辱や悪罵を浴びせないよう制した。彼らと少しだけ話をし、君たちからは私に感謝の言葉はないのだな、私は君たちにこれ以上はない恩恵を与えたのに、と言うと、全員を無事に解放した。(59)[4]ドミティウスは六〇〇万セステルティウスの資金を運び込んで金庫に保管していたが、これをコルフィーニウムの四人委員がカエサルに届けた。しかし、カエサルはドミティウスに返してやった。人の命の場合は自制が利くが、金の場合はそうではないと見られないためであった。とはいえ、この金が国家のもので、ポンペイウスから兵士の給金として提供されたことは確かであった。[5]カエサルはドミティウス軍の兵士らに自分の前で忠誠の誓詞を述べることを命じてから、その日に陣営を移動し、通常の行軍を行なった。

(58) レントゥルスは、カエサルが大神祇官となった前六三年より少しのちに神祇官となり、カエサルが執政官となった前五九年に内ヒスパーニア属州総督となり、前五八年の執政官選挙で(おそらくカエサルの支援を受けて)当選した。

(59) カエサルについてよく言われる「慈悲深さ」を示す一例。しかし、それは性格的美点というより、怨恨の連鎖を避けるための知略にもとづくという見方も当時あった(キケロー『アッティクス宛書簡集』八・一六・二、一〇・四・八)。

コルフィーニウムに留まったのは計七日であった(60)。そして、マッルーキーニー人、フレンターニー人、ラーリーヌムの町の住民の領地を通ってアープーリアに到着した。

二四 ポンペイウスは、[1]このようなことがコルフィーニウムで起きたと知ると、ルーケリアを発ってカヌシウムへ、さらにそこからブルンディシウムへ向かった。[2]彼は、兵力になるならどこからでも新規の徴兵を行ない、そのすべてを自分のもとへ集めよと命じる一方、奴隷や牧人に武器を持たせて馬を割り当てることで約三〇〇騎の騎兵を編成した。[3]法務官ルーキウス・マンリウスがアルバから六個大隊を率いて、法務官ルティーリウス・ルプスはタッラキーナから三個大隊を率いて落ち延びてきた。ところが、この三個大隊は、遠くにウィービウス・クリウスが指揮するカエサル軍の騎兵の姿を認めると、法務官を見捨ててクリウスに軍旗を移管し、彼の指揮下に入った。[4]同様にして、このあとの行軍のあいだにも数個大隊がカエサル軍の隊列に加わり、なかには騎兵が加わる場合もあった。行軍中にクレモーナ出身のヌメリウス・マギウスというグナエウス・ポンペイウス軍の工兵隊長が捕まり、カエサルのもとへ連行された。[5]この者をカエサルはポンペイウスのもとへ提案を託して送り返した。「現在まで会談の機会がなかった一方、私自身がブルンディシウムへ向かおうとしているところであるから、大切な国政と国民全体の安寧を考え、私とポンペイウスが会談をもとう。実際、長距離を往復し、他人を介して条件を提示する場合と、あらゆる条件について顔をつき合わせて議論する場合では、同じ結果にならないのだから」。

二五 [1]このような提案を送ったあと、カエサルは六個軍団を率いてブルンディシウムへ到着した。[61] 三個軍団は古参兵からなり、残りの軍団は新兵の徴募によって編成し、兵員を充足した。[62] というのは、ドミティウス軍にいた大隊兵はすぐにコルフィーニウムからシキリアへ移送してあったからである。[2]カエサルが着いてみると、両執政官は軍の大半を率いてすでにデュッラキオンへ発ったあとである一方、ポンペイウスは二〇個大隊とともにまだブルンディシウムに留まっていることが分かった。[3]しかし、ブルンディシウムに留まった目的がこの地を確保することにあったのかどうか定かには探り出せなかった。確保できていれば、イタリアの突端とギリシア沿岸地域から容易にハドリア海全域の制海権を掌握でき、両方面からの作戦展開を狙える。だが、艦船の不足から留まっただけであったのかもしれなかった。[4]そして、ポンペイウスにイタリアを放棄するつもりがないことを恐れたカエサルは、ブルンディシウムからの出港と港湾業務に対する妨害に着手した。[5]このために次のように工事が段取りされた。まず、港へ入る航路の中で幅がもっとも狭まっている場所に岸の両側から土盛りを投げ込

---

(60) カエサルのコルフィーニウム出発は二月二一日の午後、同じ日の朝にポンペイウスはカヌシウムへ出発したとキケローは証言する(『アッティクス宛書簡集』八・一四・一)。

(61) 三月九日。これを記すカエサル自身の手紙がキケロー『アッティクス宛書簡集』九・一三Aに引用されて伝わる。

(62) 前出一八・五参照。ここでの新兵徴募は八個大隊ほどということになる。

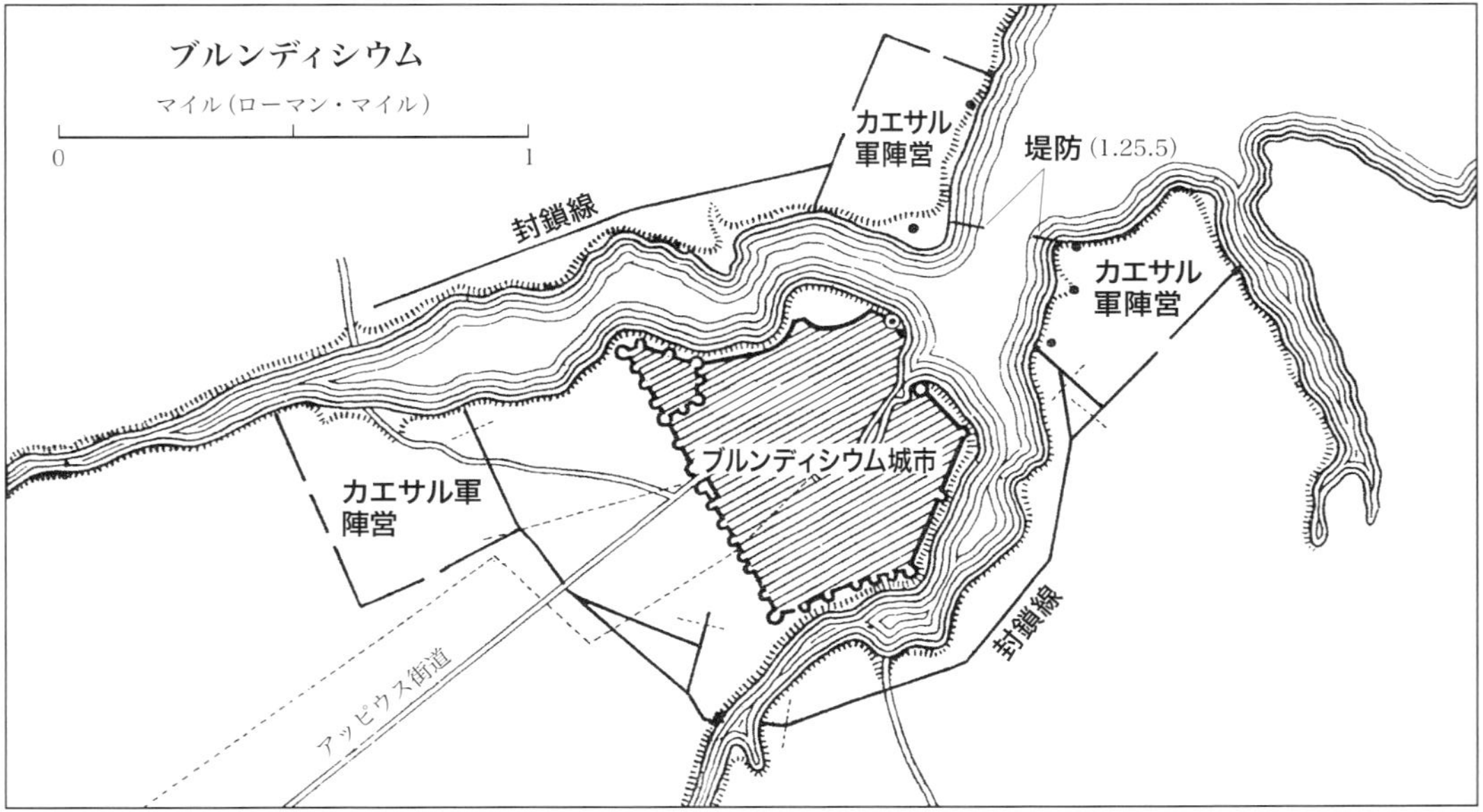
ブルンディシウム
マイル（ローマン・マイル）
0
1
封鎖線
カエサル軍陣営
堤防 (1.25.5)
カエサル軍陣営
カエサル軍陣営
ブルンディシウム城市
封鎖線
アッピウス街道

んで堤防を築いた。そのあたりは浅瀬になっていたからである。[6]さらに先へ進んで、水が深すぎるために土盛りを固定できなくなると、三〇ペース四方の浮き橋用舟を二重にして堤防の先へ配置した。[7]これらの舟はそれぞれ四本の錨によって四隅を固定された。潮の勢いで流されないようにしたのである。[8]これが完了して配備が済むと、次々とまた等しい大きさの舟を繋いだ。これらの舟には土を敷いて足場を作った。[9]防御のために近づいたり駆け込んだりしやすくするためである。そして、前面と両側面には枝編細工と遮蔽幕で防護が施された。[10]また、四隻目ごとに二層の櫓を上に建てた。艦船から攻撃され、火を放たれた場合の防御に役立てようとしたのであった。

二六 [1]これに対してポンペイウスは、ブルンディシウム港内で大型貨物船を接収しては、それらをみな艤装した。上に三層の櫓を建て、多数の弩砲とあらゆる種類の矢玉を満載したうえで、カエサル軍が工事している場所へ近づけた。舟の並びを突き破って工事を混乱させようとしたのであった。そうして毎日、双方は離れたところから投石、弓その他の矢玉を用いて戦った。[2]それでいてカエサルは、このように事を進めながらも、和約の可能性を逸するべきではないと考えていた。また、ポンペイウスのもとへ伝言を託して送り出したマギウスがどうして自分のもとへ戻らないのか、(63)はなはだ不思議

(63) キケロー『アッティクス宛書簡集』九・一三Aに引用されるカエサル自身の手紙には、ポンペイウスが和約のためにマギウスをカエサルのもとへ寄越した、と記される。

に思っていた。こうした試みを何度も繰り返すたびにカエサルの作戦行動は遅れをきたした。それにもかかわらず、カエサルは何があっても粘り強い対処をしなければならないと考えていた。[3]そこでカエサルは、副司令官カニーニウス・レビルスがスクリーボーニウス・リボーの親友であることから、リボーと会談させるために送り出した。レビルスに託して、リボーに和平調停を勧めさせようとしたのである。第一に要求されたのは、カエサルとポンペイウスの直接会談であった。[4]「私が強く確信するところでは、もしその機会が作られたなら、対等な条件での武装解除が実現するであろう。この成果を上げた手柄と評価は大方がリボーのものとなろう。リボーの主張と行動によって武装解除が果たされるのであるから」。[5]リボーはカニーニウスとの会談を終えるとポンペイウスのもとへ向かい、しばらくして話の結果を知らせに戻った。「いま両執政官が不在であるので、彼ら抜きで調停交渉はできない」(64)。こうして再三の試みが徒労に終わったあと、カエサルはもはや諦めるときだと判断した。戦争に踏み切ったのである。

二七 [1]カエサル軍が工事のほぼ半分を完了し、これに九日が費やされたとき、両執政官によってデュッラキオンから艦船が戻された。軍の先発部隊を運んだあと、ブルンディシウムに帰ってきたのであった。[2]ポンペイウスは、カエサルの工事に動揺したためか、当初よりイタリアを脱出する決定をしていたからか、艦船が到着すると出発の準備を始めた(65)。[3]カエサル軍の攻勢を鈍らせて、出発時に兵士らが城市へ突入できないよう、ポンペイウスは城門を封鎖し、街区や街路に障壁を築き、壕を道路と交叉するようにめぐらして中に杭や先端を尖らせた丸太を打ち込んだ。[4]この上には軽い枝編細工と土がかぶせられ、平らにされた。他方、城門を出て港へ通じる二つの道筋には巨大な材木を打ち込み、その先端を尖らせて防柵とした。[5]このような準備が済むと、ポンペイウスは兵士らに、静かに船に乗り込むよう命じた。その一方、再役兵からなる軽武装部隊を弓兵、投石兵〈とともに〉城壁と櫓の上にまばらに配置した。[6]これらの兵は、他の兵士全員が乗船を完了したとき、決められた合図で撤収することとし、好便な場所に快速船が用意して残された。

二八 [1]ブルンディシウムの住民はポンペイウス軍兵士の不正行為とポンペイウス自身の侮辱に憤って、カエサル派に支持を寄せていた。[2]そこで彼らは、ポンペイウスの出発を知ると、兵士らが忙しく動き回って出発準備に没頭しているあいだに、みんなで屋根の上から合図を送った。そこから事情を察したカエサルは、梯子の用意と兵士らの武装を命じ、戦果を挙げる機会を逃すまいとした。[3]ポンペイウスは夜が迫る頃に艦船を出航させた。城壁の上に監視目的で配置されていた兵員も取り決めていた合図で撤収し、確かめておいた道筋を通って艦船へ走った。[4]兵士らは梯子をかけて城壁を登ろうとしたが、ブルンディシウムの住民から、道に隠してある柵や壕(66)に用心せよ、と注意されて、立ち止まった。

(64) キケロー『アッティクス宛書簡集』九・九・二には、キケロー自身も思案していた和平交渉が両執政官によるイタリア退去によって不可能になった、と記される。

(65) ポンペイウスのイタリア退去は三月一七日(キケロー『アッティクス宛書簡集』九・一五a)。

(66) 前章三―四参照。

住民が案内する遠回りの道を進んで港へ着くと、兵士を乗せた二隻の艦船がカエサル軍の堤防のところで立ち往生していたので、これらを艦載小艇と小舟を使って捕獲し、接収した。

二九 [1]カエサルには、任務完遂を期すための最善策は艦船を集めて海を渡り、ポンペイウスを追撃することだと分かっていた。そうすれば、ポンペイウスが海の向こうの援軍によって態勢を強化する余裕を奪えるからである。しかし、それには手間を要し、時間がかかりすぎるのを恐れた。ポンペイウスが艦船をすべてかき集めたあとだったため、カエサルは即座に追撃できなかった(67)のである。[2]残された方策は、ガリアやピーケーヌムなどのかなり遠方からと、海峡越えの艦船を待つしかなかった。それは季節のせいで時間もかかり、障害も多いと思われた。[3]そのあいだには、古参兵軍と両ヒスパーニア属州が——その一方(68)はポンペイウスから受けた最大級の恩恵に報いる務めを負っていた——態勢を強化し、援軍と騎兵を整え、ガリアとイタリアに挑みかかる、そんなことが自分の不在中に起きることをカエサルは望まなかった。

三〇 [1]そこで、当面はポンペイウス追撃の方針は棄て、ヒスパーニアへ進発することにし、すべての自治市の二人委員に艦船の調達とブルンディシウムへの回送手配を命じた。[2]サルディニアへ副司令官ウァレリウスを一個軍団とともに、シキリアへ法務官格総督クーリオーを三個軍団とともに派遣した(69)。クーリオーにはまた、シキリアを確保したら、ただちにアフリカへ軍を移送するよう命じた。そのときサルディニアはマルクス・コッタが、シキリアはマルクス・カトーが掌握していた。アフリカは割り当てを得たトゥーベローが掌握するはずであった。[3] カラリスの住民は、自分たちのもとへウァレリウスが派遣されると聞くと同時に、まだ彼がイタリアから出発してもいないうちに、自発的にコッタを町から追い出した。コッタは属州全体が同じ考えであることに怯え上がり、サルディニアからアフリカへ逃亡した。[4] シキリアのカトーは古い軍艦を修理する一方、新しい軍艦建造を諸市に命じていた。彼はこれをたいへん熱心に行なった。また、ルーカーニア地方とブルッティイー地方で配下の副司令官に指示してローマ市民の徴兵を行なう一方、一定数の騎兵と歩兵をシキリアの諸市から徴発していた。[5] これらのことがほぼ完了した頃、クーリオーの到来を知ってカトーは集会で不満を述べた。「私はグナエウス・ポンペイウスに見捨てられ、裏切られた。彼はすべての面でまったく準備のないまま不必要な戦争に踏み切ったが、私と他の人々が元老院で問い質したときには、戦争の準備はすべて適切に整えてある、と請け合っていたのだから」。このように集会で不満を述べたあと、カトーは属州

(67) この場合、「ガリア」は内ガリアのハドリア海沿岸部を指し、「海峡」はイタリア半島とシキリアのあいだの現メッシーナ海峡のこと。
(68) 内ヒスパーニア属州。ポンペイウスは前七六年から前七二年まで執政官格総督としてセルトーリウス率いる叛乱軍と戦い、これを征圧した。
(69) ここでの記述の順序ではポンペイウスがイタリアを去った直後に派遣されたかのようだが、キケローの四月一四日付の手紙には、クーリオーがクーマエにいたキケローを訪ねた次第が記され、このあとシキリアに発つことが示されている(『アッティクス宛書簡集』一〇・四・八―一一)。

から逃げた(70)。

三一　[1]こうして総督が統治を放棄したあとへ、サルディニアにはウァレリウスが、シキリアにはクーリオーがそれぞれ軍を率いて到着した。[2]トゥーベローがアフリカに着くと、属州統治に当たっているのはアッティウス・ウァールスであった。彼は、上述のとおり(71)、アウクシムムで数個大隊を失うと、すぐに逃走してアフリカへ辿り着いた。総督不在(72)の属州を勝手に占拠し、徴兵を実施して二個軍団を編成した。人脈、土地勘、属州についての経験があったため、そうした企てに方策が立てられた。というのも、数年前、法務官任期後にこの属州を治めたことがあったからである。[3]ウァールスは、トゥーベローの船隊がウティカに近づいたとき、町にも港にも入らせなかった。トゥーベローに対し、健康を害した息子を上陸させることも認めず、錨を揚げてその地から退去することを強要した。

三二　[1]上述の指示(73)を済ませるとカエサルは、このあとは休息のために兵士らを最寄りの自治市へ移動(74)させ、自身は都へ向け出発した。[2]元老院を招集(75)すると、政敵の不当行為を並べ立てた。カエサルは述べた。「私は何一つ定めに外れる特典を求めなかった。執政官立候補資格となる法定期間(76)経過を待っていただけだ。すべての市民に開かれている条件で満足していたのだ。[3]一〇人の護民官が法案を提出したとき、政敵らが反対した。とくにカトーの抵抗は激烈をきわめ、昔から常套の長広舌で数日間も審議を引き延ばした。私に不在中の立候補を認める法案(77)だった。そうだ、ポンペイウスが執政官のときのことだ。もし彼が賛成でなかったなら、なぜ法案提出を認めたのか。もし賛成であったなら、なぜ私が国民の恩恵を享けることを阻んだのか」。[4]カエサルは自分の辛抱強さを説明した。「私が自分から軍隊の解散を要求したとき、それによって私はみずから威信と栄誉を傷つける覚悟だった」。[5]彼は政敵の悪意を指摘した。「彼らは相手に要求したことを自分に関しては拒否した。すべてを混乱に陥れても命令権と軍隊を手放したくないと思ったのだ」。[6]彼らが軍団を奪い去った不当行為(78)と護民官権限を制限(79)した残酷さと横暴を明確にした。自身が条件を提示したこと、会談を要請して拒絶されたこ

---

(70) 四月二三日にシュラークーサエから出航(キケロー『アッティクス宛書簡集』一〇・一六・三)、コルキューラ(現コルフ島)を目指し、さらに進んでポンペイウスと合流した(アッピアーノス『内乱史』二・四〇)。

(71) 前出一三・一―四。

(72) 実際は、前任総督ガーイウス・コンシディウス・ロングスがこのときまだ属州に残っていた。彼は、八月にクーリオー軍がアフリカへ進攻したとき、ハドルーメートゥムを一個軍団で守備していた(二・二三・四)。

(73) 前出三〇・二に記された三属州への派兵。

(74) キケロー『アッティクス宛書簡集』九・一五・一(ブルンディシウム攻略から一週間後の三月二五日付)には、タレントゥム、ブルンディシウム、シーポントゥムにそれぞれ一個軍団が駐留と記される。

(75) 四月一日のこと(キケロー『アッティクス宛書簡集』九・一七・一)。ディオーン『ローマ史』四一・一五・二によれば、護民官アントーニウスとカッシウスが招集し、母市境界線の外で開催された。キケローをはじめ(『アッティクス宛書簡集』九・一七・一、一〇・一・二)、多数が欠席したらしい。

(76) 一度執政官に就任した者が次に立候補するときは一〇年の期間を空ける、とするもの。

(77) 前出九・二、スエートーニウス『皇帝伝』「カエサル」二六・一、キケロー『アッティクス宛書簡集』七・三・四参照。

(78) 前出二・三参照。

(79) 前出五・一―五参照。

とを述べた(80)。「[7]これらのことに照らして、私は諸君に要求し、督励する。国家を肩に担い、私とともに動かしていこう。もし諸君が恐怖心から逃げ腰になるなら、私が重荷を担おう(81)。私一人の力で国家を動かすだろう。[8]ポンペイウスのもとへ和約の使節を送るべきだ。私はポンペイウスがしばらく前に元老院で言ったことなど気にならない。使節というものは送られた相手側に主導権を握らせ、送り出した側の恐怖心を示す、と彼は言った。[9]だが、これは薄っぺらでひ弱な魂が発する言葉であろう。この私は、これまで実力で勝ち抜くべく努力してきたように、いまは正義と公平性をもって事態を克服する所存だ」。

三三　[1]元老院は使節派遣の案件を是認した。しかし、派遣すべき人材が見つからなかった。とりわけ、誰もが身の安全を心配してこの任務を拒んだのであった。[2]実際、ポンペイウスは、都を去るときに元老院において、「私はローマに残った者とカエサルの陣中に加わった者とを同列に扱うだろう」と言っていた(82)。[3]こうして議論と言い訳による引き延ばしで三日が経った。また、カエサルの政敵によって護民官ルーキウス・メテッルスも送り込まれていた(83)。この案件を攪乱するとともに、どんな法案審議が始まってもすべてを妨害するのが役割であった。[4]彼の目論見が分かるとカエサルは、数日を無駄に費やしたのち、さらに時間を失うことのないよう、しようと決めていたことをなさないまま都を出発し、外ガリアへ到着した。

三四　[1]到着すると、ポンペイウスが〈ヒスパーニアへ〉ウィブッリウス・ルーフスを派遣したことが分かった。ウィブッリウスは数日前に(84)コルフィーニウムでカエサル軍の捕虜となったのち解放された人物である。[2]同様にドミティウスもマッシリアを占領するため七隻の快速船を率いて出発したという。彼はこれらの船をイギリウム島とコサ沿岸で個人所有者からかき集め、奴隷、解放奴隷、自領の入植者を乗り組ませていた。[3]また、マッシリア人の使節が故国へ先発したという。使節は青年貴族からなり、彼らにポンペイウスは都を発つとき訓示を与えていた。「カエサルには最近受けた恩義があるか(85)らといって、私がかつて諸君に与えた恩恵を忘れないでもらいたい」。[4]この指示を受けてマッシリアの住民はカエサルに対して城門を閉ざした。アルビキー族という蛮族が昔からマッシリアに服属して、北方の山地に住んでいたが、この部族が呼び寄せられた。[5]穀物が近隣地域とすべての砦から町の中へ

(80) 前出一一・三、二六・三—五参照。

(81) 写本の一致した読みは「私が諸君の重荷となることはない(illis se oneri non futurum)」だが、底本の採用する読み(illi, se oneri non defuturum)に従う。

(82) キケロー『アッティクス宛書簡集』一一・六・六参照。

(83) メテッルスは審議妨害のために拒否権を行使したと考えられる(キケロー『アッティクス宛書簡集』一〇・九A・一)一方、アッピアーノス『内乱史』二・四一、ディオーン『ローマ史』四一・一七・二、プルータルコス『対比列伝』「カエサル」三五・三—四が伝えるところでは、国庫を開けようとしたカエサルに邪魔立てしたものの、押しのけられたという。

(84) カエサルの外ガリア到着は四月下旬と考えられ、コルフィーニウム陥落は二月二一日(注60参照)。「数日前に」には皮肉な含意。

(85) 次章参照。

運び込まれ、武器工場が町の中に設置された。城壁、城門、艦隊の修理も始められていた。

三五 [1]カエサルはマッシリアから十五人委員(86)を呼び出し、彼らと交渉した。「マッシリア人が戦争の端緒を開かぬようにしてもらいたい。諸君はイタリア全体の民意の重みを尊重すべきだ。ただ一人の人間の意を迎えるべきではない」。[2]カエサルはこの他にも、彼らの考えをまっとうに戻すのに役立つと思われたことを告げた。[3]この言葉を使節は町に持ち帰ってから、決議にもとづいてカエサルに次のように返答した。「われわれの理解では、いま〈ローマ〉国民は二派に分裂している。いずれの派の主張がより正当であるか見きわめようとしても、われわれには判断できず、力にあまる。[4]しかし、両派の領袖であるグナエウス・ポンペイウスとガーイウス・カエサルのいずれにもこの町は恩義を受けている。一方はウォルカエ・アレコミキー族とヘルウィイー族の領地を公にわれわれに譲渡し、他方はサッリュエス族を戦争で破ったあと、われわれに服属させ、税収を増やしてくれた(87)。[5]それゆえ、二人の恩恵が同等なら、われわれも二人に同等の支持を提供しなければならない。どちらか一方に敵対することになるなら、どちらに対しても援助や町と港への受け入れをすべきではない」。

三六 [1]このような交渉が行なわれているあいだに、ドミティウスが艦船を率いてマッシリアに到着した。住民は彼を迎え入れ、彼に町の指揮権を与えた。戦争遂行の最高権限を彼に委ねたのである。[2]彼らは彼の命令に従って、いたるところへ艦隊を派遣した。輸送船をどこでも見つけ次第接収して港内へ曳航し、釘や木材など艤装が不十分な場合は、それを他の艦船の艤装と修復に利用した。[3]穀物を見つけられるだけ公の倉庫にかき集め、その他の物品、物資を、町が包囲された場合に備えて備蓄した。[4]このような不当行為に激昂したカエサルは三個軍団をマッシリアへ進撃させた。町を攻略すべく攻城櫓と鎧車を投入し、アレラーテーで軍船一二隻の建造に着手した。[5]これらの艦船は、木材を伐り出した日から三〇日で完成し、艤装も済んだ。そして、デキムス・ブルートゥスを指揮官としてマッシリアへ進撃させた。副司令官ガーイウス・トレボーニウスはマッシリア攻略のために残された。

三七 [1]カエサルはこれらの準備と手配を行なう一方で、ナルボーとその周辺に冬営のために駐屯させていた三個軍団とともに副司令官ガーイウス・ファビウスをヒスパーニアへ先発させた。このとき(ポンペイウス軍の)副司令官ルーキウス・アフラーニウスの守備隊が確保していたピューレーネー山地越えの峠(88)を迅速に占拠するよう命じたのであった。[2]さらに遠くで冬営していた残りの軍団にもあとに続くよう命令した。[3]ファビウスは、命じられたとおりに迅速な行動で守備隊を峠から駆逐すると、強行軍でアフラーニウス軍に向かって急いだ。

---

(86) マッシリアの行政実務を担う役職で、六〇〇人の参事会員の中から選ばれる(ストラボーン『地誌』四・一・五(一七九C))。

(87) どちらがカエサルとポンペイウスいずれの恩恵かはっきりしない。

(88) イレルダに通じるコル・ド・ラ・ペルシュ(Col de la Perche)越えのルートか。

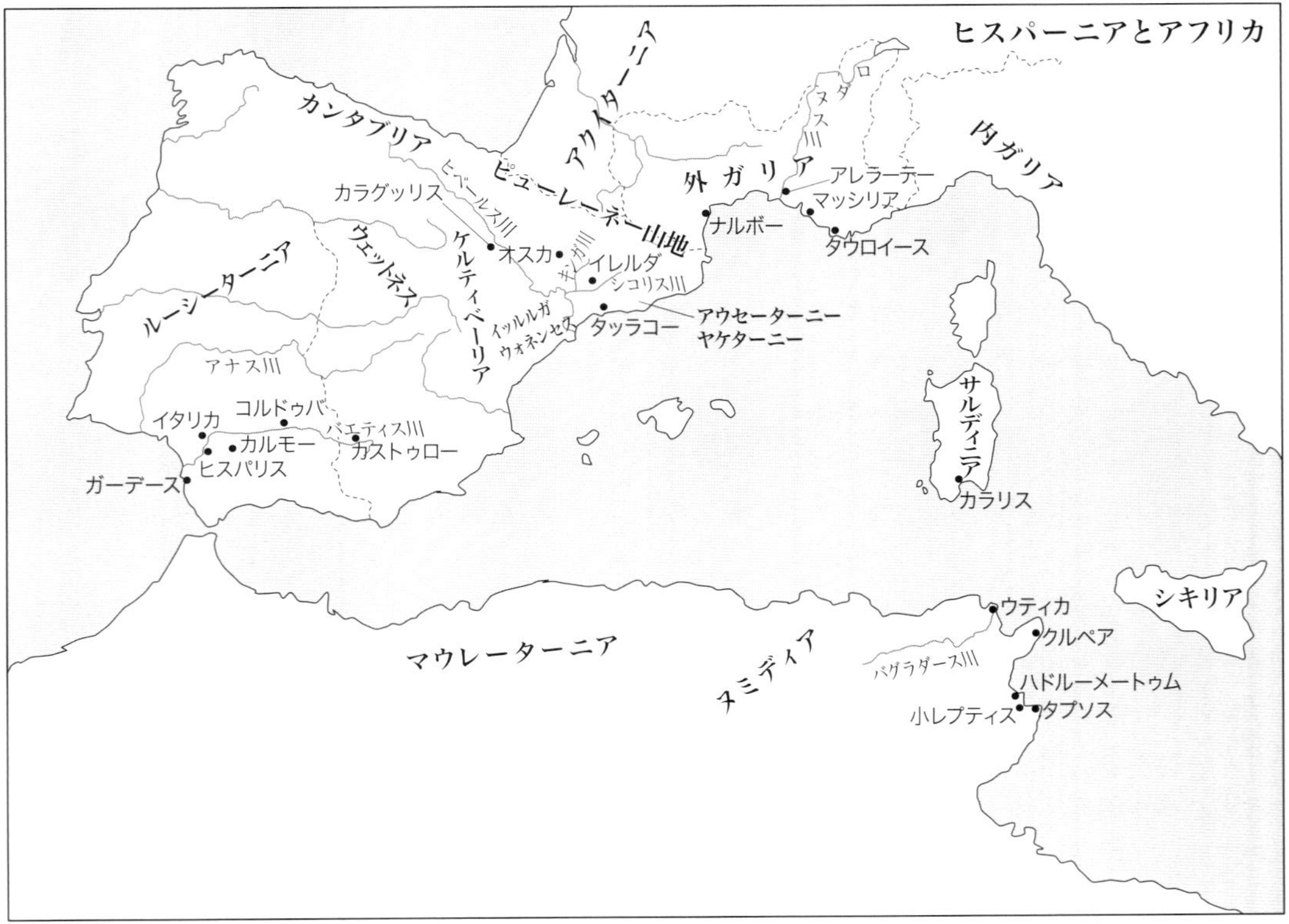
ヒスパーニアとアフリカ
カンタブリア
アクイターニア
ピューレーネー山地
外ガリア
内ガリア
ヌダロ
アレラーテー
マッシリア
ナルボー
タウロイース
カラグッリス
ヒベールス川
ケルティベーリア
オスカ
シコリス川
イレルダ
アウセーターニー
ヤケターニー
イッルルガ
ウォネンセ
タッラコー
ルーシーターニア
ウェットネス
アナス川
イタリカ
コルドゥバ
バエティス川
カルモー
カストゥロー
ヒスパリス
ガーデース
コルシカ
サルディニア
カラリス
シキリア
ウティカ
クルペア
バグラダース川
ハドルーメートゥム
小レプティス
タプソス
マウレーターニア
ヌミディア

三八　ルーキウス・ウィブッリウス・ルーフス[1]がポンペイウスによってヒスパーニアへ派遣されたことは上述のとおりだが(89)、彼が到着すると、ポンペイウス軍の副司令官アフラーニウス、ペトレイウス、ウァッロー(90)は――このとき一人が三個軍団で内ヒスパーニアを、もう一人が二個軍団で外ヒスパーニアのカストゥロー峠からアナス川までを、三人目がやはり二個軍団でアナス川からウェットネス族の領地とルーシーターニアを占拠していたが――[2]三人のあいだで次のように任務を分担した。すなわち、ペトレイウスは全軍勢を率いてルーシーターニアからウェットネス族の領地を通ってアフラーニウスのもとへ発つこととし、ウァッローは指揮下の軍団とともに外ヒスパーニア全土を防衛することとした。[3]分担が決まると、騎兵と援軍の提供を、ペトレイウスはルーシーターニア全域に、アフラーニウスはケルティベーリア人、およびカンタブリア人など大西洋岸の蛮族すべてに命令した。[4]この軍勢が集まると、ペトレイウスは迅速にウェットネス族の領地を通ってアフラーニウスのもとへ到着した。二人は作戦を協議し、イレルダ近郊での戦争遂行を決定した。地形が有利なためであった。

三九　[1]上述のとおり、アフラーニウスは三個軍団、ペトレイウスは二個軍団を有したが、その他に、

(89)　前出三四・一。

(90)　三人は前五四年にポンペイウスがヒスパーニア総督となって以来、ローマ近郊に留まるポンペイウスの代わりに属州統治に当たってきた。

内ヒスパーニア属州の大盾歩兵部隊と外ヒスパーニア属州の小盾歩兵部隊が合わせて八〇個大隊(91)、両属州の騎兵約五〇〇〇騎の兵力があった。[2]カエサルがヒスパーニアへ先発させた軍勢は六個軍団と、補助軍の歩兵六〇〇〇(92)、騎兵三〇〇〇で、さらに、それと同数の補助軍がカエサル自身の平定したガリアから加わったが、これには全部族から家柄と勇敢さに秀でた者が一人一人、名指しで召集された。また、アクイターニアと属州ガリアに接する山岳地帯から優秀な兵士の……(93)。[3]カエサルに届いた噂では、ポンペイウスが軍団とともにマウレーターニアを通ってヒスパーニアへ行軍中で、すぐにも到着するという(94)。カエサルは軍団士官や百人隊長から借金をして、その金を兵士に分配した。[4]これによって二つの目的が果たされた。百人隊長らは金を貸したことで戦意を切らすわけにいかなくなった一方、施しを受けて兵士らの支持も持ち直した。

四〇 [1]ファビウスは近隣部族に書簡や使者を送って支持を得ようと試みていた。また、シコリス川に四マイルの間隔をおいて二本の橋を架けた。これらの橋は糧秣調達隊が渡るためのものであった。というのも、川の此岸にあった糧秣はここ数日で使い尽くしていたからである。[2]これとほぼ同じことを同様の理由からポンペイウス軍の指揮官らも行なっていた。そこで、両軍は頻繁に騎兵戦でしのぎを削っていた。[3]さて、毎日のならいで糧秣調達隊を護衛するファビウス軍が橋詰めへ進み、二個軍団が渡り終え、輜重と全騎兵があとに続こうとしたとき、突如、強風と増水のために橋が真ん中で切れ、大勢の騎兵がとり残された。[4]この出来事をペトレイウスとアフラーニウスは川を流れてくる土砂や枝

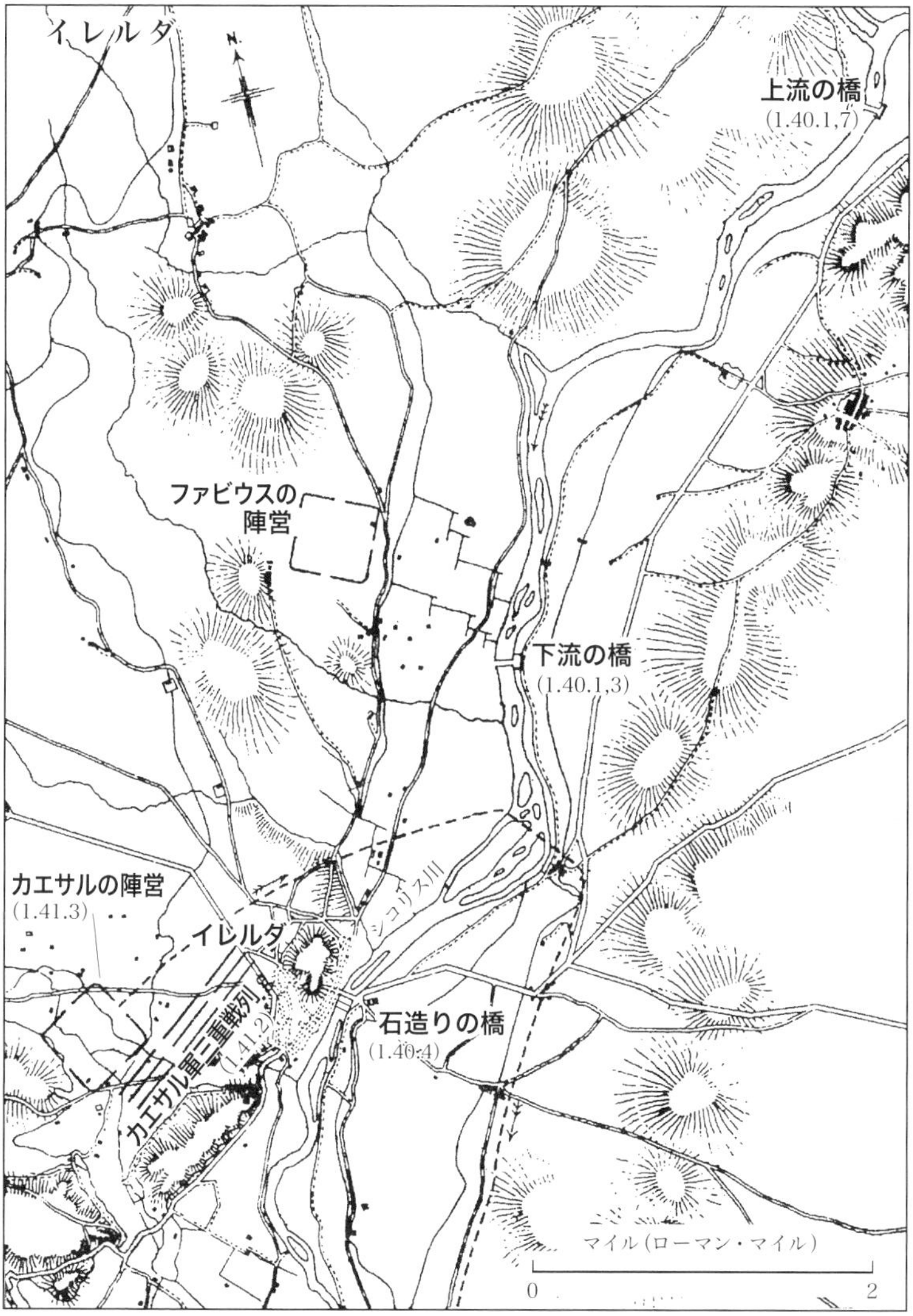
イレルダ
上流の橋
(1.40.1,7)
ファビウスの
陣営
下流の橋
(1.40.1,3)
カエサルの陣営
(1.41.3)
シコリス川
イレルダ
カエサル軍三重戦列
(1.41.2)
石造りの橋
(1.40.4)
マイル(ローマン・マイル)
0
2

編細工から察知した。アフラーニウスは素早く、町と陣営を繋いでいた自軍の橋(95)によって四個軍団と全騎兵を渡河させ、ファビウス軍の二個軍団に突撃した。[5]敵襲来の知らせを受けて、軍団を指揮していたルーキウス・プランクスは、緊急事態に迫られて高所を占め、戦列を二方向に向けて構えた。騎兵による包囲を防ごうとしたのである。[6]そうして合戦が始まり、数では劣っても、プランクスは軍団と騎兵の激しい攻勢を持ちこたえた。[7]騎兵が交戦し始めたとき、双方とも遠くに二個軍団の軍旗を認めた。ガーイウス・ファビウスが遠いほうの橋からわが軍の増援のために派遣した軍団であった。彼はこの事態を予想していた。敵の指揮官らは運が恵んだ機会に乗じてわが軍の制圧に出てくる、と見ていたのである。二個軍団の到来で戦闘は途切れ、双方とも軍団を陣営に戻した。

四一　[1]それから二日後(96)にカエサルが自身の護衛のために残していた九〇〇騎の騎兵とともに陣営に到着した。悪天候のために損壊していた橋は修復がほぼ終わっていたが、これを夜のうちに完成させるよう命令が下された。[2]カエサルは地形を調べたうえで、橋と陣営の守備に六個大隊を全輜重とともに残すと、翌日、全軍勢を三重の戦列に組んでイレルダへ進発した。アフラーニウスの陣営がある丘の麓に陣取ると、そのまましばらく武装を解かずに留まり、平地での戦闘機会を窺った。機会を捉えてアフラーニウスは軍勢を引き出すと、陣営の下方、丘の中腹に陣取った。[3]カエサルは、アフラーニウスが停止したまま戦闘を交えようとしないのを見ると、丘の麓から約四〇〇パッスス離れたところに陣営を築くことに決めた。[4]工事を進めるあいだに兵士らが敵の突然の襲来に怯えて作業を妨げられることのないよう、防壁をめぐらすことを禁じた。防壁はどうしても目立ち、遠くから見つかってしまうからである。その代わり、敵を迎え撃つ正面に幅一五ペースの壕を引くように命じた。[5]戦列の第一列と第二列は、最初に陣取ったときのまま武装を続けたが、その背後に隠れて第三列が工事を行なった。そうして工事がすべて完了したとき、まだアフラーニウスは陣営の防備が固められていることに気づいていなかった。[6]夕暮れ近く、カエサルはこの壕の内側へ軍団を戻し、そこで武装したまま、その夜の休息をとった。

四二 [1]翌日、カエサルは全軍を壕の内側に留め、土塁の資材集めには遠出の必要があったので、当面は同じ方法で工事を行なうことにした。陣営の各側面に一個軍団ずつを割り当てて防備を固めさせ、同じ規模の壕を完成させるよう命じた。残りの軍団には、武装して敵を迎え撃てる態勢を取らせた。[2]アフラーニウスとペトレイウスは威嚇して工事を妨害するために軍勢を丘の麓へ繰り出し、挑発行為

(91)「八〇(LXXX)」は写本の読み。多すぎることから、「三〇(XXX)」という修正提案がある。

(92) テキストに乱れがあり、底本は「歩兵はなく」と読む。「歩兵五〇〇〇」という修正も行なわれている。

(93) テキストに欠損があり、「軍勢が加わった」などの補いが必要と考えられる。

(94) 同じ頃にキケローは、ポンペイウスがイッリュリクムを通ってガリア(『アッティクス宛書簡集』一〇・六・三(四月半ば))ないしゲルマーニア(同一〇・九・一(五月三日付))へ向かっていると聞いていた。

(95) イレルダの城市に近い石造りの橋。

(96) 六月二三日頃。

を見せた。それでもカエサルは工事を中断しなかった。三個軍団で護り、壕による防備があれば大丈夫と踏んでいたのである。[3]敵方は長く留まることなく、また、丘の麓からあまり前進することもなく、軍勢を陣営に戻した。[4]三日目、カエサルは防壁で陣営の防備を固めると、最初の陣営に残していた六個大隊に輜重とともに自分のもとへ移るよう命じた。

四三　[1]イレルダの町と、それに近く、ペトレイウスとアフラーニウスが陣営を置いている丘とのあいだには、平地が約三〇〇パッスス続いており、そのほぼ中央にやや高くせり上がった場所があった。[2]この高地を占拠して砦を築けば、必ずや敵を町と橋から遮断して、町へ運び込む物資を断てる、とカエサルは考えた。[3]この狙いから、三個軍団を陣営から繰り出して適切な場所に戦列を組んだのち、一個軍団の先鋒兵(97)に、突進してあの高地を占領せよ、と命じた。[4]これを知って、陣営の前で歩哨に立っていたアフラーニウス軍の部隊兵が素早く近道を通って同じ高地を占領するために送り込まれた。[5]戦闘が交えられたが、アフラーニウス軍が先に高地に着いたため、わが軍は撃退された。さらに別の増援部隊も送り込まれたため、わが軍は背を向け、軍団旗のもとへ退却を余儀なくされた。

四四　[1]敵方の兵士の戦い方は次のようであった。すなわち、最初に激しく攻勢に出て突進し、果敢に前進を図る一方、あまり隊形を維持しようとはせず、密集せずに散開して戦い、劣勢になると後退して持ち場を放棄することも恥とは考えない。[2]ルーシーターニア人や他の蛮族と〈戦うあいだに蛮族の〉

戦法が身についたのであった。たいていの場合、兵士はみな長く居着いた地域の習慣に大いに影響されるものなのである。[3]このとき、そのためにわが軍は混乱をきたした。この戦法に慣れていなかったので、敵が一人ずつ突進してくるのを見て、盾のない右側から包囲されると思ったのである(98)。その一方で、わが軍は隊形を維持しなければならない、軍旗から離れることも、重大な事由なしに最前線から退却することもあってはならない、と考えていた。[4]そのため、先鋒兵が混乱に陥ると、その脇を固めていた一個軍団が持ち場を守れず、すぐそばの丘へ退却した。

四五 [1]カエサルは、ほぼ戦列全体が恐慌に陥るという、予想外で、前例のない事態が起きたのを見て、味方を激励し、第九軍団を率いて増援に向かった。敵は図に乗って激しくわが軍を追撃してきたが、これをカエサルは押し止めた。今度は敵に背を向けさせ、イレルダの城市まで退却して城壁のもとに陣取ることを余儀なくさせた。[2]しかし、第九軍団の兵士らは戦意が高揚し、蒙った損失を取り返そうと欲するあまり、むやみな追撃をした。逃げる敵を深追いしすぎて不利な地点まで進み、イレルダの城市が立つ丘の下へ近づいたのであった。[3]わが軍がここから退却しようとしたときには、今度は敵方が上方から攻め立ててきた。[4]その場所は切り立っていた。両側が懸崖をなし、幅は狭く、三個大隊が

(97) 字義どおりには「軍旗の前を進む兵(antesignani)」で、軍団の最前列に立つ兵士を意味したが、カエサルは通常の戦列に入らない特別部隊として用いた。一・五七・一、三・七五・五、三・八四・三参照。

(98) 実際にどのような事態が起きていたのか、カエサルの記述からは理解するのが難しい。

戦列を組むといっぱいになってしまうほどで、両側面から増援部隊を送ることも、騎兵を苦戦する味方の役に立てることもできなかった。[5]その一方、城市からは緩やかな下り勾配の傾斜地が約四〇〇パッスス続いていた。[6]ここを通ってわが軍は退却した。戦意に駆り立てられるまま、あまりに向こう見ずな突進をした結果であった。戦闘の行なわれた場所は狭隘なために不利であるばかりでなく、丘のちょうど麓に位置していたため、わが軍に打ち込まれる矢玉の一つとして外れるものがなかった。[7]敵方の兵力は増強された。陣営から大隊兵が町を通って繰り返し送り込まれ、力を温存していた兵が疲弊した兵と交替した。[8]カエサルも同様のことを行なうことを余儀なくされた。同じ場所へ大隊兵を送り込み、疲弊した兵を退却させた。

四六　[1]このような戦闘が休みなく五時間続き、わが軍は数にまさる敵によって著しい劣勢に立たされた。けれども、矢玉をすべて使い果たしたとき、剣を抜いて丘の上の敵大隊めがけて攻勢をかけた。するとと、敵は少数の兵が駆逐されるや、残りは後退を強いられた。[2]敵大隊が城壁の下へ移動し、なかには恐怖心から城市内へ追い込まれた兵もあったため、そのあいだにわが軍は容易に退却できた。[3]他方、わが軍の騎兵も、左右両翼、それぞれ低地の斜面に陣取っていたにもかかわらず、武勇のかぎりを奮って丘の頂へ駆け上がると、敵味方双方の戦列のあいだで馬を走らせた。これにより、わが軍の退却はいっそう円滑で安全なものになった。戦闘はそのように曲折に満ちていた。[4]わが軍は最初の衝突において約七〇名が命を落とした。この中には、クイントゥス・フルギニウスという第一四軍団の元第一大隊百人隊長(99)がいた。彼は卓抜した武勇ゆえに低位の階級からこの位階に昇っていた。負傷者は六〇〇人を超えた。[5]アフラーニウス軍の戦死者は、ティトゥス・カエキリウスという首位百人隊長の他、百人隊長四名、兵卒二〇〇名余であった。

四七 [1]しかし、その日の結果に関する評価は、双方とも自軍優勢のうちに戦いを終えたと考えていた。[2]アフラーニウス軍の言い分は、誰が判断しても劣勢と思われたのに、白兵戦であれほど長く踏み止まり、わが軍の攻勢を持ちこたえたうえに、戦闘の発端となった地点である丘を先に占拠し、最初の衝突においてわが軍に背を向けさせた、というものであった。[3]対してわが軍の言い分は、場所も不利、数も劣勢な合戦で五時間も戦闘を持ちこたえたこと、剣を抜いて丘を駆け上がったこと、それに、上方の地点にいた敵に背を向けさせ、城市内へ追い込んだことであった。[4]敵方は、戦闘の目標となった丘に大規模な防御工事を施し、守備隊を置いた。

四八 [1]そこに急な災いも降りかかった。戦闘があった二日後のこと、襲った嵐は桁違いであり、この地方でこれほどの大水となったためしがないことは間違いなかった。[2]さらに、まわりじゅうの山から

---

(99) 百人隊長のうち第一大隊に属する者が最上位にあり、その筆頭が次節に出る「首位百人隊長」。ここで「元」はフルギニウスが再役兵であることを示すと考えられる。

雪が解け出し、川は岸の高さを越え、ガーイウス・ファビウスが造った橋を二つとも一日で壊した。[3]これによってカエサル軍に大きな困難が生じた。上述のように(100)、陣営はシコリスとキンガという二本の川のあいだにあった。二本の川は三〇マイル離れているが、どちらも渡河できなくなったため、必然的に全軍がこの狭い場所に閉じ込められることとなったのである。[4]カエサルと友好関係を結んだ諸部族から穀物供給を受けられず、糧秣調達のために遠出していた部隊は川に遮られて帰還できず、イタリアとガリアから来る大量の補給物資も陣営まで届かなかった。[5]もっとも具合の悪い季節に当たってもいた。冬越し用の穀物が尽きた一方、収穫まであとわずかという時期であった。諸部族の備蓄は底を突いていた。アフラーニウスがカエサルの到着以前にほとんどすべての穀物をイレルダに運び込んでいたからである。残っていたものがあっても、カエサル軍はこれまでに食べ尽くしていた。[6]家畜については、食糧不足に際して代用食となりえたが、戦争を避けるために近隣部族が遠くへ連れ去ってしまっていた。[7]糧秣あるいは穀物の調達に出ていた部隊は軽武装のルーシーターニア兵や、この地域に詳しい内ヒスパーニアの小盾歩兵によって追撃され続けた。この者たちには川を泳いで渡ることがたやすかった。なぜなら、彼らはみな習慣として、出陣するとき必ず獣皮の浮き袋(101)を携行したからである。

四九　[1]対して、アフラーニウス軍にはあらゆる物資が豊富に蓄えられていた。穀物は以前から先を見通して大量に運び込まれていたうえに、いまも属州全体から大量に搬入されていた。糧秣も十分な備蓄があった。このようにあらゆる物資の入手が危険もなく可能であったのは、イレルダの橋を渡った川向こうに手つかずの耕地があったからだが、カエサルはそこへ近づくことがまったくできなかった。[2]

五〇 増水した川は相当な日数、そのまま引かなかった。[1]カエサルは橋を修復しようと試みたが、川の水位が高いため思うにまかせず、また、川岸に配置された敵方の大隊兵が工事完遂を阻んでいた。敵が妨害するのは容易だった。[2]川そのものが増水した状況であったことに加え、矢玉を打ち込むのも川岸のいたるところから同じ一つの狭い場所を狙えばよかったからである。[3]川の流れも猛烈であるのに、工事を遂行しながら矢玉を避けるのは困難であった。

五一 アフラーニウスも報告を受け、[1]カエサルのもとへ向かっていた大量の物資が川のたもとで足止めされている、という。そこへ到着していたのはルテーニー族の弓兵とガリア人騎兵であった。彼らは多数の荷車と大量の輜重を運んでいたが、これはガリアの習慣に従ったものである。[2]この他にさまざまな人々が約六〇〇〇人、奴隷や子供らとともにいた。しかし、まったく秩序を欠き、これといった統制もなかった。各自がそれぞれの考えで動き、誰も行軍に恐怖心を抱かなかった。それまでの旅

(100) 該当する記述は見当たらない。キンガ川はここで初めて言及される。

(101) リーウィウス『ローマ建国以来の歴史』二一・二七・五には、浮き袋の上に衣服、盾を載せてから、その上に横たわって水をかき川を渡った、と記される。

行と同じように気ままに振る舞っていたのである。[3]高貴な生まれの青年たちも相当数いた。元老院議員や騎士身分の子息である。また、諸部族からの使節もいたし、カエサルの派遣した使者もいた。これらすべてが川で足止めされていた。[4]これらを叩くため、アフラーニウスは全騎兵と三個軍団を率いて夜のうちに進発し、それと気づかれないうちに先発させた騎兵により襲撃した。それでも、ガリア人騎兵が素早く態勢を整えて交戦した。[5]彼らは、騎兵同士で争っているあいだは、少数でも多数の敵に持ちこたえたが、軍団旗が接近してくると、少数を失ったところで近くの丘へ逃げ込んだ。[6]この戦闘で稼いだ時間が大きかった。そのおかげでわが軍は助かった。高所へ退却する余裕ができたからである。この日の損害は、約二〇〇名の弓兵、少数の騎兵、若干の従軍奴隷と輜重であった。

五二　[1]しかしながら、これらすべての事情から穀物価格が高騰した。こうした状況はたいていいつも、当面の窮迫のみならず、先行きの不安ゆえにも悪化する。[2]いまや、穀物価格は一モディウス当たり五〇デーナーリウスまで上がっていた。(102)兵士たちの体力は穀物不足のために落ち、深刻さは日一日と増していた。[3]局面の大きな変化が起きたのも、運が傾いたのもほんの数日のあいだのことだったので、わが軍は必需品のはなはだしい欠乏のためにうちのめされているのに、敵はあらゆるものが豊富で優勢であると思われた。[4]カエサルは、手を結んだ諸部族に対しては、穀物が足りない分として、家畜の提供を求めた。かなり遠方の諸部族へも従軍奴隷を派遣した。カエサル自身は当面の窮迫に可能なかぎりの応急策をもって対処していた。

五三　こうした状況について[1]、アフラーニウスとペトレイウス、および、彼らの友人たちは大げさに尾ひれをつけてローマにいる支援者に書き送っていた。噂によって話が大きくふくらんだために、戦争がほぼ終結したかと思われるほどだった。それらの手紙や知らせがローマへ届くと[2]、アフラーニウスの家へ大勢が押しかけ、大仰に祝辞が述べられた。多くの人々がイタリアからグナエウス・ポンペイウスのもとへ旅立ったが、その目的は、そうした知らせを最初に届けたと評価されるためであったり、戦争の結果が見えるまで待っていた、あるいは、みんなの最後にやって来たと見られるのを避けるためであったりした。

五四　状況は切迫していた[1]。進路はすべてアフラーニウス軍の歩兵と騎兵によって封鎖され、橋の建設工事もできなかった。そこでカエサルは兵士らに命じて、船を造らせた。これはカエサルが先にブリタンニアでの経験(103)から知識を得た種類の船であった。竜骨と主要な肋材は軽量の木材から作られ[2]、

(102)　穀物価格について、キケロー『ウェッレース弾劾』(前七〇年)では、一モディウス(約八・七リットル)に相当)当たり五デーナーリウスで高値と言われる(二・三・二一四。同一七四も参照)。これに照らすと「五〇デーナーリウス」は異常な高値であるので、テキストの読みが疑問視されている。

(103)　前五五、五四年のブリタンニア遠征。ただ、『ガリア戦記』の該当部分(四・二〇—五・二三)にはここで言及される船についての記述は見当たらない。

船体の他の部分は木の枝を編み合わせた上に獣皮の覆いをした。[3]これが完成すると、夜間に連結した荷車に載せて陣営から二二マイルのところまで運んでから、これらの船によって兵士らを川向こうへ渡し、不意を突いて川岸に連なる丘を占領した。[4]敵が気づかないうちに、素早くこの丘の防備を固めたのち、そこへ一個軍団を移動させ、両側から橋の工事を始めて二日で完成させた。[5]こうして物資輸送が可能になった。穀物調達に遠出していた部隊も帰還し、穀物調達が円滑に動き出した。

五五 [1]同日、カエサルは騎兵の大部分を渡河させた。彼らは敵の糧秣調達部隊の不意を突いた。油断して散開しているところへ襲いかかり、多数の家畜と人間を捕捉した。敵の小盾歩兵大隊が増援のために送られてくると、機敏に二手に分かれた。一方が戦利品を守り、他方が敵の襲来に立ち向かって追い返すためであった。[2]そして、敵の一個大隊が他に先んじて進んで戦列を外れる軽挙に出ると、これを他から孤立させて包囲し、討ち取った。わが軍は無傷で多大な戦利品を携え、同じ橋を渡って陣営に戻った。

五六 [1]イレルダがこうした状況にあるあいだに、マッシリアの住民はルーキウス・ドミティウスの作戦を容れて、軍船を用意した。その数、一七隻、うち甲板を装備したものが一一隻だった(104)。[2]これに加えて、小規模な艦艇も多数あった。数だけでわが軍の艦隊の戦意を挫こうという狙いであった。弓兵も多数、アルビキー族の兵士も多数擁することは上述したとおりだが(105)、これらを乗り組ませ、褒賞を約束して士気を高めた。[3]ドミティウスは一定数の艦船を自分に渡すよう要求し、これらの船に一緒に連れてきた植民者や牧人らを乗り組ませた。[4]そうして艦隊が万端の準備を整えると、敵は自信満々でわが軍の艦船に向かって進んだ。わが艦隊はデキムス・ブルートゥスを指揮官とし、マッシリア沖にある島(106)の近くに持ち場を占めていた。

五七 [1]ブルートゥスは艦船数の点でひどく劣勢だった。しかし、全軍団から勇猛無比の兵士、先鋒兵、百人隊長がカエサルによって選抜され、この艦隊に配属されていた。しかも、彼らは志願してこの任務に就いていた。[2]そして、鉄製の手鉤や鉤棹を準備し、投げ槍や手槍その他の飛び道具を大量に装備していた。そうして敵の到来を知ると、自軍の艦船を港から引き出し、マッシリア軍艦船と激突した。[3]双方ともじつに勇敢で激烈な戦いぶりであった。アルビキー族も武勇の点でわれわれにさほど劣ってはいなかった。荒くれの山岳部族で武器の鍛錬も積んでいたのである。[4]それに彼らは、たったいまマッシリア人と別れてきたところで、聞いたばかりの約束を心にしっかり刻んでいた。また、ドミティウスの牧人らは自由になれる期待から士気が高く、主人の目の前で認められる働きをしようと意気込

(104) カエサル軍の軍船一二隻(前出二六・四)をかなり上回る。また、「甲板」は漕ぎ手の防護のために屋根をなすとともに、兵員がその上で戦闘に従事する。

(105) 前出三四・四参照。

(106) 現ラトノー島(Île Ratonneau)。これを含め、大小五つの島が連なることから、ギリシア名は「列」を意味するストイカデス(Στοιχάδες)で、ルーカーヌス『内乱』三・五一六はこの名前を用いている。

んでいた。

五八　[1]マッシリア軍自体は艦船の速力と熟練した舵取りに自信があり、これを恃みにわが軍を翻弄した。わが軍の攻勢を受け流しておいて、海面を広く使えるあいだは戦列を長く延ばしてわが軍を包囲する、あるいは、複数の艦船で一隻に襲いかかる、あるいは、可能な場合には、追い越しざまに櫂を剝ぎ取る、といった戦法に出た。[2]やむをえず近寄りすぎた場合は、舵取りの熟練した技術から山岳部族の武勇を前面に出して戦った。[3]〈わが軍は、〉漕ぎ手の訓練も舵取りの経験も足りなかった。急に輸送船から引き抜かれたため、船具の名称すらまだ覚えていなかったのである。そのうえ、艦船が重く、動きの鈍いことが障害となっていた。乾燥しきっていない木材から急いで造ったため、同じように速い性能を出せなかったのである。[4]そこで、白兵戦の機会が得られるかぎりは、平然と一隻でも二隻の船に立ち向かい、鉄製の手鉤を投げ込んで二隻とも動けなくしてから、両側で戦い、敵の艦船へ乗り移った。アルビキー族の兵士も牧人らも多数を討ち取ったうえで、艦隊の一部を沈没させ、数隻を乗組員ごと捕獲し、残りは港の中へ追い込んだ。[5]この日、マッシリア軍は捕獲されたものも含めて九隻を失った(107)。

五九　[1]このことの報告がイレルダにいるカエサルに届いたのと時を同じくして、橋が完成し、瞬時に武運が変化した。[2]敵方は騎兵の武勇に恐れおののき、好き勝手に大胆な徘徊をすることが少なくなった。ときに陣営から出ても、遠くまで進まず、すぐに戻れるように、ずっと狭い範囲で糧秣調達を行なった。また、騎兵が警戒して見張っている地点を避けて遠回りをし、損害を蒙った場合でも、遠くに騎兵を見た場合でも、行程の途中で荷物を投げ捨てて逃走した。[3]ついには、数日の間隔を空けるだけでなく、誰もがするならいに反して、夜間に糧秣調達を行なうこととした。

六〇 [1]そのあいだに、オスカの住民、および、オスカの管轄下にあったカラグッリスの住民がカエサルのもとへ使節を寄越し、自分たちは命じられたことを実行すると約束した。[2]これに続いて、タッラコーの住民、ヤケターニー族、アウセーターニー族、さらに、数日のちにヒベールス川沿いに住むイッルルガウォネンセス族が使節を寄越した。[3]これらの使節すべてにカエサルは穀物の支援を求めた。使節はそうすると約束したうえに、周囲のいたるところから荷役獣を集めて陣営内へ運び込んだ。[4]また、イッルルガウォネンセス族の兵士一個大隊が部族の方針を知ってカエサル軍側へ転じ、軍旗をそれまでの持ち場から移動させた。[5]またたく間の大変化であった。橋が完成し、五つの部族が味方に加わり、穀物の問題も解消し、ポンペイウスとともにマウレーターニアを通ってやって来ると言われていた軍団兵の援軍についての噂も消えて、さらに遠い場所の部族の多くもアフラーニウスから離反してカエサルの味方についた。

(107) 二・五・一には、六隻を捕獲と記されるので、三隻が沈んだことになる。

六一　[1]こうしたことは敵方の心を震撼させた。カエサルは、騎兵の派遣の際にいつも大きく迂回して橋を渡らずともすむように、適切な地点を見つけると、幅三〇ペースの濠を何本か引くことに着手した。これらの濠へシコリス川をいくらか分流させ、川に浅瀬を作り出そうとしたのである。[2]この工事がほぼ出来上がると、アフラーニウスとペトレイウスは大きな恐怖心に襲われた。これでは、穀物や糧秣の補給を完全に絶たれてしまいかねない、と彼らは考えた。なぜなら、カエサル軍は騎兵が強力だったからである。そこで、みずからいまの場所を退去し、ケルティベーリアへ戦いの場を移すべく決定した。[3]この作戦を次のことも後押しした。まず、その地の諸部族は二派に分立しているが、先の戦争で[ルーキウス・]セルトーリウス側についた部族は敗北の結果、ポンペイウスに対して、不在のときでも彼の名前と統治に恐れを抱いていた一方、ポンペイウスとの友好関係を保持していた部族は彼に大恩を感じ、彼を敬愛していた。対して、カエサルの名は蛮族のあいだで影が薄かった。[4]この地なら、騎兵の大部隊と大規模な補助軍が期待でき、地域を味方にして戦争を冬まで引き延ばせる、とアフラーニウスとペトレイウスは考えた。[5]彼らはこの作戦実行に当たって、ヒベールス川全流域で船艇を調達し、オトゲサへ運ぶよう命令を出した。オトゲサはヒベールス河畔に位置する城市で、陣営から三〇マイル[(108)]離れていた。[6]この地で川の上に船を繋ぎ合わせて橋を造ることを命じ、二個軍団にシコリス川を渡河させてから、構えた陣営に一二ペースの高さの防壁をめぐらした。

六二　[1]このことが偵察隊を通じて判明したとき、カエサルが兵士らに最大限の労役を注がせて昼夜を問わず川を分流させる工事を続けた結果、騎兵であれば、困難や障害はあっても渡河敢行が可能なまでにいたっていた。[2]だが、歩兵の場合、水の上に出るのは肩と胸の最上部だけで、水深のみならず流れの速さによっても渡河を妨げられていた。[3]それでも、ほぼ同時に、一方ではヒベールス川に架ける橋がほぼ完成したとの知らせが届き、他方で、シコリス川に浅瀬が見え始めた。

六三　[1]こうなっては敵方も、なおいっそう出発を急がなければならない、と判断した。そこで、補助軍の二個大隊をイレルダの守備に残すと、残る軍勢すべてを率いてシコリス川を渡り、数日前に渡河していた二個軍団と陣営を統合させた。[2]カエサルに残された方策は、騎兵を差し向けて敵方の行軍隊列を痛めつけ、損害を与えることしかなかった。カエサル軍の橋はたいへんな迂回路であるのに、敵方はずっと短い経路でヒベールス川に到達できたからである。[3]カエサルが送り出した騎兵は川を渡り、第三夜警時頃、ペトレイウスとアフラーニウスが陣営を移動させたときに、いきなり行軍隊列の最後尾へ姿を現した。多数で周囲を駆け回り、行軍の足を鈍らせて妨害にかかった。

---

(108)　オトゲサの位置は明確に同定できない。その一方、イルであることから、写本の読み「二〇マイル」に対し、候補として考えられる場所への直線距離は最短で二六マ「三〇マイル」の修正提案を採る。

六四　夜明け[1]とともに、カエサル軍の陣営と地続きの高台から戦況が見て取れた。わが軍の騎兵が仕掛けた戦闘で敵方の最後尾は手ひどく苦しめられ、ときに隊列最後尾が支える〈ことができない〉あいだに分断されていた。ときに反攻に出た敵の総員による攻勢に遭ってわが軍が押し返されることもあったが、やがてまた敵が向きを変えると、追撃を再開した。[2]この状況に、陣営のそこかしこで兵士らが円陣を組み、ここで敵を掌中から逃してしまえば、戦争がまた長引くことは避けられない、と言って悔しがった。彼らは百人隊長や軍団士官のもとへ行って懇願した。「あなた方からカエサルに伝えてほしい。われわれの労苦も危険も顧慮する必要はない。われわれは覚悟ができている。騎兵が渡った地点で渡河に挑み、渡りおおせてみせる」。[3]兵士らの熱意ある言葉にカエサルは心を動かされた。あれほどの大河に兵士らを差し向けてよいか心配だったが、それでも挑戦し、試してみるべきだと判断した。[4]そこで、まず、百人隊長全員に命じて、十分に頑健ではない兵士たち、つまり、精神的にも体力的にも耐えられないと思われる者を選び出させた。[5]これらの兵は一個軍団とともに陣営の守備に残された。そして、カエサルはその他の軍団を軽装備で陣営から引き出すと、川を横切って二列に多数の荷役獣を立たせたあいだを通るようにして軍隊を渡河させた。[6]これらの兵のうち少数が川に流されたが、騎兵に受け止められて助け上げられた。死者は一人もなかった。無事に軍の渡河を終えると、カエサルは隊形を整え、三重の戦列で進軍を始めた。[7]兵士らの意気込みはたいへんに高かった。六マイルも余計な回り道[109]をしたうえに川の浅瀬で手間取ったにもかかわらず、第三夜警時に出発した敵に第九昼間時にもならないうちに追いついたほどであった。

六五　[1]これを遠くに認めたアフラーニウスはペトレイウスとともに事態を把握し、ただならぬことに驚愕しながら、高台で停止して戦列を組んだ。[2]カエサルは平原で休んで兵士の体力を回復させ、疲れたまま戦闘に差し向けないようにした。そして、敵がまた前進を企てると、追尾して邪魔をした。[3]そのため敵はやむなく予定より早く陣営を設営した。じつは、すぐそばに山地があり、五マイルも進むと険阻で狭隘な行程が控えていた。[4]敵はまさにこの山地に入ろうとしていた。そうすれば、カエサル軍の騎兵を追い払うとともに、隘路に守備隊を配置して進軍を阻み、自軍は危険も心配もなくヒベール川ス渡河を果たせる、と目論んでいた。[5]この策を試みて、なんとしてもやり遂げなければならなかったが、一日中の戦闘と行軍の労苦で疲れきっていたため、決行を明日に延期したのであった。カエサル軍もすぐ近くの丘の上に陣営を築いた。

六六　[1]真夜中頃、水を汲むために陣営から遠出した敵兵数名がわが軍の騎兵に捕まった。これらの兵がカエサルに話したところでは、敵方指揮官らが静かに軍勢を陣営から引き出しているという。それが分かるとカエサルは、進軍ラッパを鳴らし、軍隊式に「荷造り始め」(110)の号令を発するよう命じた。

(109)　イレルダの石造りの橋(前出四〇・四)を渡ることができたアフラーニウス・ペトレイウス軍と比べて。

(110)　陣営をたたんで進軍を始めるときの号令。

[2]その号令を聞き取った敵は不安になった。夜中に荷物を担いで動きが不自由な状態で合戦を余儀なくされないか、カエサル軍の騎兵によって隘路で捕まらないかと恐れ、行軍を中止して軍勢を陣営内に留めた。[3]翌日、ペトレイウスは少数の騎兵を率いて地形の調査に出た。同様のことがカエサル軍の陣営でも行なわれた。ルーキウス・デキディウス・サクサが少数の者とともに地形を調べるために送り出されたのである。[4]どちらも自軍に戻って同様の報告をした。「この先五マイルほどは平地を進むが、そのあとは険しい山地が待ち受けている。この隘路を先に占拠したなら、敵の進軍を阻むのはまったく造作ないことだ」。

六七　[1]作戦会議の場でペトレイウスとアフラーニウスが議論し、いつ出発すべきか問題となった。大方の意見は夜間の行軍を支持した。気づかれないうちに先に隘路へ着ける、というのであった。[2]別の意見は、前日の夜にカエサルの陣営で号令が発せられたことを根拠に、気づかれずに出発することはできない、とした。[3]「夜にはカエサル軍の騎兵があたりを駆け回り、あらゆる場所や道筋を塞いでいる。夜間の戦闘は避けなければならない。なぜなら、内乱においては、恐慌に陥った兵士にはまず恐怖が先に立ち、忠誠の誓約など二の次になるのがつねだからだ。[4]対して、昼間は羞恥心が大きな力を及ぼす。みんなの目があり、軍団士官や百人隊長もその場で見ているからだ。そのために兵士らは己れを律して任務に忠実であり続けることになる。[5]それゆえ、なんとしても昼間に突破を図るべきだ。たとえ損害があっても、軍全体ではおおむね無傷のまま目標地点を奪取できる」。[6]この意見が作戦会議で優勢を占め、翌日の夜明けとともに出発することが決定された。

六八 [1]カエサルはあたりの地理を調べていたので、空が白んでくると全軍勢を陣営から引き出し、大きく迂回して、どの道筋とも定めずに行軍した。というのも、ヒベールス川およびオトゲサの町に通じる道筋には敵の陣営が立ち塞がっていたからである。[2]カエサルが越えなければならない峡谷はきわめて大きく、類を見ない難関であった。多くの場所で切り立った岩壁が行く手を阻んだ。やむなく、武器を手渡しで送り、兵士が丸腰になって互いに次々と引き上げることで行程の大部分を踏破した。[3]しかし、この苦労を誰一人として拒まなかった。というのも、これですべての苦労を終わりにするには、敵のヒベールス川到達を阻み、穀物補給を絶つことができればよい、と考えていたからであった。

六九 [1]当初、アフラーニウス軍の兵士らは見物のつもりで嬉々として陣営から走り出てきて、侮辱の言葉をわが軍の背中へ浴びせた。「必要な食糧が足りずに逃げるのか。イレルダへ戻らざるをえないのだな」。実際、道筋が目指すところとは異なり、反対方向へ進んでいるように見えた。[2]敵の指揮官らは自分たちの作戦を自賛した。これも陣営に留まっていた結果だ、というのである。こうした見方を彼らが強めた理由に、わが軍が荷役獣も輜重もともなわずに行軍を始めたのが彼らの目に入っていたことがある。そのため、物資の窮迫に早晩耐え切れなくなると確信したのであった。[3]しかし、わが軍の隊列が少しずつ右に旋回して戻ってくる様子が認められ、いまや先頭部隊が自分たちの陣営の側面から背後へ抜けようとしているのに気づくと、誰一人としてのんびりしてはいなかった。労苦を厭わず、ただちに陣営から出て立ち向かわねばならないと考えた。[4]武器を執れ、という叫びが上がり、数個大隊のみ守備に残して全軍勢が出撃し、真っ直ぐヒベールス川へ急行した。

七〇 [1]すべては迅速さ次第であった。勝敗は、いずれが先に隘路と山地を占拠するかにかかっていた。しかし、カエサル軍が道の険しさに手こずる一方、アフラーニウスの軍勢もカエサル軍騎兵の追撃を受けて手間取った。[2]それでも、アフラーニウス軍は抜き差しならない状況に至っていた。すなわち、もし彼らが先に目指す山地に着いたとすると、彼ら自身は危険を回避しても、全軍の輜重と陣営に残された数個大隊を助けることができなかった。あいだに入ったカエサル軍によって連絡が絶たれるので、どのようにしても救援を送れなくなるのであった。[3]先に行程を踏破したのはカエサルであった。巨大な岩壁を踏破して平地に出ると、この上で敵を迎え撃つべく戦列を組んだ。アフラーニウスは、隊列の最後尾を騎兵によって追い立てられ、自分の前には敵の姿が見えたので、一つの丘を見つけ、そこに停止した。[4]その場所から、小盾歩兵四個大隊を視界内でもっとも高く聳える山へ送り出した。俊足を飛ばしてこの山を占領せよと命じたのである。その狙いは、アフラーニウス自身も全軍勢とともに同じ場所へ急行し、進路を変えて尾根づたいにオトゲサへ至ることにあった。[5]ところが山を目指して小盾歩兵が横切っていくのをカエサル軍騎兵が見つけて攻撃を仕掛けた。小盾歩兵は騎兵の攻勢をほんの一瞬も持ちこたえることができず、全員が取り囲まれ、両軍の見ている前で討ち取られた。

七一　戦果を挙げる[1]機会が訪れていた。それをカエサルも承知していた。目の前であのような大損害を蒙った軍隊は怖気づいて踏み止まれない。とりわけ、四周を騎兵に包囲されながら、平坦で見通しの開けた場所で戦う場合はそうである。軍のいたるところからカエサルをせき立てる声が上がった。副司令官[2]、百人隊長、軍団士官が息せき切って集まった。「戦闘開始を躊躇なさるな。わが軍兵士はみな闘志満々である。対する[3]アフラーニウス軍は極度に怯えた兆候をさまざまに見せている。味方の救援に向かわなかったし、丘から下りてもこない。騎兵の突撃を受けきれず、軍旗を一個所に集めて密集し、位階ごと、部隊ごとの隊列を維持してもいない。しかし[4]、カエサルは不利な地形を危惧しているのか。そうだとしても、戦える場所がどこかあるはずだ。アフラーニウスはいまの場所から必ず下りてこなければならない。水なしで留まり続けることはできないからだ」。

七二　カエサルが抱いた[1]期待は、戦わず、味方に負傷者を出さずに決着をつけられないか、ということだった。というのも、敵方の穀物補給線を絶っていたからである。「戦果[2]が挙がったとしても、どうして味方から戦死者を出す必要があろうか。どうして私のために最善の尽力を果たした兵士らを負傷させる必要があろうか。要するに、なぜ運まかせの危険を冒そうとするのか。とりわけ、将軍が勝利を収めるすべはまずもって作戦であって、剣ではないのだから」。カエサル[3]はまた、市民たちを憐れんで心が揺れていた。戦えば、彼らが殺されることが分かっていたので、彼らを無傷のまま助けて事を成就したかったのである。[4]このようなカエサルの考えにほとんどの者が賛同しなかった。実際、兵士らは互いに憚ることなく話し合っていた。「このような勝利の好機を逃すのだったら、たとえカエサルが望んでも、われわれはもはや戦わない」。それでもカエサルは自分の考えを貫いた。少しだけ後方へ移動し、敵方の恐怖心を減じさせた。[5]ペトレイウスとアフラーニウスはこの機に乗じて陣営内へ戻った。カエサルは山上に守備隊を配置してヒベールス川に至る経路をすべて封鎖したうえで、敵の陣営に可能なかぎり近い位置に陣営を構築した。

七三　[1]翌日、敵方の指揮官らは困惑した。穀物補給とヒベールス川到達の望みを完全に絶たれたからであった。そこで、他の方策について検討した。[2]イレルダへ戻ろうとするか、タッラコーを目指すか、道は二つに一つであった。この検討のあいだに報告が入り、水の調達部隊がわが軍の騎兵によって攻め立てられている、という。[3]これを知って敵方は間隔を密に騎兵と補助軍歩兵からなる哨戒部隊を配置し、そのあいだに軍団兵を組み入れた。そして、陣営から水場まで防壁をめぐらし始めた。防御線の内側で心配なく水を調達するためであった。[4]この工事はペトレイウスとアフラーニウスが分担して行なうこととし、工事を完成するため、みずからかなり遠くまで陣営の外へ出た。

七四　[1]彼らがいなくなると、兵士たちは、誰憚ることなく話し合う機会が生まれたため、みんなで陣営を出た。そして、各自がカエサルの陣営にいる知り合いか同郷人を尋ねて呼び出した。[2]最初に全員がわが軍の誰彼にとなく感謝を述べた。前日は自分たちが恐慌に陥ったところを見逃してくれたおかげでいま生きている、と言うのであった。次いで、将軍の信義について、わが身を預けて道を誤らないかと尋ね、どうして最初からそうしなかったか、どうして義理や血縁のある人々と干戈を交えたのかと嘆いた。[3]このような会話に触発されて、彼らはペトレイウスとアフラーニウス助命の約束を将軍に求めた。それによって、自分たちが罪悪を企んで味方を裏切ったと思われないようにした。このことで確約が得られると、彼らはただちに軍旗の移管を確約し、講和の使節として首位百人隊長をカエサルのもとへ送った。[4]そうするうちに、身内を陣営へ招こうと引き込む者、あるいは、身内によって連れてゆかれる者が現われ、いまや二つの陣営が一つになったようにも見えた。[5]相当数の軍団士官や百人隊長がカエサルのもとへやって来て、わが身を預けた。同様のことをヒスパーニア指導者層の人々も行なった。彼らはアフラーニウスらに呼び出され、人質代わりに陣営内に留め置かれていたのだが、知り合いや客分の人々を探した。それぞれ、その人々の口添えでカエサルに近づき、取り入ろうとしたのであった。[6]アフラーニウスの若い息子も自分と父親の身の安全について副司令官スルピキウスを介してカエサルと交渉した。[7]どこを見ても喜びと祝いの気分に溢れていた。一方はかくも大きな危険を回避できたと考え、他方は無傷でかくも大きな事業を成就したと考えていた。この大きな成果をカエサルが得られたのは彼が以前からずっと慈悲深かったからだというのがすべての人の見方であり、彼の方針は誰からも称えられた。

七五　[1]こうしたことの報告を受けたアフラーニウスは、着手していた工事を放棄して陣営へ戻った。すでに覚悟を決めていたと思われ、いかなる不運が襲ったにせよ、これを静かに落ち着いて受け入れようとした。[2]しかし、ペトレイウスは諦めなかった。奴隷に武器を持たせると、その他に小盾歩兵からなる親衛隊、少数の蛮族騎兵、つねに身辺警護をさせていた特別任務兵(111)を率い、虚を突いて防壁まで駆け寄ると、話をしている兵士らのあいだを割き、わが軍の兵を陣営から追い払うと、取り押さえて殺害した。[3]残りの兵士らは一個所に集まった。突然の危険に驚愕しながら、左手を外套でくるみ(112)、剣を抜いた。そうして小盾歩兵と騎兵からわが身を護りながら、陣営が近いことを恃みに、その中へ退却すると、門を守っていた大隊兵に護ってもらうこととなった。

七六　[1]以上の出来事ののち、ペトレイウスは涙を流しながら中隊兵のあいだを回って呼びかけ、「私や不在将軍ポンペイウスを敵方に引き渡さないでくれ。処罰に委ねないでくれ」と懇願した。[2]素早く兵士らが司令官幕舎の前へ集まった(113)。ペトレイウスは要求した。「諸君全員に誓ってほしい。決して軍と指揮官を見捨てない、裏切らない、各自が他の者と別々に策を講じない、と」。[3]最初にペトレイウス自身がこのような言葉で誓約し、同じ誓約をアフラーニウスにも行なわせた。そのあとに軍団士官や百人隊長らが続いた。さらに、百人隊ごとに兵士らが前に出て同じ誓約を行なった。[4]誰であれ、カエサル軍の兵士を匿《かくま》っている者は、これを突き出せ、との通達が出され、突き出された兵士は司令官幕舎の前で公開処刑された。しかし、ほとんどは迎え入れた者たちが匿いとおし、夜のあいだに防壁を越えて脱出させた。[5] そうして指揮官らがもたらした恐怖、処罰の残忍さ、誓約による新たな束縛、これらが降伏への期待を目の前から奪い去った。兵士らの気持ちは変わり、事態はもとの戦争状態へ戻ってしまった。

七七 [1] カエサルは、話し合いが持たれていたあいだに陣営に入っていた敵方の兵士を残らず探し出して送還するよう命じた。[2] しかし、軍団士官や百人隊長の中には、みずから望んでカエサルのもとに留まる者たちもあった。カエサルはのちに彼らを大いに称えた。百人隊長はもとの位階へ、ローマ騎士は士官へ戻したのである。

七八 [1] アフラーニウス軍は糧秣調達に苦労し、水の調達もままならなかった。穀物の蓄えについては、軍団兵はそれなりに持っていた。イレルダを出るとき二二日分(114)を携行するよう命じられていたからである。対して、小盾歩兵や補助軍兵はまったく蓄えがなかった。彼らには穀物を用意する方途がほと

(111) 通常、司令本部つきの兵士で、諜報活動や司令官の護衛を務め、物資調達や陣営構築などの労役を免除される恩典があった。

(112) 盾を携えていなかったので外套で代用しようとした。

(113) 陣営内で司令官幕舎の前は閲兵や集会をするために広く空けられている。

(114) 予定されていた行軍の日数(ヒベールス川まで数日)や穀物の重量を勘案すると多すぎることから、テキストに問題があるとされている。写本の読み「二二(XXII)」に対し、「七(VII)」、「八(VIII)」という修正提案がある。

んどないうえに、重い荷物を運ぶのに体が慣れていなかった。[2]このため、彼らは毎日大勢でカエサルのもとへ逃亡してきた。そのように状況が窮迫していたのである。しかし、敵方が考えていた二つの方策のうち、イレルダへ戻るほうが障害が少ないと思われた。イレルダには穀物を少し残してきていたし、そのあとを切り開く方策も必ずあると信じていたのである。[3]タッラコーは遠すぎた。それだけ距離があると事が頓挫する可能性も増すと理解された。イレルダへ向かう策が賛同を得たあと、彼らは陣営を出た。[4]カエサルは騎兵を先発させた。敵の隊列最後尾を襲って、足止めを図るためである。その一方、自身も軍団兵を率いてあとに続いた。まもなく敵の最後尾と騎兵が交戦を始めた。

七九 [1]戦闘は次のように行なわれた。軽装の大隊兵が隊列最後尾で防戦しているあいだ、平地であれば、多数の兵は停止していた。[2]山への登り道の場合は、地形そのもののために危険の排除が容易になった。先に進んだ部隊が高所を占め、これから登ってくる部隊を上方から援護したからである。[3]だが、渓谷や下り坂にさしかかると、先に進んだ部隊が遅れている味方に援助を差し伸べることができなかった。そこへ、わが軍騎兵が高所から敵の背面へ矢玉を打ち込むことになったとき、それがまさに正念場であった。[4]残された策は、このような場所に近づいた場合、軍団に進軍停止を命じ、激しく攻勢に出て騎兵を駆逐し、騎兵が後退したら、急いで駆け出し、全軍そろって峡谷へ走り下りたのち、そのまま峡谷を横切り、高所に上がって停止する、ということしかなかった。[5]というのも、敵は自軍の騎兵をまったく援護に使えなかったからである。騎兵の数は多かったものの、これまでの戦闘で怯えきっていたため、行軍隊列の中央に配して軍団兵に護ってもらう有り様であった。一騎として行軍の列から外れることはできなかった。外れれば必ずカエサル軍の騎兵に捕獲されたからである。

八〇 [1]このような戦闘が行なわれているあいだ、行軍はゆっくりとわずかずつしか進まない。味方を援護するため頻繁に停止するからである。このときもそうであった。[2]四マイル進んだところで、わが軍騎兵によってあまりに激しく攻め立てられたため、高い山を占拠すると、そこで攻勢に対抗する前面のみ防備を固めた陣営を構築し、荷役獣から荷物も下ろさずにおいた。[3]そして、カエサル軍も陣営を置き、幕舎を設営し、糧秣調達のために騎兵を送り出したのが認められたところで、急に動き出した。第六昼間時頃のことである。わが軍騎兵が出払ったので、追跡が遅れると見込んで行軍を始めたのであった。[4]これに気づいたカエサルは、休息のとれた軍団とともに(115)あとを追った。輜重の守備には数個大隊のみ残した。これら大隊には第一〇昼間時にあとを追うように、また、糧秣調達部隊と騎兵を呼び戻すように命じた。騎兵は素早く行軍中の日常任務に復帰した。[5]敵軍最後尾に激しい戦いを仕掛け、もう少しで敗走させるまでに至り、兵士を相当数、百人隊長も数名を討ち取った。カエサルの隊列も間近に迫り、脅威は全体に広がった。

---

(115) 写本の読みは「軍団を残して(relictis legionibus)」だが、意味が通じないので、底本とともに修正提案(refectis legionibus)に従う。「輜重を残したまま、軍団とともに(relictis impedimentis cum legionibus)」と補う推測もある。

八一　[1]このとき敵方は、陣営に格好の場所を探すことも、前に進むこともかなわず、停止を余儀なくされ、水場からも遠い不利な地形の場所に陣営を築いた。[2]しかし、カエサルは先に記したと同じ理由(116)から、戦闘を仕掛けなかった。それでも、幕舎を建てることは認めなかった。それによって、夜にせよ昼にせよ敵が出発した場合にすぐ追撃できる用意を全軍に整えさせようとした。[3]敵方は陣営の弱みを認識して、一晩じゅう防御線を前にせり出し、陣営の位置を変更した。翌日も同じことを夜明けとともに始め、丸一日をこれに費やした。[4]しかし、工事が進んで、陣営を前に出せば出しただけ、水場からは遠ざかり、当面の不具合に手当てするために別の不具合を生じる結果となった。[5]夕暮れ、水の調達のために陣営から出てくる者は一人もなかった。翌日、守備隊を陣営に残したうえで、軍勢の総員が水の調達のために駆り出され、糧秣調達には一人も出なかった。[6]カエサルは、敵方がこうした苦行に苛まれるうちにやむなく降伏することを望み、戦闘による決着は避けたかった。それでも、敵方を防壁と壕で包囲しようと試みた。敵の不意の出撃を可能なかぎり押し止めるためであった。敵は必ずやこの作戦に出てくるとカエサルは読んでいたのである。[7]糧秣の不足に迫られ、また、身軽に行軍するためにも、敵は兵士の荷物を運ぶ荷役獣をすべて殺すよう命令を出した。

八二　[1]以上の工事や計画に二日が費やされ、三日目にカエサル軍の工事はすでに大部分が済んでいた。残りの封鎖線工事を妨害するため、敵方は第九昼間時頃に号令を発して軍団を引き出し、陣営のそばに戦列を組んだ。[2]カエサルは封鎖線工事から軍団を呼び戻し、全騎兵の集合を命じ、戦列を組んだ。実際、兵士らの心情に逆らい、誰もが口にする評判に反して、カエサルが戦闘から逃げたと思われることにより蒙る痛手は大きかった。[3]しかしカエサルは、すでに示された理由から、戦いを避ける方向に気持ちが動いていた。この気持ちを強めたのが戦場の狭さである。敵方を敗走に追い込んでも決定的勝利を得るにはそれほど有効打とはなりえなかった。[4]両陣営は二〇〇〇ペースほどしか離れておらず、このうち三分の二の距離を両軍戦列が占め、三分の一が兵士の突進と攻撃のために残された空間であった。[5]交戦すれば、陣営が近いために劣勢となった側は素早く逃げ込むことができる。このことからカエサルは、向こうから攻め込んできた場合は対抗するが、こちらから先に戦闘を仕掛けることはしないと決めていた。

八三 [1]アフラーニウス軍の戦列は前二列を五個軍団で編成し、第三列は控えとして補助軍が占めていた。[2]カエサル軍の戦列は三列であったが、第一列は五個軍団のそれぞれから四個大隊ずつが出て占め、このうしろに控えとして、各軍団から三個大隊ずつが二列続いた。弓兵と投石兵は戦列の中央に置かれ、騎兵が両翼を固めていた。[3]このように戦列を組んだうえで、双方とも当初の方針を貫くように見えた。つまり、カエサルは、やむをえない場合以外は交戦しない、アフラーニウスは、カエサルの封

(116) 前出七二・一—三。

鎖線工事を妨害する、という方針である。膠着状態が続き、戦列は日没まで組まれたままでいたのち、双方とも陣営に引き揚げた。[4](117) 翌日、カエサルが着手していた封鎖線工事を完成させようとすると、敵方はシコリス川の浅瀬を渡ることができないかと試し始めた。[5] これに気づいたカエサルはゲルマーニア人軽武装兵と騎兵の一部を渡河させ、川岸の上に見張りを隙間なく配置した。

八四 [1] ついに完全な封鎖線が敷かれてすでに四日目、残しておいた荷役獣の糧秣もなく、水、薪、穀物も窮迫したため、敵方は会談を求めた。それも、可能なら兵士らから離れたところで、という。[2] カエサルがそれを拒み、公開での会談という条件で許諾したところ、人質代わりにアフラーニウスの息子がカエサルに引き渡された。会談の場所はカエサルが選定した。[3] 双方の兵士が聞いている前でアフラーニウスが言った。「私自身にも兵士らにも怒りの矛先を向けるべきではない。われわれはグナエウス・ポンペイウス将軍のために忠誠を尽くそうとしたのだから。[4] しかし、果たすべきは十分に果たした。十分に贖《あがな》いもした。あらゆるものの窮迫を耐え忍んだのだから。いまやわれわれはほとんど野獣同然だ。包囲されて、水利を絶たれ、移動を封じられている。もはや体は苦痛に、心は恥辱に耐えられない。[5] だから、われわれは敗北を認める。後生だから頼む。まだ憐れみの余地があるなら、極刑の措置まで下す必要はないはずだ」。このような嘆願をできるかぎりへりくだり、平身低頭して述べた。

八五 [1] これにカエサルはこう答えた。「古今の誰と比べても、このように不満を述べるにも、憐れみを乞うにも、そなたほどふさわしくない者がいたためしはない。実際、[2]他の者はみなそれぞれ果たすべき務めを果たした。私の場合、条件がよくても、場所と時が有利でも、戦いを望まなかった。講和への道が可能なかぎり塞がれないようにと考えたからだ。わが軍の場合、不当な仕打ちを受け、戦友を殺されても、捕捉した敵兵の命を助けて保護した。最後に、そなたの軍隊の兵士の場合、自発的に講和締結に向けて交渉した。そうすることで、すべての僚友の命を救うべきだと考えたからだ。[3]そのように、どの位階であれ、惻隠の情から役割を果たしたのに、そなたら指揮官だけが講和を忌み嫌った。休戦のための会談や協約の定めも守らなかった。よく知らずに会談を誤解した者たちを残忍きわまりなく殺害した。[4]それゆえ、そなたらがいまなしたことは、いつも度を越えて頑迷で尊大な人間がなすことだ。そなたらがいまになって急に思い直し、一心に希っているものに、少し前にそなたらは目もくれなかったのだから。[5]いま私は、そなたらが頭を下げ、格好の機会が訪れているからといって、私の勢力を増強するための要求はしない。代わりに、そなたらが私への対抗策として多年にわたり養ってきた軍隊を解散させてもらいたい。[6]実際、標的は私以外になかった(118)。これを目的として、六個軍団がヒスパーニアへ派遣され、当地で一個軍団が徴募され、あれほど多数で大規模な補助軍が準備され、軍事に通じた指揮官らが送り込まれた(119)。[7]このようなことの何一つとして、ヒスパーニアの平定や

---

(117) アフラーニウス軍の降伏については、ローマ古暦に八月二日のこととの記録がある。現在の暦の六月初旬と考えられている。

(118) 以下一一節までは、戦争全般についてカエサルの正当性を述べるもので、九・二―四、二二・五、三二・二―六でも主張されていた。

属州任務に役立てることを目的としたものではなかった。属州は長年に及ぶ平和[120]のおかげで増援部隊をまったく必要としていなかったのだから。[8] このようなことのすべてが、ずっと以前から私への対抗策として準備されていた。私を狙って、前例のない統治権が定められた。すなわち、同じ一人の人間が城門前に控えて都の政治を司るとともに、二つのもっとも好戦的な属州を不在のまま長年にわたって保持することになった。[9] 私を標的にして、政務官の権限が変更された。属州赴任は法務官任期後と執政官任期後がこれまで変わらぬ定めであったのに、少数者の是認と選出によって決まることになった。私を標的にして、年齢による軍役免除が効力を失った。過去の戦争で名を上げた人々が軍隊を指揮するために復帰しているのだから。[10] 私一人だけには、あらゆる将軍につねに授けられたこと、すなわち、戦果に恵まれたにもかかわらず、栄誉を享けるか、さもなくば、せめて汚名を着ることなく故国へ帰還して軍隊を解散することが許されていない[121]。[11] それでも、私はこれらのことはどれも、いままでも辛抱強く我慢してきたし、これからも我慢するだろう。私がいま主張するのは、そなたらに奪われた軍隊を私自身が保持しようということではない。そうすることも私には難しくはないが、むしろ、そなたらに放棄してもらいたいのだ、私を攻撃するために用いうる軍隊を。[12] だから、提案[122]のとおりに、属州から退去し、軍隊を解散せよ。それが実行されたなら、私は誰にも危害を加えない。これが講和のための唯一、最終的な条件だ」。

八六 [1] 兵士らはたいへんに感謝し、喜んだ。それははっきり目に見えて分かった。懲罰があるものと覚悟していたのに、除隊という褒賞が転がり込んできたのであるから。[2]除隊の場所と日時が議論になると、誰もがこぞって声を上げ、手を振った。立っていた防壁の上から合図して、即座の除隊を求めた。「どんなに約束されても、後刻に延期されてしまえば、確実ではありえない」。[3]両方の立場から手短に議論がなされたのち、次のように決着した。すなわち、ヒスパーニアに家または財産を所有する兵士は即座に、そうでない兵士はヴァールス川(123)まで行ってのちに除隊、となった。[4]兵士らに危害が加えられないこと、誰も意に反して忠誠の誓詞を強要されないことがカエサルによって約束された。

(119) ポンペイウスは前五五年の執政官任期後にヒスパーニア属州の五年間の統治権を得たが、この統治のあいだの軍備を指す。プルータルコス『対比列伝』「ポンペイウス」五二・三では、統治開始時に割り当てられた軍団数は四とされる。「補助軍(auxilia)」について、写本の読みは「艦隊(classis)」だが、他に言及が見当たらないため、底本の採用する読み替え提案に従う。また、ポンペイウスが属州に赴任せず、ローマに留まり、その指示を実行させるべくヒスパーニアに送り込んだ指揮官については、前出三八・一参照。

(120) 実際とは明確に異なる。カエサル自身も前六一、六〇年に法務官格総督として作戦を指揮している。次節の「二つのもっとも好戦的な属州」とも齟齬がある。

(121) この言い分には反論が可能。故国で軍隊を解散できなかったことは、カエサルが軍を率いて内乱の火蓋を切ったことによる一方、ガリア遠征の成果に対しては、前例のない長い日数の感謝祈願祭が元老院で決議されている(『ガリア戦記』二・三五・四、四・三八・五、七・九〇・八)。

(122) 言及は前五〇年一二月一日にクーリオーの提案により、カエサルとポンペイウス双方の武装解除を三七〇対二二票の賛成多数で可決した元老院決議(アッピアーノス『内乱史』二・三〇)、または、カエサルが提示していた条件(前出三二・六)を指す。

(123) 外ガリア属州の東の境界線に当たる。

八七 [1]カエサルは、この時点からヴァールス川到着までのあいだの穀物供給を約束した。それに加えて、これらの兵士の誰であれ、戦争で失ったものがあり、それをカエサル軍の兵士が所有していた場合、失った兵士に返還されることとした。カエサル軍の兵士には、公正な査定をしたうえで返還物に見合う金額を支払った。[2]このあと兵士たちのあいだでどのような諍いが起きても、自発的に兵士らがカエサルのところへ裁定を求めに来た。[3]ペトレイウスとアフラーニウスに対して軍団兵らが給金の支払いを求めてほとんど暴動を起こしかけた。これに二人がまだ支払い期日は来ていないと言ったので、カエサルに事情聴取してくれるよう要請がなされた。そして、双方とも、カエサルの決定に満足した。[4]軍隊の約三分の一を最初の二日間で解散させたのち、カエサルは自軍の二個軍団を先発させ、残りの軍団(124)はあとから続くように命じた。それぞれが互いにあまり距離を空けずに陣営を築くこととし、この任務の指揮を副司令官クイントゥス・フフィウス・カレーヌスに託した。[5]このような指示のもとにヒスパーニアからヴァールス川までの行軍がなされ、そこで残りの軍隊が解散した。

(124) このあとヴァッロー率いる軍勢への対処として二個軍団が送られる(二・一九・一)ことから、「残り」とは、これら二個軍団と先発二個軍団をカエサルが率いてきた六個軍団から引いた残りの二個軍団のことで、「ヒスパーニアを出発してイタリアへ向かうことに決まっていた残り」と理解されている。

第二巻

一　ヒスパーニア[1]においてこうしたことが行なわれているあいだに、マッシリアを陥落させるべく残っていた副司令官ガーイウス・トレボーニウスは二方向から攻城登坂路を築き、鎧車と攻城櫓を城市へ進めることに着手した。一方[2]は港(1)と船渠のすぐそばで、他方は、ガリアとヒスパーニアへ向かう城門に近く、ロダヌス川の河口に接する海側にあった。マッシリア[3]は城市のほぼ三方向が海に洗われている(2)。残る一方向にしか近づける陸路はなかった。そして、この方向も城塞に関わるところでは自然の要害とじつに深い谷が護っているため、陥落させるには困難な長期戦を要した。この作戦[4]を完遂するため、ガーイウス・トレボーニウスは荷役獣と人手を大量に属州全体から呼び集める一方、木の枝

(1)　ラキュドーン(Lacydon)と呼ばれ、城市の南側に入り江をなす。

(2)　城市全体が西側へ突き出した岬の上にあるため。

や木材の搬入を命じた。それらの用意が整うと、攻城登坂路を八〇ペースの高さに構築した。

二　[1]しかし、城市は昔から戦争への備えがあらゆる面で整っていた。弩砲も非常に多数あり、その威力の前には、木の枝を編み合わせた鎧車では耐え切れなかった。[2]先端に鋼の切っ先をつけた一二ペースもの長さの杭が巨大な投石砲から発射され、四層に重ねた枝編細工を突き抜けて地面に刺さった。[3]そこで、一ペース角の木材を互いに繋ぎ合わせて通廊が造られ、これを通って攻城登坂路の資材が手渡しで運ばれた。[4]先頭には土地を均すために六〇ペースの長さの亀甲車が進んだ。やはり頑丈このうえない木材で造られ、外側をいろいろなもので覆って飛んでくる火や石に対する防備とした。[5]しかし、作戦の規模そのもの、高く聳える城壁と櫓、多数の弩砲のために作業はすべて遅れた。[6]実際、アルビキー族兵士による城市からの突撃が頻繁に行なわれ、攻城登坂路と攻城櫓に火がかけられた。ただ、この攻撃はわが軍の兵士によってたやすく押し返された。突撃を仕掛けたほうが大損害を蒙って、城市へ追い返された。

三　[1]その一方、ルーキウス・ナシディウスがグナエウス・ポンペイウスによって一六隻の艦隊――その中にはわずかながら青銅製衝角を装備した軍船もあった――とともにルーキウス・ドミティウスとマッシリア軍のために増援として派遣され、クーリオー(3)に気づかれぬまま、その虚を突いてシキリア海峡に到着した。[2]そして、メッサーナに艦船を入港させると、突然襲った脅威のために町の指導者や元老が逃走したため、〈一隻の船を〉船渠から海へ下ろした。[3]この船を他の艦船に加え、マッシリアに向かう航路を走破すると、密かに小型船を先発させ、ドミティウスとマッシリア軍に自分の到着を知らせた。自分たちが援軍として加わったら、またブルートゥスの艦隊と戦うよう、彼らを強く励ました。

四 [1]マッシリア軍は先の敗北(4)ののち、古船を船渠から引き出して、もとの数に戻すように修理し、念には念を入れて装備を施していた。漕ぎ手と舵取りは十二分に足りていた。[2]また、漁船も艦隊に加え、甲板を張って矢玉を打ち込まれても漕ぎ手が安全であるようにした。これらの艦船に弓兵を乗り込ませ、弩砲を搭載した。[3]このように艦隊の装備が済むと、すべての老人、家婦、娘らが涙ながらに、いまが瀬戸際、町を救って、と懇願した。これにみな勇気づけられ、先に戦ったときに劣らぬ士気と自信を抱いて船に乗り込んだ。[4]誰にでもある欠点として、われわれは現実がまだ見えず、まだ分からないあいだのほうが大きな自信[そして、強い恐怖]を抱くもので、このときもそうであった。実際、ルーキウス・ナシディウスの到着はこれ以上にない希望と意欲でマッシリア人を満たした。[5]彼らは順風を得て港を出ると、マッシリア軍の砦であるタウロイース(5)にいるナシディウスのもとへ到着した。こ

(3) 一・三〇・二参照。
(4) 一・五八・四―五参照。
(5) ストラボーン『地誌』四・一・五、九では、タウロエンティオン(Tauroention)と綴られる。

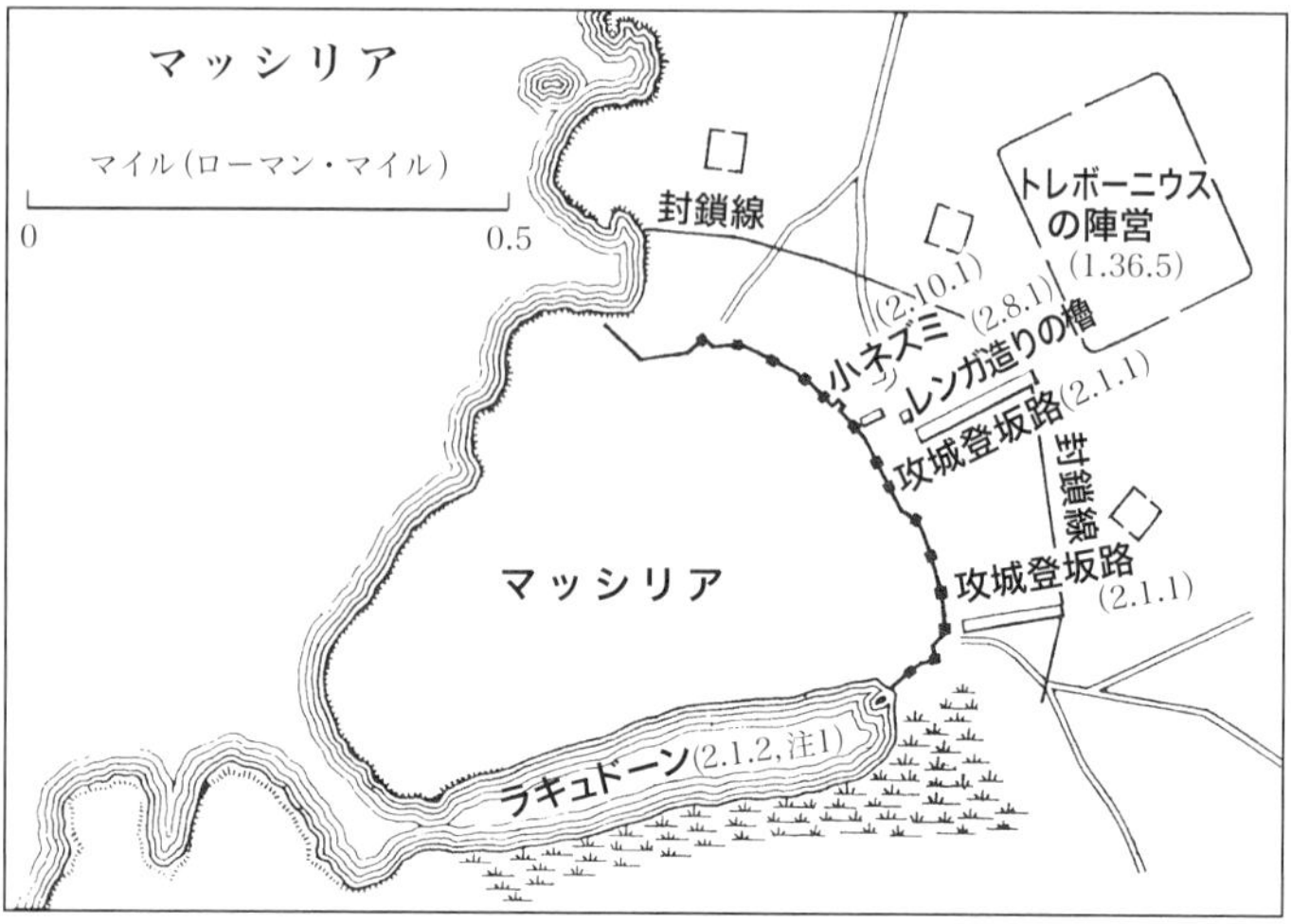

の地で艦船の準備を整えると、あらためて合戦への士気を高め、作戦を共有した。右翼をマッシリア軍が、左翼をナシディウスが受け持つこととなった。

五 [1]その場所へブルートゥスも艦船の数を増やして急行した。というのは、アレラーテーでカエサルによって建造された艦船にマッシリア軍から捕獲した艦船六隻が加わっていたからである(6)。ブルートゥスはこれらの船の修理を前日までに終え、あらゆる面の装備を済ませてあった。[2]彼は部下に向かって「敵は全軍無傷のときに諸君に敗れた。敗者を呑んでかかれ」と激励したあと、明るい希望と闘志に満ち、敵に向かって進発した。[3]ガーイウス・トレボーニウスの陣営や、高所ならどこからでも容易に町の様子が見渡せた。城市に残ったすべての若者、すべての高齢者が妻子とともに公共の場所、見張り所や城壁から天へ両手を差し伸べたり、あるいは不死なる神々の社を参拝し、神像の前にひれ伏して神々に勝利を祈願していた。[4]この日の結果如何で自分の運命のすべてがどう転ぶか決まると考えない者は誰一人としてなかった。[5]高貴な若者も、また、どの年齢層でも有力な人から順に指名されて呼び出され、乞われて船に乗り込んでいた。そのため、もし逆運が襲えば、もはやなにかを試みる余地すら残らないことが分かっていた。しかし、勝利を収めたなら、町自体の力によるにせよ、外からの支援によるにせよ、町は安泰だと自信をもっていた。

六 [1]戦闘が始まるとマッシリア軍はあらゆる面で武勇を発揮した。しかし、少し前に味方から受けた忠告を胸に刻んでいたので、覚悟を決めて戦いに臨んでいた。事を試みる機会はおそらく今後二度と来ないだろうし、戦闘中に生命を脅かされるとしても、残りの市民の運命をそれほど先んじて蒙るわけではない、市民も町が陥落すれば同じ戦争の悲運を耐えねばならないのだから、と考えていた。[2]わが軍の各艦船のあいだに少しずつ距離ができると、彼らに舵取りの技術と船の機動性を生かす余地が生まれる一方、わが軍が機を捉えて鉄製の手鉤を投げ込んで船を搦《から》めた場合、彼らは苦戦している味方を救援するため周りじゅうから集まった。[3]船と船が接舷した場合でもアルビキー族兵士が(7)白兵戦で力を発揮し、その武勇はわが軍にさほど劣らなかった。それと同時に小型船艇が離れた位置から放つ

(6) 一・三六・四、一・五八・四—五参照。

(7) 写本の読みは「彼らはアルビキー族兵士と結束して(coniuncti Albicis)」だが、底本の修正提案(coniunctis Albici)に従う。「(彼らに)アルビキー族兵士が加勢して(coniuncti Albici)」という修正提案もある。

飛び道具にも大きな威力があり、わが軍は虚を突かれ、備えもなく、回避の動きもできなかったため、多数の負傷者を出した。[4]二隻の三段櫂船がデキムス・ブルートゥスの船を見つけた。旗印から容易にそれと認められたためである。二隻は左右からブルートゥスの船めがけて突進した。しかし、ブルートゥスは先を読み、船の速力にものを言わせ、わずかの差で逃げきった。[5]二隻は突進した勢いで激しく衝突したため、いずれも甚大な損傷を蒙り、とくに一隻は衝角が折れ、船全体が沈み始めた。[6]すると、その近くにいたブルートゥスの艦隊の艦船がこれに気づき、動けなくなった二隻へ攻めかかって、あっという間に両方とも沈没させた。

七 [1]だが、ナシディウス指揮下の艦船はまったく役に立たず、すぐに戦場から撤退した。実際、彼らは間近に見る祖国への思いや近親者からの忠告に縛られていなかったので、生死を賭ける瀬戸際まで戦おうとはしなかった。[2]そのため、彼らの艦船は一隻も失われなかった。マッシリア艦隊は五隻が沈没し、四隻が捕獲される一方、一隻がナシディウスの艦船とともに落ち延びた。その全艦船が内ヒスパーニアを目指した。[3]他方、残りの艦船のうちの一隻はこの戦闘の知らせをマッシリアに届けるために先発した。船がいまや町の近くに来たとき、大勢がこぞって結果を知ろうと走り出た。結果が分かると、町は深い嘆きに包まれ、すでにこのとき敵に占領されたかと思われるほどだった。[4]それにもかかわらず、マッシリア人は町の防衛のために残された準備に取りかかった。

八　右側[1]で攻城作業に従事していた軍団兵らが気づいたことがあった。すなわち、敵が頻繁に出撃してくるので、これに対して備えを強くするには、この地点での攻防の拠点としてレンガ造りの櫓を城壁の下に建てればよい、ということであった。当初、櫓は突然の来襲に備えて低く、小さく造られた。退却[2]は櫓へ向けてなされ、さらに強力に攻め込まれた場合は、櫓を基点に防戦した。櫓の平面は三〇ペース四方の広さだが、壁の厚さは五ペースあった。しかし[3]、どんなことでも経験から学ぶものだが、あとになって知恵を働かせて分かったのは、櫓を高く伸ばせば、たいへん役立つということだった。それは次のような手順で完成した。

九　櫓[1]が第一層の床を張る高さに達したら、その床を壁に組み込んだが、床を支える梁の先端が壁の中に隠れて突出しないようにした。突起があると敵が放つ火炎の矢玉が引っかかるからである。この[2]床組みの上には、障壁車や鎧車の屋根で防護できる高さまでレンガを組み上げてから、その上に二本の梁を壁の端からあまり出ないようにして横に渡した。これらが支える板組みを櫓の屋根とする段取りであった。それらの梁の上には直交する形で角材を渡し、それらを板で固定した。これ[3]らの角材は壁の端より少しだけ外へ突き出るようにした。そこから防護幕を垂らして矢玉を防いだり撥ね返したりすることで、床組みの下で側壁を築く作業ができるようにするためであった。床[4]の上にはレンガと粘土を敷きつめた。敵の火器による被害を防ぐためであった。さらにその上にはキルトがかけられた。弩砲から発射された砲弾による材木の破砕、また、投石器が放つ大岩によるレンガの損壊を防ぐためであった。[5]その一方、菰《こも》を錨綱から作り、長さは櫓の側壁と同じに、幅は四ペースにした。これらを敵に向かい合う三面で櫓の周囲に突き出ている角材にかけて留めた。この防護幕だけはいかなる矢玉でも弩砲でも貫通できないことが他の場所での経験から分かっていた。[6]さて、櫓の完成した部分に屋根がつき、防護が施され、敵のどんな矢玉にも備えができると、障壁車は他の工事へ移動した。すると、櫓の屋根だけを梃子で第一層から持ち上げる作業が始まった。[7]屋根から垂らされている菰で防護できる高さいっぱいまで持ち上げられると、その都度、兵士らはこの防護幕の内側に隠れて身を護りながらレンガで側壁を組み上げ、次いでまた、屋根を持ち上げて建設可能な空間を作り出した。[8]第二層を築く頃合いと判断されると、最初と同様に外側のレンガで被われるように梁を組み、この床組みからまた最上層階と菰を持ち上げた。[9]こうして安全に、損害を蒙る恐れもなく、六階層が建設された。また、建設途中、適所に弩砲発射のための窓を開けておいた。

一〇　[1]この櫓があれば、周辺でのどのような工事も援護できると確信したので、彼らは太さ二ペースの角材を用いて長さ六〇ペースの小ネズミ建設に着手した。これをレンガ造りの櫓から敵の櫓と城壁まで延ばそうとしたのである。この小ネズミの造りは次のとおりである。[2]最初に、等しい長さの二本の角材を三ペースの間隔を空けて地面に置き、これらの上に高さ五ペースの柱を打ち込んで留める。[3]これらの柱のあいだを緩やかな傾斜をつけた垂木で結ぶ。その上に小ネズミを防護する角材を配するためである。屋根として太さ二ペースの角材を並べ、鉄板と釘で固定した。[4]小ネズミの軒先と角材の先端には四ディギトゥスの幅の方形の板を打ちつけ、小ネズミの上に積むレンガの押さえとした。[5]こうして屋根に傾斜をつけ、順序よく組み立てが終わると、角材が垂木の上に並べられ、その都度、小ネズミにレンガと粘土の覆いが施された。城壁の上から投げ込まれる火器による損害を防ぐためである。[6]レンガの上には皮が張られた。水管からの放水によってレンガが押し流されないようにするためである（8）。皮にはまた、火器や投石で傷まないように、キルトの覆いが施された。[7]彼らはこの作業すべてを鎧車に護られながら櫓のすぐそばで完了すると、いきなり敵の不意を突き、コロを並べた上を動かして小ネズミを敵の櫓のほうへ進め、建物にくっつけた。

一一　[1]突如襲った脅威に驚愕しながら、町の住民らはできるかぎりの大岩を梃子で動かし、城壁から小ネズミの上へ逆落としに転がした。この衝撃にも堅固な材質は持ちこたえた。落下物はなんであれ、小ネズミの傾斜の急な屋根を滑り落ちた。[2]それを見て、敵は作戦を変更した。樽に松明と瀝青を詰めて火を点け、これを城壁から小ネズミの上へ転げ落とした。樽は転がって滑り落ち、両側に落ちたあとは長棹や熊手を用いて攻城設備から除去された。[3]その一方、小ネズミの下では、敵の櫓の基礎を固定している底石を梃子ではずしにかかった。小ネズミはわが軍がレンガ造りの櫓から放つ矢玉と弩砲の援護を受けていた。敵は城壁と櫓の上から後退させられ、思うように城壁を防衛する態勢をとれな

（8）　レンガは日干しレンガであるため、水に弱い。

かった。[4]いまや相当数の底石が間近の櫓から取り除かれた。すると、この櫓の一部は急に崩れて倒れ、残りの部分も続いて倒壊した。このとき、敵は町への略奪に対する恐怖のあまり、丸腰で神事の鉢巻(9)をし、みなそろって城門の外へ走り出ると、副司令官たちと軍隊へ嘆願の手を差し伸べた。

一二 [1]こうして状況が一変したため、作戦行動はすべて停止した。兵士らの気持ちは戦闘を離れ、現状を聞き知ることへ向かった。[2]敵は、副司令官たちと軍隊のもとへやって来ると、みなそろって足もとにひれ伏し、カエサルの到着を待ってくれるよう懇願した。「[3]われわれの町が陥落したのは見てのとおりだ。攻城設備は完成し、櫓がほぼ崩壊した。だから、われわれは防衛を放棄する。いかなる抵抗もありえない。カエサルが到着したとき、われわれが彼の命令を指示どおりに実行しなかった場合、その場で略奪を始めるがいい」。[4]また、もし櫓が完全に倒壊してしまえば、兵士たちは抑制が利かなくなり、戦利品を見込んで町の中へなだれ込み、町を破壊するだろう、とも告げた。このようなことが涙ながらに多言を費やして語られたが、教養ある人(10)の発する言葉のようで大いに憐れみを誘った。

一三 [1]これに心を動かされた副司令官たちは兵士らを作業から引き揚げさせ、攻城作戦を中断し、攻城設備に警備兵を残した。[2]憐れみの情からある種の休戦協定が結ばれ、カエサルの到着を待つことになった。城壁の上からも、わが軍からも放たれる矢玉はなかった。すべて終わったかのように、誰もが警戒と注意を緩めた。[3]実際、カエサルは書簡を送ってトレボーニウスにこう強く指示していた。

「町の攻略を力まかせに行なうな。さもないと、兵士たちはひどく激昂しているから――離反を憎み、侮りも受け、毎日が苦役だ――成人男子を皆殺しにしかねない」。[4]兵士らは皆殺しにする剣幕であったが、このときやっとのことで制止され、町になだれ込まずにいた。だが、そのことにひどく憤っていた。トレボーニウスのせいで町を掌握できないと思われたからである。

一四 [1]ところが、敵に信義はなかった(11)。欺瞞と策略の好機をさぐっていたのである。数日をおいて、わが軍の緊張感が薄れ、気が緩んでいた。突如、真昼のことだった。非番になった兵士もあり、長い労役を終えてそのまま作業現場で休息をとった兵士もある一方、武器はすべてしまわれるか、覆いをかけられていた。このとき、敵が城門の外へ飛び出すと、強風を背に受けながら攻城設備に火をかけた。[2]火は風に煽られて広がり、一瞬で攻城登坂路、障壁車、亀甲車、攻城櫓、弩砲が炎に包まれた。これらすべてが燃え尽きたあともなおまだ、事の次第が呑み込めないほどだった。[3]わが軍は情勢の急

(9) 祭儀において神官や犠牲獣がつけるもの。ここでは降伏の意思を示すために着用した。

(10) とりわけ弁論術に長じた人。マッシリア人が弁論に優れていたことについて、ストラボーン『地誌』四・一・五には、弁論と哲学の修養にアテーナイよりマッシリアで学ぶローマ人もいることが記される。キケロー『フラックス弁護』六三も参照。

(11) ディオーン『ローマ史』四一・二五・二には、「一種の休戦」中にカエサル軍の兵士が夜襲を試みたが、住民の抵抗にあって試みを中止した、という出来事が伝えられる。

変に憤激して手に執れる武器を摑んだ。陣営から走り出た兵士もあり、敵に対して攻勢に立ったが、城壁上の弓矢や弩砲によって逃走する敵の追撃を阻まれた。[4]敵は城壁の下へ退くと、そこで小ネズミとレンガ造りの攻城櫓へ思いのままに火を放った。そうして何カ月もの労苦の結晶が敵の背信と激しい強風のため一瞬のうちに消失した。[5]マッシリア軍は翌日も同様の試みを企てた。同じような強風に恵まれて、さらに自信を深めながら、もう一つの攻城櫓と攻城登坂路へ突撃をかけて戦い、大量に火を放った。[6]しかし、前日まですっかり緊張を緩めていたわが軍も、前日の苦杯を教訓として防戦に万策を講じていた。このため、敵の多数を討ち取り、残りの兵も戦果のないまま城市内へ追い返した。

一五　[1]トレボーニウスが蒙った損失の復旧に着手すると、兵士らは前にもまして精力的に働いた。というのも、兵士らはあれほど苦労して築いた攻城設備があえなく無に帰したのを目にし、休戦協約が犯罪行為によって破られたいま、自分たちの武勇が笑いものにされてはならないと憤っていたからである。しかし、攻城登坂路のための資材調達源は残っていなかった。樹木はマッシリア領内の遠方まで広範囲に伐採し、すべて搬入済みだったからである。そこで、前代未聞の攻城登坂路建設に着手した。厚さ六ペースの側壁二面をレンガで築き、そのあいだに床板を張り渡すこととし、幅は先に木材を組んで建設した登坂路とほぼ同じにした。[2]側壁間の空隙や材料の脆弱さのために必要と思われたところでは支柱をはさみ、横木を組み入れ、補強材とした。床面はどこも枝編細工を敷き詰めてから泥で表面を固めた。[3]この床面の下に入った兵士は、左右を側壁で護られ、正面は障壁車が庇ったので、作業に必要などのような資材でも安全に運搬できた。工事は[4]迅速に進んだ。失われた長期の労苦を兵士らの技術と勇気が短期間で取り戻した。側壁には適切と思われた場所に出撃のための出入口を残した。

一六　これを見た敵は、[1]修復完成には長期間を要すると見込んでいたのに、短時日の手間と労苦で修復が済んだので、背信も出撃も無駄であり、残された方策はまったくない、矢玉も火も兵士や攻城設備に被害を与えられない、と考えた。[2]同時にまた、町が陸路で通じているところはどこも城壁と櫓で包囲されうるとも考えた。そうなると、自分たちの防御線の中に留まる意味がない。なぜなら、城市の周りはわが軍の築いた城壁にほとんど取り囲まれたかのようであり、矢玉が素手で打ち込めるほどであったからである。[3]また、敵が大きな望みをかけていた弩砲も距離が近いために機能せず(12)、対等の条件で城壁や櫓の上から戦った場合、武勇の点でわが軍に対抗することはできないと理解した。そこで、彼らは再び同じ条件で降伏する道を選んだ。

一七　外[1]ヒスパーニアにいたマルクス・ウァッローは当初、イタリアの出来事を知ると、ポンペイウ

(12)　弩砲自体は水平方向に発射でき、近距離でも使えるが、前面に防護のための構築物を置いた場所に設置してあれば、それを越えるように上方向に角度をつけて発射することになり、近い標的を狙えなくなる。

ス派に不信を抱き、カエサルについてじつに好意的な発言をした。[2]「私の立場はまずポンペイウスに任ぜられた副司令官であり、忠誠の義務に縛られている。だが、それに劣らぬ絆が私とカエサルのあいだにはある。また、副司令官として信頼に応えねばならない地位にあって、その職務がどのようなものか、私の力がどれほどか、属州全体がカエサルに寄せる好意がどれほどか、私はよく承知している」。[3]彼は誰と話をしてもこのように述べ、いずれか一方につこうとしなかった。[4]しかし、そののち、カエサルがマッシリアで足止めされていること、ペトレイウスの軍勢がアフラーニウス軍に合流したこと、すでに大規模な補助軍が集結したうえに、期待をもって待ち受けられている大軍がさらにまだあること、内ヒスパーニア属州全土の意志が統一されたことを知らされた。また、そのあとに起きたイレルダでの穀物事情の窮迫について耳にし、アフラーニウスもそのことを大げさに誇張して書き送っていたので、ウァッローも運のなりゆきに同調し始めた。

一八 [1]ウァッローは属州全土で徴兵を行ない、二個軍団を充足したうえに約三〇個大隊の補助軍を加えた。大量の穀物を集め、これをマッシリアへ、また、アフラーニウスとペトレイウスへ送ろうとした。軍船一〇隻の建造をガーデースの住民に命じ、その他に相当数の建造をヒスパリスで行なうよう手配した。[2]ヘルクレースの社(13)から全資金と宝物すべてをガーデースの城内へ運び込んだ。そこへ守備を目的として属州から六個大隊を派遣した。そこにはガーイウス・ガッローニウスというローマ騎士身分でドミティウスの縁者がドミティウスによって遺産管理のために派遣されてきていたが、この人物がガーデースの城市の指揮を任された。武器は、個人のものも公共のものもすべてガッローニウスの屋敷内へ運び込まれた。ウァッロー[3]は集会でカエサルを批判する演説をした。演壇から何度もこう断じた。「戦闘はカエサルに裏目に出た。多数の兵士が彼のもとからアフラーニウス側へ逃げた。このことを私は確かな伝令、確かな情報源から知った」。彼[4]はこのように言って属州のローマ市民を怯えさせると、公事施行のために一八〇〇万セステルティウスと銀二万ポンド、および、小麦一二万モディウスの供出を強要した。親[5]カエサルとにらんだ町の住民にはいっそう重い負担を課し、そこに守備隊を率いていった。また、私人に対し、国家に刃向かう言動や演説をした廉《かど》で裁判にかけ、財産を国庫に没収した。属州全土に自分とポンペイウスに対する忠誠の誓約を強制した。内[6]ヒスパーニアでの出来事を知ると、戦争の準備にかかった。だが、作戦は、二個軍団を率いてガーデースに向かい、艦船と穀物もすべてそこに集める、というものだった。属州全体がカエサル支持であることを知っていたからであった。(14) 島の中にいて穀物と艦船の備えがあれば、戦争を長引かせることは難しくないと考えていた。

カ[7]エサルは多くの緊急用件のためにイタリアへ戻る必要があったが、それでも、両ヒスパーニア属

(13) スエートーニウス『皇帝伝』「カエサル」七・一—二には、前六九年にカエサルが財務官として赴任してこの社を訪ねたとき、アレクサンドロス大王の像を見て、王が世界を制覇した年齢で自分は何一つ達成していないと嘆いた、という逸話が伝わる。

(14) ガーデースは港の外に島があり、橋で本土と連絡していた。

州の戦争でし残すことのないよう決心していた。なぜなら、内ヒスパーニア属州ではポンペイウスがたいへんな恩恵を施し、彼の庇護に与《あずか》る人々が大勢いることを知っていたからである(15)。

一九 [1]そのため、護民官クイントゥス・カッシウスとともに二個軍団を外ヒスパーニアへ出発させる一方、カエサル自身は六〇〇騎の騎兵を率い、強行軍で先発すると、布告を出して期日を指定し、すべての町の政務官と指導者らがコルドゥバで自分と面会するよう求めた。[2]この布告が属州全体に周知されると、一つとして元老の代表を期限までにコルドゥバに派遣しない町はなかった。ローマ市民も少しでも名の知れた者なら誰もが期日までに集まった。[3]それと同時に、コルドゥバのローマ市民協会(16)が自身の判断でウァッローに対して城門を閉ざした。日夜、警備兵を櫓と城壁の上に配置し、「植民軍」(17)と呼ばれた二個大隊がたまたまやって来たときには、城市を守るためにこれを引き留めた。[4]同じ頃、全属州中抜きん出て堅固な町であるカルモーの住民は、ウァッローが城塞の守備隊として導き入れた二個大隊を自身の判断で追放し、城門を閉ざした。

二〇 [1]このためにウァッローはいっそう急いだ。軍団を率いてガーデースへできるだけ早く到着しようと努め、陸路と海路を遮断されまいとした。そうなりかねないほど属州のカエサルに寄せる好意が大きく、深いことが分かったためであった。[2]彼がさらに少し進んだとき、ガーデースから書簡が届いた。「カエサルの布告が知らされるとただちにガーデースの指導者らは町の守備隊の士官らと合意に達し、ガッローニウスを町から追放し、町と島をカエサルのために確保することとした。[3]このように方針を立てたうえでガッローニウスに通告を行なった。「まだ身の危険がないあいだに自発的にガーデースから退去せよ。そうしなかった場合、われわれはわれわれの考えを実行に移す」。これに恐れをなしたガッローニウスはガーデースから退去した」。[4]こうした状況が知れると、二個軍団のうちの一つで、現地出身者軍(18)と呼ばれていた軍団兵が、そばに立って見ているヴァッローの前で陣営から軍旗を引き抜くと、ヒスパリスの町へ撤収し、町の中央広場や柱廊におとなしく座を占めた。[5]この行動を町の協会に属するローマ市民はたいへんに褒めた。めいめいが家に招き、じつに心を込めてもてなしたほどである。[6]この状況に驚愕したヴァッローは、進路を変更してイタリカの町へ向かうつもりで先触れの伝令を送ったが、町の城門はすでに閉ざされていると部下から知らされた。[7]こうして行く手をすべて遮られたため、彼はカエサルに、自分は軍団をカエサルの指名した人物に引き渡す用意がある、と書き送った。カエサルはセクストゥス・カエサルを派遣し、彼に軍団が引き渡されるよう命じた。[8]軍団引き渡しののち、ヴァッローはコルドゥバにいるカエサルのもとへやって来た。公金の会計に偽りがないことを報告したのち、預かっている資金を引き渡し、どこであれ保有しているかぎりの

(15) 一・六一・三参照。

(16) 交易などで海外に暮らすローマ市民の団体。コルドゥバはこの地域でのローマの植民市としてもっとも早くに創建された(ストラボーン『地誌』三・二・一)。

(17) 字義どおりには「植民者の(colonicae)」だが、詳細ははっきりしない。

(18) 属州生まれの兵士からなる軍団。『アレクサンドリア戦記』五三・五参照。

穀物と艦船を申告した。

二一　[1]カエサルはコルドゥバでの集会で演説し、すべての人々にそれぞれの立場に応じた謝辞を述べた。ローマ市民には、町を自分たちの統制下に置こうと努めてくれたことに、ヒスパーニア人には、守備隊を追放してくれたことに、ガーデースの住民には、敵方の企てを打ち砕き、自身の自由を勝ち取ったことに、町を守備するために来ていた軍団士官と百人隊長らには、住民の計画に武勇の力を与えたことに、それぞれ感謝した。[2]カエサルは、ウァッローに対してローマ市民が資金を国庫に納めるとしていた約束についてはご破算にし、発言が過激なために財産没収に処せられたと認められた人々には財産をもとどおりにした。[3]数人に公的および私的な褒賞を授けた他、残りの人々にものちのちへの期待感をいっぱいに抱かせた。カエサルは、コルドゥバに二日間留まったあと、ガーデースへ進発し、ヘルクレースの社から私邸に運ばれていた資金と宝物を神殿に戻すよう命じた。[4]属州の指揮をクイントゥス・カッシウスに任せ、彼に四個軍団を預けた。カエサル自身はマルクス・ウァッローと、彼の命令でガーデースの住民が建造した艦船に乗り、数日でタッラコーへ着いた。その地で、内ヒスパーニア属州のほぼ全土からの使節がカエサルの到着を待ち受けていた。[5]方針は変わらず、いくつかの町に私的および公的栄誉を授けたのち、タッラコーを離れると、陸路でナルボーへ、ナルボーからマッシリアへ着いた。マッシリアでカエサルは、独裁官の法律が提案され、自分が法務官マルクス・レピドゥスによって独裁官に指名されたことを知った。(19)

二二　[1]マッシリア軍はありとあらゆる苦しみのために疲弊していた。穀物事情は極度に窮迫していた。二度の海戦で敗北し、頻繁に出撃しては潰走の憂き目を見た。重い疫病にまで襲われた。長期の籠城と食物の変化が原因だった。誰もが食糧としたのが古い黍《きび》と傷んだ大麦で、このような危機に備えて昔から公共の倉に備蓄していたものであった。すでに櫓は倒れ、城壁の大部分が崩れた。属州や軍隊(20)による増援は絶望的だった。それらがカエサルの指揮下に入ったことが分かっていたからである。それゆえ、彼らは正真正銘の降伏を決定した。[2]しかし、その数日前にルーキウス・ドミティウスは、マッシリア軍の意志を知って、三隻の艦船を用意し、うち二隻を身内に割り当て、一隻に自分が乗り込むと、時化の中を出航した。[3]これを数隻の船が見つけた。ブルートゥスの命令で日常的に港の警戒に当たっていた艦船で、錨を揚げて追跡を始めた。[4]三隻のうちドミティウスの乗る一隻は船足を速め、あくまで逃げ切ろうとし、時化にも助けられて視界から消えたが、二隻はわが軍の艦船と遭遇して震え上がり、港の中へ引き返した。[5]マッシリア軍は命じられたとおりに武器と弩砲を城市の外へ運び出し、艦船を港と船渠から引き出し、資金を国庫から出して引き渡した。[6]これらのことが完了すると、

(19)　独裁官は非常時に一人で国家権力のすべてを掌握し、通例では、元老院決議にもとづいて二人の執政官のうち一方が他方を指名する。しかし、いまこの手続きはとりえない。執政官が二人ともポンペイウスとともにイタリアを離れてギリシアに渡っている状況だからである。また、執政官不在は執政官選挙実施も困難にしており、独裁官指名はこのためであったと考えられる。

(20)　ヒスパーニアとその軍勢。

カエサルは、自分に対する町の尽力というより、名前と由緒(21)ゆえに住民の命を助け、二個軍団を守備隊として残した。その他の軍団はイタリアへ送り、自身は都へ向けて出発した。

二三 1 同じ頃(22)、ガーイウス・クーリオーはシキリアからアフリカへ進発した。当初よりプブリウス・アッティウス・ウァールスの軍勢を見下してかかり、カエサルから預かった四個軍団(23)のうち二個軍団と騎兵五〇〇騎しか移送しなかった。二日三晩を航海に費やしたのち、アンクイッラーリアという場所に接岸した。2 この場所はクルペアの町から二二マイル離れ、夏期には碇泊にたいへん便がよい。突き出た二つの岬に囲い込まれているからである。3 クーリオーの到来を(ポンペイウス軍の)青年ルーキウス・カエサルが一〇隻の軍船を率いてクルペア近海で待ち受けていた。これらの船は海賊との戦争(24)のあとにウティカで陸揚げされ、プブリウス・アッティウスによってこの戦争のために修理を手配されていたものである。しかし、ルーキウス・カエサルは相手の艦船の多さに恐れをなし、沖合いから逃走すると、すぐ近くの海岸に甲板装備の三段櫂船を着け、船を放置したまま陸路でハドルーメートゥムへ逃げた。4 この城市はガーイウス・コンシディウス・ロングスが一個軍団をもって守備に当たっていた。ルーキウス・カエサルのその他の艦船も彼の逃走を知るとハドルーメートゥムへ撤退した。5 そのあとを財務官マルキウス・ルーフスが一二隻の艦船を率いて追跡した。これらの船は輸送船護衛のために、クーリオーがシキリアから連れてきていたものである。マルキウスは海岸に放置された船を見つけたのち、曳き綱を用いて運び去る一方、艦隊とともにガーイウス・クーリオーのもとへ帰還した。

二四 クーリオーは、マルキウスを艦隊とともにウティカへ先発させる一方、自身は同所へ軍隊を率いて進発し、二日の行程を進んでバグラダース河畔へ到着した。[1] そこに副司令官ガーイウス・カニーニウス・レビルスを軍団とともに残し、自身は騎兵とともにコルネーリウス砦(25)を偵察するため先発した。[2] というのも、その場所が陣営構築に好適と考えられたからである。[3] そこは、まっすぐ海へ突き出した稜線の両側が切り立って険しい一方、ウティカに面する側はやや緩やかな傾斜をなしていた。[4] ウティカから直線距離では一マイルあまりである。しかし、その経路上に泉があり、そこまでかなりの距離を潮が寄せるため、一帯は広く沼沢地をなしている。これを避けて行こうとすると、城市まで六マイル迂回することになる。

(21) マッシリアは前六〇〇年頃のギリシア人入植以来栄え、ローマの台頭後は強力な同盟関係にあった。
(22) ポンペイウス追撃をいったん諦めた四月から、マッシリアが降伏した一〇月または一一月までの期間をおおまかに指す表現。クーリオーのアフリカ進発は八月初旬以降と考えられる。
(23) 一・三〇・二では、クーリオーに三個軍団が預けられた、と記されるが、そのとき同時にウァレリウスの指揮下にサルディニアへ派遣された一個軍団を計算に入れているのかもしれない。
(24) 前六七—六六年のポンペイウスによる海賊討伐。
(25) 第二次ポエニー戦争中の前二〇四/二〇三年にコルネーリウス・スキーピオー・アフリカーヌス(大スキーピオー)が築いたことから命名された。

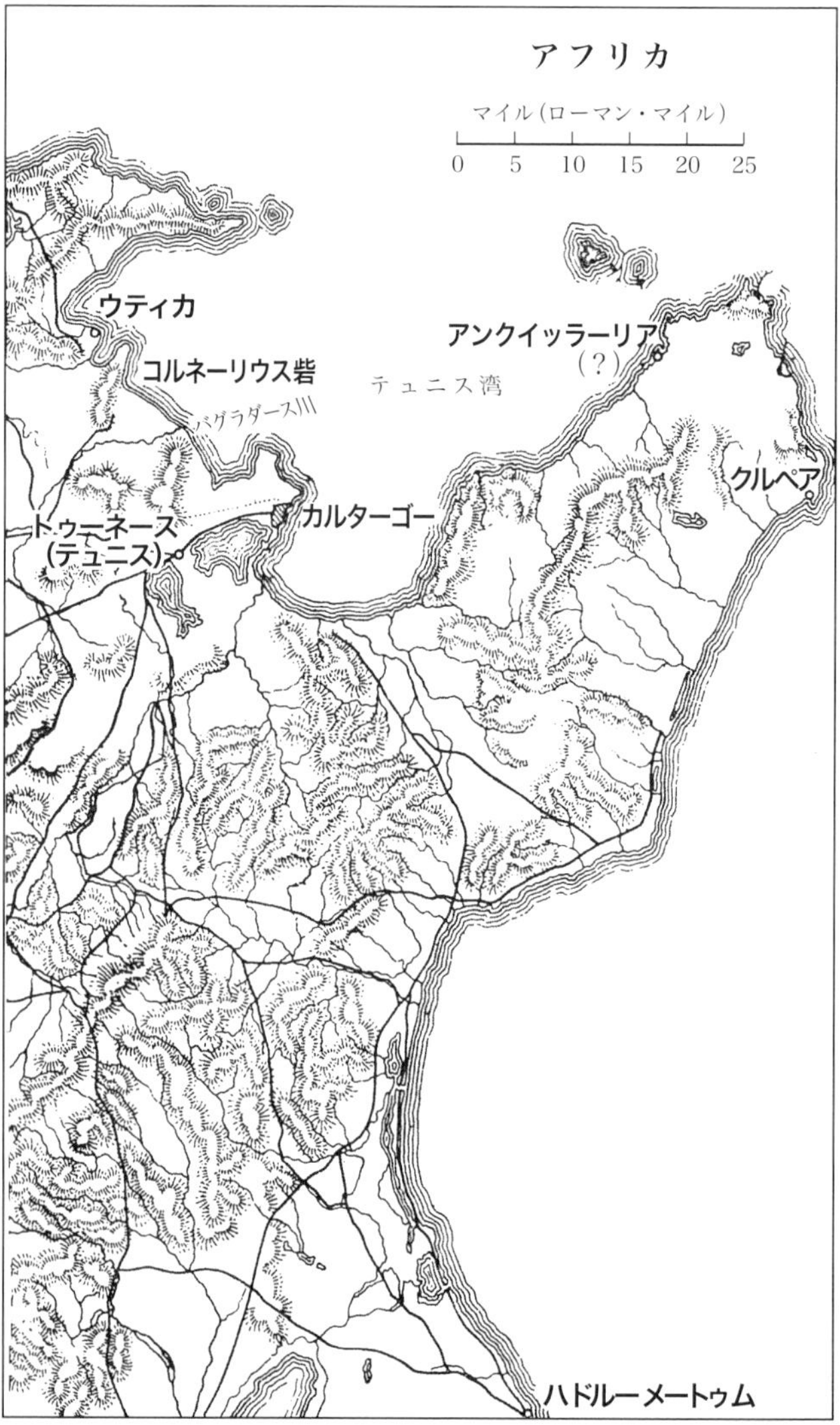
アフリカ
マイル(ローマン・マイル)
0 5 10 15 20 25
ウティカ
コルネーリウス砦
バグラダース川
テュニス湾
アンクイッラーリア
(?)
クルペア
カルターゴー
トゥーネース
(テュニス)
ハドルーメートゥム

二五　[1]この場所を偵察したのちクーリオーがウァールスの陣営に目を向けると、城壁と城市に連接しているのが見えた。ベーリカ門と呼ばれる城門のそばにあり、地形上、防備が非常に固かった。ウティカの城市そのものが側面の一つを占める一方、もう一つは城市の前にある劇場の巨大な基礎構造物が塞いでいるため、陣営への道筋は狭隘で接近が困難であった。[2]同時に気づかれたのは、道路から溢れるほどに四方から集まる大量の運搬物であった。急な動乱に怯えた人々が周囲の里から城市内へ運び込んでいたのである。[3]そこへクーリオーは騎兵隊を送り込んだ。略奪して、戦利品代わりにするためであった。時を同じくして、この事態を救援すべく、ヌミディア人騎兵六〇〇および歩兵四〇〇が城市からウァールスによって送り出された。これらは補助軍としてユバ王が数日前にウティカへ派遣した兵であった。[4]ユバ王には父の代からポンペイウスと主客関係があっただけでなく、クーリオーに対する敵意もあった(26)。クーリオーが護民官のときに提案した法案によってユバの王国がローマ国民の管理下に置かれたからである。[5]両軍の騎兵が合戦に突入した。ヌミディア人騎兵はわが軍の攻勢に最初から持ちこたえられず、約一二〇騎が討ち取られ、残りは城市近くの陣営へ撤退した。[6]そうするうちに軍船が到着すると、クーリオーはウティカ沖に碇泊していた約二〇〇隻の輸送船に対し通告を発した。「私の敵と見なされたくなければ、即刻コルネーリウス砦へ船を回送するがよい」。[7]この布告が

(26) ユバ王の父はヒエンプサル(Hiempsal)で、ポンペイウスが前八一年にアフリカでマリウス派を平定したとき、ヌミディアの王とされた。クーリオーの提案は前五〇年のこと。

出ると即座に全輸送船が錨を揚げてウティカを離れ、命じられた地点へ移動した。これにより、クーリオー軍はあらゆる物資の備蓄が豊富になった。

二六 [1]こうした戦果を挙げてクーリオーがバグラダース河畔の陣営へ戻ると、軍隊が一斉に彼を将軍と称えて歓呼した。翌日、彼は軍隊をウティカへ率いていき、城市のそばに陣営を置いた。(27) [2]まだ陣営の設営工事が完了していないとき、見張りの騎兵から報告が入り、騎兵および歩兵の大援軍がユバ王によって派遣され、ウティカへ向かっているという。それと同時に舞い上がる砂塵が認められ、すぐさま隊列の先頭が視界に入ってきた。[3]事態の急変に動揺しながら、クーリオーは騎兵を先発させて、最初の攻勢に対処し、食い止めようとする一方、みずから素早く軍団兵に設営工事を中止させ、戦列を組ませた。[4]騎兵が戦闘を始めると、まだ軍団兵が十分に展開して布陣も済まないうちに、王の援軍は、荷物で動きがままならず、統制も警戒心もない行軍で混乱していたため、全体が敗走に転じた。このうち、騎兵はほぼ全騎無事であった。というのも、海沿いを迅速に城市内へ撤収したからである。しかし、歩兵は大多数が討ち取られた。

二七 [1]その夜、マルシー人百人隊長(28)二名がクーリオーの陣営から配下の中隊兵二二名とともにアッティウス・ウァールス側へ逃亡した。[2]これらの者たちは、本当に自分が抱いていた考えをウァールスに伝えたのか、それともウァールスが聞きたい話を耳に入れようとしたのか――というのは、われわれはそうであってほしいと思うことをそうであると信じたがるし、自分が考えていることは他の者も同じように考えてくれると期待するものであるから——、いずれにせよ、こう断言した。「間違いなく軍隊全体の気持ちはクーリオーから離れている。いまもっとも必要なのは、あなたが兵士らから見えるところへ出て、言葉を交わす機会を作ることだ」。[3]この意見に動かされたウァールスは翌朝、軍団を陣営から引き出した。クーリオーも同様の行動に出た。さほど大きくない谷をはさんで、双方が軍勢を布陣した。

二八 [1]ウァールス軍にはセクストゥス・クインティリウス・ウァールスがいた。彼がコルフィーニウムにいたことは上述のとおりだが(29)、カエサルに釈放されたあと、アフリカに来ていたのである。ところが、クーリオーが移送してきた軍団は以前にカエサルがコルフィーニウムで自軍に組み入れた兵士らであり、そのため、数人の百人隊長に変更があった他は、階級も中隊編成も同じままであった。[2]ク

---

(27) コルネーリウス砦が陣営構築に好適であった(前出二四・二)にもかかわらず、防備の固いウティカ城市(前出二五・一)近くにクーリオーが陣営を築いたことが不思議に思われるが、アッピアーノス『内乱史』二・四四には、いったんコルネーリウス砦に陣営が築かれたが、敵が周辺の水源に入れた毒で将兵が害されたと記される。

(28) 次章に記されるように、クーリオー軍の兵士はコルフィーニウムでカエサルに降伏した軍勢に属していたが、この軍勢には多数のマルシー人兵士が加わっていた(一・一五・七、一・二〇・三、一・二三・五)。

(29) 一・一八以下、とくに一・二三・二参照。

インティリウスはこのことをとっかかりにして声をかけながらクーリオーの戦列をまわり、兵士らに懇願し始めた。「おまえたちは最初の忠誠の誓詞をドミティウスと財務官であった私の前で復唱した(30)。それを忘れるな。われわれに武器を向けるな。同じ運命を生き抜き、同じ籠城戦に耐えた仲ではないか。あいつらのために戦うな。おまえたちを侮辱して脱走兵と呼んだ連中ではないか」。[3]これに加えて褒美を期待させる言葉も述べた。「私は太っ腹だ。おまえたちが私やアッティウスに従うなら、期待するだけのものは必ずある」。[4]このように弁舌を揮ったが、クーリオーの軍隊からはまったく意思表示がなく、そのまま両軍とも軍勢を引き揚げた。

二九 [1]するとこのとき、クーリオーの陣営にいる全員の心に大きな恐怖が入り込んだ。恐怖は人と人が話をするあいだに急速に膨張する。このときも一人一人が話をこしらえた。他の者からなにか聞くたびに自分の恐怖の話をつけ加えていた。[2]一人が言い出したことでも、多くの人へ広がり、人から人へ伝わったあとでは、多くの人がそう言っているかのように思われた。内乱[3](31)。ある種の人々。実行可能なことを気ままに実行し好きなことを追求。これら少し前には敵方にいた軍団兵。というのも、カエサルの恩恵も変化をもたらした。それらを提供したいつもの流儀。さまざまな派と結びついた諸市。また、彼らはマルシー人やパエリグニー人のもとから来たのではない。前夜、営舎にいた兵士らのように。なかには戦友も。さらに深刻なこと。兵士どうしの話。[4]疑わしければそれだけ厳しいことと受け取られた。なかには任務に忠実と評価されたい者がこしらえた話もあった。

三〇　こうしたことから、クーリオーは作戦会議を召集し、基本方針の策定を始めた。[1] ある人々は、あらゆる策を試みてウァールスの陣営を攻略すべきだという意見を主張した。[2] 兵士らがいまのような心境のときは暇を弄ぶのがもっとも有害だと考えたからである。要するに、武勇にかけるほうがよい、武運を戦闘で試すほうが、味方に見捨てられ裏切られて過酷きわまりない処罰を身に受けるよりまさる、というのであった。他方、[3] 第三夜警時にコルネーリウス砦へ撤退すべきだと主張する人々があった。これからさらに時間が経てば、兵士らの精神状態も持ち直すだろうし、それと同時に、深刻な事態に立ち至っても、多数の艦船があるのだから、シキリアへの退却がより安全かつ容易に可能になる、というのであった。

三一　だが、[1] クーリオーはどちらの方針にも賛成しなかった。一方の意見に気骨が欠けているとすれば、他方は気負いすぎている、こちらが恥辱このうえない逃走を考慮しているのに対し、あちらは不

(30)　兵士による忠誠の誓いは指揮官によって軍務を解かれるまで拘束力を有する。コルフィーニウムでの降伏後、兵士らはあらためてカエサルに忠誠の誓詞を述べた（一・二三・五）が、その前に指揮官ドミティウス・アヘーノバルブスが軍務を解く手続きをしたとは考えにくいので、自分たちが先に行なった誓いによる拘束を感じていたかもしれない。

(31)　以下、章末まではテキストの損傷が著しい。写本に伝わるラテン語をそのまま日本語に移す。

利な地形でも戦うべきだと考えているのだから、と言った。

実際、[2]何を恃みとすれば、防御設備と自然の要害に護られた陣営を攻め落とす自信がもてるのか。翻って、[3]どんな利があるからといって、大損害を蒙ったあとに陣営攻略を放棄するのか。まるで、指揮官は戦果に恵まれても兵士の支持を得ることがなく、不首尾でも憎まれないかのような口ぶりだ。(32)陣営を移して何が得られるのか。[4]逃走の恥辱、全軍の失望、兵士の離反だけだ。賢明な人間は自分があまり信頼されていないのではないかと疑うべきではない。また、不実な人間が恐れられていると気づかせるべきでもない。われわれが恐れを抱くと、不実な人間はいっそう図に乗ってくる一方、賢明な人間は意欲を殺がれるからだ。だが、[5]それはそれとして、噂が確証されたと仮定してみよう。兵士の離反について耳にすることを、私自身はまったくの偽りか、どのみち大げさに取り沙汰されたものと確信しているが、これを否認したり秘匿したりすることにどれだけ意味があるのか。われわれがみずから間違いないと認めるほうがよいではないか。それとも、[6]体の傷と同様に、軍隊の弱みは包み隠すべきなのだろうか。そうすれば、敵方の期待が膨らむのを防げる。だが、[7]そのうえに真夜中に出発するとなると、私が思うに、なおいっそう図に乗るのではないだろうか、規律違反を目論む連中は。というのも、この種のことを自制させるのは廉恥心や恐怖心だが、それらを一番に消し去るときが夜だからだ。それゆえ、[8]私はそれほど肝っ玉が太くないから、期待がもてない陣営攻略に賛成もしないし、それほど心配性でもないから期待を抱くことをやめもしない。まずそのまえにすべて試せることを試すべきだと思う。それで私は諸君とともに問題に関する判断を下せるだろうと、おおかた確信している。

三二 クーリオー[1]は作戦会議を終えてから、兵士の集会を召集し、コルフィーニウムでカエサルが彼らから得た忠誠がどのようなものであったか思い起こさせ、また、イタリアの大部分がカエサルのものとなったのも彼らの奉仕と率先があればこそだ、と語った。

実際[2]、諸君と諸君の行動にこそすべての自治市が次々と従ったのであり、諸君のことをカエサルがもっとも近しい友と見なし、敵方はもっとも癪に感じたのももっともだ。ポンペイウス[3]は交戦もせず退けられた。諸君の行動から先を見越してイタリアを去ったのだ。カエサルは私をもっとも大切な友と考えた。また、属州シキリアとアフリカ(33)を失っては都ローマとイタリアの防衛は不可能だ。だから、カエサルはこれら属州と私を諸君の忠誠心に委ねたのだ。ところが[4]、諸君を脅し、われわれの絆を断ち切ろうとする輩《やから》がいる。どうだろう、このような連中にとって何が望ましいか。それはまず、われわれを誑《たぶら》かすと同時に、諸君を非道な罪で抜き差しならなくすること

(32) 写本の読み(prudentis)に従うが、「恥を知る(pudentis)」という読み替え提案を採る校本もある。

(33) 二つの属州は前三〇年のエジプト併合以前においてローマの主要な穀物供給源。

だ。連中が怒りにまかせてどれほど過酷な事態を諸君のうえに思い描こうとも、自分の成功はすべて諸君のおかげだと考えている人々を諸君が裏切り、諸君のせいでわが身を滅ぼしたと考えている者どもの権限下に諸君が入る以上のことはない。[5]それとも、諸君はカエサルがヒスパーニアで挙げた戦果を聞いていないのか。二つの軍隊を駆逐し、二人の指揮官を打倒し、二つの属州を奪還したのだ。それも、カエサルが敵方の視界に入ってからわずか四〇日間での成果だ。[6]それとも、無傷のときに抵抗できなかった相手が、打ちのめされたあとに抵抗するというのか。その一方で、諸君は勝利の行方が分からないときにカエサルに従ったのに、戦局が決したいま敗者に従おうというのか。いまこそ諸君の忠義の報酬を受け取るべきときではないのか。[7]連中は諸君に見捨てられ、裏切られたと言っている。あちらで先に忠誠の誓約をしたと言う。[8]しかし、諸君がルーキウス・ドミティウスを見捨てたのか。それとも、ドミティウスが諸君を見捨てたのか。武運が尽き果てるまで耐える覚悟だった諸君を放り出したのは彼ではないのか。諸君に隠れて自分だけ命大事と逃げたのではないのか。諸君は彼のせいで裏切られ、カエサルの温情によって救われたのではないのか。[9]たしかに忠誠の誓約はあったが、それで彼が諸君を繋ぎ止めておけたろうか。自分は儀鉞《ぎえつ》を放り出し、命令権を放棄して私人となり、捕虜として他人の権限下に入っていたのだから。[10]残る論拠は聞いたこともない義理立てしかない。つまり、諸君をいま繋ぎ止めている忠誠の誓約を無視し、指揮官が降伏して市民権を失うことで無効となったかつての忠誠の誓約を尊重することだ。[11]だが、私が思うに、諸君はカエサルを慕う一方で、私には反感を抱いているのだ。

私は、諸君が私に恩義があるなどと言うつもりはない。私の志にも諸君の期待にも、かなうほどのことはまだ果たしていないからだ。それでも、兵士はいつでも戦争の結果に応じて自身の軍役への報酬を求めてきた。今回の結果がどのようなものになるか諸君も疑ってはいない。少なくとも私は意を尽くしてきたし、事ここに及ぶまで幸運でもあった。それをどうして私は言わずにおけるだろう。[12]それとも、諸君は悔やんでいるのか。私が軍隊を安全かつ無傷で、ただの一隻の船も失わずに移送したからか。私が到着するなり最初の一撃で敵の艦隊を撃破したからか。私が二日間で二度の騎兵戦に勝利を収めたからか。私が敵の護る港の中から二〇〇隻の輸送船を奪ったうえ、敵を陸路でも船便でも物資の支援を受けられないような場所へ追い込んだからか。[13]諸君はこのような幸運とこのような指揮官を拒否し、コルフィーニウムの汚名、イタリアからの逃走、ヒスパーニア両属州の降伏——これらからアフリカでの戦争も予想がつく——を支持するというのか。[14]私自身はカエサルの兵士と名乗りたかったが、諸君が私を将軍の名で呼んだのだ。それを諸君が悔やんでいるなら、私は諸君の温情を諸君に返すから、私に私本来の名前を戻してくれ。そうしなければ、諸君は私を侮辱するためにその栄誉を授けたと思われるだろう。

三三 [1]この演説に兵士らは激昂し、まだ話の途中なのに何度も口をはさもうとした。背信の疑いをかけられたことにひどく憤慨している様子だった。クーリオーが集会の場を去るときには、みなが一斉[2]に激励した。「肝っ玉を太くもて。ためらうことなく交戦せよ。われわれの忠誠心と武勇を試せ」。この結果、全員の気持ちと考えが変わった。部下の心が一つになったのでクーリオーは、機会に恵まれ次第、戦闘に命運をかけることに決めた。翌日、前日まで布陣したのと同じ場所へ兵士を率いて戦列を組ませた。[3]ヴァールス・アッティウスもためらうことなく軍勢を繰り出した。相手方の兵士を唆《そそのか》そうとする場合にせよ、有利な場所での戦闘機会に恵まれた場合にせよ、好機を逃してはならないと考えたからである。

三四　[1]両軍の戦列のあいだには谷があった。これは上述のとおりである。(34) さほど大きくはないが、登り斜面は困難で険しかった。両軍とも、敵方の軍勢がこの谷を渡ろうと試みるか様子を窺っていた。より有利な場所で交戦しようと目論んだからである。[2]それと同時に、プブリウス・アッティウス軍の左翼から全騎兵とこれに組み込まれた相当数の軽武装兵が谷へ下りていくのが認められた。[3]これに対し、クーリオーは騎兵とマッルーキーニー人の補助軍二個大隊を差し向けた。その攻勢の矛先を敵の騎兵は支えられず、馬を走らせて自陣に逃げ帰った。これによって置き去りにされたのが一緒に前進していた軽武装兵であった。彼らはわが軍によって取り囲まれて討ち取られた。ウァールス軍の戦列全体がこの方向を向いて味方の逃走と討ち死にを見ていた。[4]このとき、カエサルの副司令官レビルス――軍事に関する経験が豊富であるのを知ってクーリオーがシキリアから一緒に連れてきていた人物である――がこう言った。

敵が恐慌をきたしているのが見えないか、クーリオーよ。どうしてこの好機に乗じるのをためらうのか。

[5] クーリオーはただ一言、「忘れるな、兵士諸君、きのう諸君が私に請け合ったことを」と言ってから、自分に続けと命じるや、誰よりも先に駆け出した。谷はたいへんに足場が悪く、登りの場合、仲間に支えられないかぎり、先頭の兵が前へ足を踏み出せないほどだった。[6] しかし、アッティウス軍の兵士の心中はすっかり恐怖と逃走と味方の討ち死にで占められていたので、抵抗することをまったく思いつかなかった。誰もが騎兵に取り囲まれていると思い込んでいた。そのため、まだ矢玉の射程にも入らないうち、わが軍の接近が迫らないうちに、ウァールス軍の戦列は全体が背をこちらに向け、陣営内へ退却した。

三五 [1] この逃走のさなか、パエリグニー人のファビウスというクーリオー軍中最下級の位階の兵士が逃げる敵隊列の先頭に追いつくと、大声でウァールスの名を呼びながら探し、自分がウァールスの兵士の一人であり、なにか話をして助言したいことがあるかのように装った。[2] ウァールスが何度も名を呼ばれたので、そちらを見て立ち止まり、誰なのか、どうしたいのかと尋ねると、ファビウスは盾の

---

(34) 前出二七・三。

護りがない右肩へ剣で斬りつけ、もう少しでウァールスを殺すところだった。だが、この攻撃に対して盾を振り上げることでウァールスは危機を回避した。ファビウスは近くにいた兵士らに取り囲まれて討ち取られた。[3]このように大勢が混乱して逃げ込んだため、陣営の門は人で塞がり、通ることができなかった。そうして、その場所で傷も負わずに死んだ人のほうが戦場や逃走中に死んだ兵より多かった。また、自分の陣営からさえ駆逐されたも同然に、そのまま走り続けて城市の中へ急ぐ兵士もあった。[4]しかし、地形と防御設備が陣営へ攻め寄せることを阻んでいたうえに、戦場に繰り出したクーリオー軍の兵士は陣営攻囲に必要な物資を用意していなかった。[5]そこでクーリオーは軍を自陣へ帰還させた。味方はファビウスを除いて全員無傷であった。敵方は、約六〇〇名が討ち死にし、一〇〇〇名が負傷した。クーリオーの撤収後、負傷者全員の他、多数の者が負傷を装って陣営から城市内へ逃げ込んだ。恐怖心ゆえであった。[6]ウァールスもこれに気づいた。兵士らの恐怖を知って、陣営にはラッパ手とわずかの幕舎だけ見せかけのために残すと、第三夜警時に静かに軍を城市内へ撤退させた。

三六　[1]翌日、クーリオーはウティカの攻囲に着手し、防壁による封鎖を始めた。城市内にいたのは、長く平穏であったために戦争の経験がない大衆、カエサルから受けた恩恵ゆえに彼に多大な好意を寄せるウティカ市民、それに、さまざまな階層からなるローマ市民協会の人々であった(35)。そして、これまでの戦闘によって大きな恐怖が生じていた。[2]そのため、誰もがいまや公然と降伏について口にし、プブリウス・アッティウスに訴えていた。「あなたの意地のためにわれわれ全員の運命を転覆させることはするな」。[3]このような訴えがなされているとき、ユバ王が先発させた伝令が到着し、王が大軍勢を率いてすぐそばまで来ていることを伝え、城市の警備と防衛を図るよう激励した。これによって、恐怖に囚われていた人々も強い気持ちを取り戻した。

三七 [1]同じ報告がクーリオーにも伝えられたが、しばらくは信じられなかった。クーリオーはそれほど自分の成果に自信をもっていた。[2]また、すでにヒスパーニアでのカエサルの成功が伝令と書簡によってアフリカへ伝えられていた。そうしたもろもろのことによってクーリオーは気が高ぶり、王が彼に逆らう行動を起こすとは考えていなかった。[3]しかし、確かな情報源によって王の軍勢がウティカから二五マイル以内に来ていることが分かると、クーリオーは封鎖線の工事を放棄してコルネーリウス砦へ撤退した。[4]そこへ穀物を搬入し、陣営の防備を固め、資材を集め始めた。ただちにシキリアへ、二個軍団と残りの騎兵(36)を自分のもとへ派遣するよう、指令を送った。[5]陣営は持久戦に最適であった。地形と防御設備に護られ、海が近く、水と塩が豊富だった。塩は近くの塩田から大量に集積されていた。[6]木材も繁茂する木立があり、穀物も農地いっぱいに実っていたので、不足することはありえなかった。このため、クーリオーは部下全員の一致した意見により、残りの軍勢到着を待ち、持久戦に備

(35) 城市内の人々について、周辺地域原住(前出二五・二参照)で限定的な市民権しかない大勢の民衆、十全な市民権を有する少数派、ウティカ在住のローマ市民という区別がなされている。

(36) 前出二三・一参照。

えた。

三八 [1]このような方針が了承され、決定が下されたとき、城市からの逃亡兵数人の話がクーリオーの耳に入った。ユバ王は国境での戦争やレプティスの住民との対立のために呼び戻されて王領内に留まっており、王の司令長官サブッラが並の規模の軍勢とともにウティカへ派遣されて近づいているのだという(37)。[2]この情報筋をクーリオーは浅はかにも信用して方針を変更した。事の成否を戦闘に委ねる決定を下したのである。この決定を大いに後押ししたのは若さ、勇気、それまでの成功、そして、戦果にもとづく自信であった。[3]これらによって気負ったクーリオーは日暮れとともに全騎兵をバグラダース河畔の敵陣営に差し向けた。陣営をサブッラが指揮していたことは事前に聞いていたとおりだったが、王が全軍勢を率いてあとに続いており、サブッラと六マイル離れたところに陣取っていた。[4]夜間に派遣された騎兵は道のりを踏破すると、無警戒の敵に不意打ちをかけた。ヌミディア兵は蛮族のならいで、あちらこちら無秩序に場所を占めていた。[5]彼らが散開し、すっかり寝込んでいるところを襲い、騎兵は多数を討ち取った。多くの兵が恐怖に駆られて逃げ延びた。このあと騎兵はクーリオーのもとへ帰還しようと捕虜を連行し始めた。

三九 [1]クーリオーは第四夜警時に全軍勢を率いて出陣した。陣営の守備には五個大隊を残した。六マイル進んだところで騎兵と出会い、結果を知った。誰がバグラダース河畔の陣営を指揮しているか、捕虜に尋問すると、サブッラという答えだった。[2]道のりを踏破しようと逸る気持ちから、クーリオーはそれ以上の尋問を省いた。そばにいた部隊を振り返り、言った。

分かったろう、兵士諸君。捕虜の話は逃亡兵の話と一致している。王はいない。ほんのわずかの軍勢しか派遣されていないから、少数の騎兵にすら太刀打ちできないほどだ。[3]だから、戦利品へ、栄光へ向かって急ぐのだ。そうすれば、もういまから私は諸君への褒賞と謝辞について考えておくだろう。

[4]騎兵らが成し遂げたことそれ自体は大戦果であった。それはとりわけ、その数の少なさをあれほど多数のヌミディア兵と比べれば明らかである。それでも、この戦果は彼ら自身が誇張して話していた。人は自分の手柄をそういうふうに言いたがるものである。[5]そのうえ、多数の分捕り品が誇示され、捕らえた歩兵や騎兵が引き出されもした。その結果、少しでも時間を置けば、それだけ勝利のときが遅れるように思われた。そうしてクーリオーの楽観的見通しに兵士らの意気込みが応えた。[6]彼は、騎兵にあとに続くよう命じ、進軍の足を速めた。敵が逃走し、できるだけ恐怖に駆られているところを襲

(37) この偽情報はユバ王の作戦の一つであったことがフロンティーヌス『戦略論』二・五・四〇、ディオーン『ローマ史』四一・四一・三―五に記される。

なすことはなかった。

う狙いであった。ところが、騎兵は一晩じゅう動き続けて疲れ果てていたので、ついていくことができず、それぞれ違う場所で立ち止まっていた。だが、このこともクーリオーの楽観的見通しに障害を

四〇 [1]ユバ王はサブッラから夜間の戦闘について知らされると、身辺警護のためにつねにそばにおいていたヒスパーニア人およびガリア人騎兵二〇〇〇騎と、もっとも信頼していた歩兵部隊をサブッラへの増援として送った。その一方、自身は残りの軍勢と象六〇頭を率いてゆっくりそのあとを追った。[2]騎兵を先発させたあとにクーリオー自身もやって来るものと予想したサブッラは騎兵と歩兵の軍勢を布陣し、こう命令を下した。「怖気づいたように見せて少しずつさがれ。後ろへ退くのだ。ここというとき、私が戦闘の号令を下す。局面により必要と見たら、すかさず命令する」。[3]クーリオーは、それまでの楽観的見通しに加えて目の前の状況を見るにいたって、敵は逃走すると判断し、軍勢を高所から平地へと導いた。

四一 [1]この地点からさらにまだ進軍を続けたが、一六マイルもの距離を進んで停止したとき、兵士は力を使い果たしていた。[2]そのときサブッラが部下に号令を下した。戦列を組むと、隊伍のあいだをまわって激励を始めた。しかし、まだ双方が離れた位置にあるあいだ、歩兵の投入は見せかけだけで、騎兵を前面に押し立てた。[3]クーリオーも務めを忘れず、すべての希望を武勇にかけよ、と部下を激励

した。歩兵は疲れきっていたし、騎兵も少数であるうえに力を使い果たしていたが、いずれの戦闘意欲も武勇も健在だった。しかし、そこにいた騎兵の数はわずか二〇〇にすぎず、残りは行軍途中で停止してしまっていた。[4]これら騎兵は、どこへ攻勢の矛先を向けても、つねに敵を後退へ仕向けることができたが、逃げる敵を遠くまで追撃することも、馬を勢いよく疾駆させることもできなかった。[5]すると、敵の騎兵が両翼からわが軍の戦列の裏側へまわり、背後から潰しにかかった。[6]わが軍の大隊兵が戦列から飛び出すと、体力を十分に温存しているヌミディア兵は素早くわが軍の攻勢をかわし、大隊兵が隊伍へ戻ろうとすると、今度はこれを取り囲み、戦列から孤立させようとした。こうして、持ち場に留まって隊伍を保持しても、飛び出して勝負を賭けても、どちらも無事ではすまないと思われた。[7]敵の軍勢は、王から増援部隊が送られてくるため、どんどん数が増えていた。わが軍兵士は消耗し、体力が尽き果てようとしていた。と同時に、負傷した兵士は戦列を離れることも、安全な場所へ運んでもらうこともできなかった。戦列全体が敵の騎兵に包囲されて動けなかったからである。[8]彼らはもう助からないと諦めていた。人生の最期を迎えた人のならいで、自分の死を嘆くか、「もし誰かこの危難から幸運が救い出してくれる者がいたら、私の両親のことを頼む」と訴えていた。すべてが恐怖と悲嘆に満ちていた。

四二　[1]クーリオーは、誰もが恐慌に陥り、激励も懇願も耳に入らないと悟ると、絶望的状況ではあっても助かる希望が唯一残されているとすれば直近の丘を総員で奪取することだと考え、そこへ軍旗を進めるように命じた。しかし、この丘もまたサブッラが差し向けた騎兵が先に占拠した。[2]このとき、わが軍の絶望感は極限に達した。逃げようとして敵の騎兵に討ち取られる兵もあり、どこも負傷していないのに倒れ伏す兵もあった。[3]騎兵隊長グナエウス・ドミティウスが少数の騎兵とともにクーリオーのまわりに立って促した。「逃げて助かる道を求めよ。陣営へ急げ。私は決してあなたのそばから離れないから」。[4]ところがクーリオーは「私は軍隊を失った。カエサルが私を信じて預けた軍隊だ。だから、私が再びカエサルの面前に立つことは決してない」(38)と断言し、そのまま戦死した。[5]戦場から帰還した騎兵はじつにわずかだった。しかし、上述のように、馬を休ませるために隊列の最後尾で立ち止まった騎兵があったが、彼らは全軍の逃走を遠くから認めると、無事に陣営へ逃げ込んだ。歩兵は一人残らずすべて討ち死にした。

四三　[1]この結果を知ると、クーリオーによって陣営に残されていた財務官マルキウス・ルーフスは、挫けるな、と言って部下を励ました。部下が、船でシキリアへ戻りましょう、と嘆願すると、マルキウスはそうすることを約束し、船長らに命令を下した。「日暮れになったらただちに艦載小艇のすべてを海岸に着けておけ」。[2]しかし、誰もが激しい恐怖に苛まれていたため、ユバ王の軍勢がすぐそこに来ている、あるいは、軍団を率いてウァールスが迫っており、到来を示す砂塵が見えた、と言う者たちがあった。だが、実際はそのようなことはまったく起きていなかった。また、敵艦隊の敏速な襲来を予想する者たちもあった。かくして誰もが恐慌に陥り、それぞれ自分の身を第一に考えた。艦隊の乗員は出発を急いだ。彼らの逃走が輸送船の船長らを急き立てた。[3]命令に従って任務を果たそうと集まったのは、わずかな数の小型船のみであった。(39)しかし、[4]海岸を埋め尽くした人々のあいだで激しい争いが起きた。大勢がみな、われ先に乗船しようとしたのである。そのため、多すぎる人の重みで沈む船も何隻かあり、その他の船も同様の事態を恐れて岸に近づくのを躊躇した。

四四 この結果、[1]無事にシキリアへ帰還を果たしたのは、兵士や家長のうち、人徳があったか、憐れみに値したか、さもなくば、船に泳ぎつけたかした、ほんのわずかの者だけであった。残った軍勢は夜のうちにウァールスのもとへ使者の代わりに百人隊長を送り、投降した。翌日、[2]これら兵士の諸大隊が城市の前にいる姿をユバ王が見つけた。王は、これは自分の戦利品だ、と宣言し、大多数の殺害を命じる一方、少数の者を選び出して王領内へ送った。ウァールスは自分の信義が王によって損なわれたと嘆いたが、留め立てする勇気はなかった。ユバ王が[3]馬で城市に乗り入れたとき、相当数の元老院議員があとに付き随った。(40)その中にはセルギウス・スルピキウスとリキニウス・ダマシップスがい

(38) 前出三九・六。

(39) アッピアーノス『内乱史』二・四六には、艦隊指揮官フランマがただちに艦隊を率いて逃走し、兵士を収容しなかったのに対し、アシニウス・ポッリオーは小舟で近くに碇泊していた商船に漕ぎつけ、兵士を乗せる船を調達した、と記される。

(40) 本来なら、ポンペイウスによって王位を授けられたユバのほうがあとに付き随う立場だが、ここではそれが逆転している、という記述。

た。ユバ王はウティカにおける方針を決定し、その実行を命じたのち、数日後に全軍勢を率いて王領へ引き揚げた。

第三巻

一　カエサルが独裁官として選挙を実施し、ユーリウス・カエサルとプブリウス・セルウィーリウスが執政官に選ばれた。この年、カエサルは法律上も執政官となる資格があった。(1) この手続きを済ませるとカエサルは、イタリア全土で信用が収縮し、債務不履行が起きていたので、調停人を立てることを決定した。調停人が所有財産の査定を行ない、各物件が戦争前に有していた価値に応じて、債権者に引き渡されるようにしたのである。これは一方で、債務帳消しに対する不安の解消、もしくは軽減を目指した。(2) そうした不安は戦争や内紛のあとにほとんどいつも起きるものである。と同時に、債務者の評価を保持するにもそれが最良の策であるとカエサルは考えた。また、法務官や護民官から法案

(1)　カエサルの独裁官指名と執政官選挙については、二・二一・五(および注(19))参照。執政官の再任には一〇年の間隔を置くことが定めで、前回任期が前五九年であるカエサルは適格だった。それに対して、ポンペイウスは前五五、五二年に執政官に就任した。

を民会に提出させ、ポンペイウス法によって選挙買収容疑で断罪された幾人かを復権させた。(3) ポンペイウスがローマの都に軍団兵の守備隊を置いていた当時、裁判は、審理に当たる審判人と判決を下す審判人が異なり、それぞれ一日で結審するというものだった。(4) 断罪された人々は内乱が始まったときカエサルに、戦争で自分が役に立てるなら、と支援を申し出た。カエサルは彼らがすでに役に立ったも同然だと考えた。彼らには役に立つ用意ができていたからである。[5] カエサルは、彼らが復権するのはまずもって国民の判断によるのであり、それに続いて自分の恩恵によって復帰したと思われるようにしなければならないと決心していた。それによって、恩を忘れて感謝を表わさない人間とも、国民の恩恵を尊大に横取りする人間とも思われないようにした。

二　[1] これらのことに加え、ラティウム祭(5)とすべての選挙を完了するまでに一一日(6)を費やしてから、カエサルは独裁官職を辞し、ローマの都を発って、ブルンディシウムへ着いた。[2] その地へ一二個軍団(7)と全騎兵の集結命令を下してあった。しかし、調達した船だけでは、窮屈に乗っても、軍団兵一万五〇〇〇(8)、騎兵五〇〇しか移送できなかった。このただ一つのこと[艦船の不足]のためにカエサルは迅速に戦争を終結できないのであった。[3] そのうえ、乗船した軍勢そのものも兵員に不足があった。なぜなら、度重なる戦争で多くのガリア人兵士が脱走し、ヒスパーニアからの長途のあいだに多数が脱落し、アープーリアとブルンディシウム周辺で秋の天候が不順であったために、ガリアやヒスパーニアのすこぶる体調維持によい地域から来た兵士は誰もが健康を害していたからである。

三[1]　ポンペイウスは一年をかけて軍勢を整えることができた。一年間、戦争に関与せず、敵に立ち向

(2)　戦時においては土地価格が大きく下落するため、土地売却による債務返済はいっそう困難となった。カエサルの施策はこれに対処するもの。なお、スエートーニウス『皇帝伝』「カエサル」四二・二は、すでに支払った利子分が債務の元金から控除されるようにした、ディオーン『ローマ史』四二・五一・一は、内乱勃発以後の利子分、および、一年間賃料から上限二〇〇〇セステルティウスまでを免除した、と伝えるが、いずれも時期が特定されず、これよりあとのことであるかもしれない。

(3)　法務官や護民官による法案提出への言及は、共和政における正規の手続きを踏むことを示す意図でなされている。ポンペイウス法は、ポンペイウスが執政官を務めた前五二年に、選挙違反に対してより厳格な対処と迅速な処理を行なうために制定された。ディオーン『ローマ史』四〇・五二・一—三参照。

(4)　アスコーニウス『ミロー弁護注解』三九には、三六〇人の陪審員による証人尋問が三日間行なわれたのち、一日おいて、五日目に籤で選ばれた八一人の陪審員を前に訴追側が二時間、弁護側が三時間それぞれ陳述を行ない、即日評決が下された(ただし、評決にいたるまでに陪審員は双方からの訴えにより五一人までに絞られた)、と記される。

(5)　ローマでもっとも由緒ある祝祭の一つ。毎年、執政官が日取りを定めてアルバ山(ローマ南西約二〇キロメートル)にあるラティウムのユッピテル(Iuppiter Latiaris)神域で執行した。

(6)　一二月一三—二四日頃のこと。

(7)　ヒスパーニアからの四個軍団(もとからの六個軍団(一・三九・二)とウァッローから引き渡された二個軍団(二・二〇・七—八)の計八個軍団から属州に残された四個軍団(二・二一・四)を減じる)、マッシリアからの一個軍団(攻囲した三個軍団から降伏後に守備に残した二個軍団(二・二二・六)を減じる)、内乱当初に徴募してイタリアに残された二個軍団、シキリアでクーリオー指揮下にあった二個軍団を合わせて九個軍団が動員可能であったが、それでもなお三個軍団の新規徴兵を行なったことになる。

かわずともよかったからである。アシア、キュクラデス諸島、コルキューラ、アテーナイ、ポントス、ビテューニア、シュリア、キリキア、フェニキア、エジプトから艦隊を集結させ、(9)これらすべての地域で大艦隊の建造を手配した。[2]アシアとシュリアのすべての王、君主、四分太守、および、アカイアの自由市(10)から多額の貢納金を徴収した。また、自身が統治する属州の徴税請負人組合(11)に多額の納税を強制した。

四 [1]軍団は、ローマ市民からなる九個を編成していた。このうち五個軍団はイタリアから移送した(12)。一個軍団はキリキアから移送した古参兵からなり、二個軍団を一つに再編したものであることから双子軍団と呼ばれた(13)。クレータとマケドニアから移送した一個軍団も古参兵からなる。これらの兵士は以前の司令官のもとで除隊になったあとそれぞれ属州に住みついていた。アシアから移送した二個軍団は執政官レントゥルスが手配して徴募した兵士らであった。[2]この他にも多数の兵士をテッサリア、ボイオーティア、アカイア、エーペイロスから集め、補充の名目で諸軍団へ配属させていた。これらにはアントーニウス(14)の指揮下にいた兵も組み入れられていた。[3]さらに、シュリアからスキーピオー率いる二個軍団の到着が待たれていた。弓兵については、クレータ、ラケダイモーン、ポントス、シュリアその他の地方から三〇〇〇を保有していた。投石兵は六〇〇人大隊を二隊、騎兵は七〇〇〇騎を擁した。騎兵のうち、六〇〇はデーイオタルスが引き連れてきたガリア人騎兵で、五〇〇はアリオバルザネースがカッパドキアから率いてきた。これと同数をトラーキアからコテュスが提供し、息子のサダラースを派遣していた。マケドニアからの二〇〇騎は武勇に優れるラスキューポリスが指揮を執っていた。[4]アレクサンドリアからはガビーニウス指揮下にいたガリア人およびゲルマーニア人騎兵——これらはアウルス・ガビーニウスによってプトレマイオス王の警護のために残されていた(15)——のうち五〇〇騎をポンペイウスの息子(16)が艦隊とともに引き連れてきていた。ポンペイウス自身も自分の奴隷や牧人の中から八〇〇騎を集めた。[5]三〇〇騎をタルコーンダーレイオス・カストールとドムニラーオスがガッログラエキアから提供した。二人のうち、カストールはみずから一緒に来る一方、ドム

(8) 写本の読みはこの数字で一致しているが、後出六・二では「七個軍団」(通常、一個軍団は最低五〇〇〇名)が乗船したと記されるため、「二万」「二万五〇〇〇」といった修正提案がある。いずれにしても、軍団を構成する兵員が著しく少なかったことは間違いない。

(9) キケロー『アッティクス宛書簡集』九・九・二には、艦隊の提供地としてアレクサンドリア、コルキス、テュロス、シドーン、アラドス、キュプロス、パンピューリア、リュキア、ロドス、キオス、ビュザンティオン、レスボス、スミュルナ、ミーレートス、コースなどが挙げられる。

(10) 属州内で自治と貢納の免除を認められた地域。

(11) 税金の徴収を請け負う業者(主にローマ騎士身分)の組合。

(12) 一・二五・二、一・二七・一参照。

(13) 前五一—五〇年にキケローが執政官格総督として指揮した二個軍団(『アッティクス宛書簡集』五・一五・一)の古参兵を再編成した軍団。

(14) ガーイウス・アントーニウス。前四九年にカエサルによってイッリュリクムへ差し向けられたが、クーリオーと同じ頃にクリクタで降伏した(後出一〇・五、六七・五参照)。

(15) 前五五年、シュリア総督であったガビーニウスは軍事介入によってプトレマイオス・アウレーテース王(一二世)を復位させた。王は借金によってローマ軍への報酬を支払ったので、債務履行のための搾取によって臣民の敵意を買い、身辺警護を必要とした。注(182)参照。

(16) 長男グナエウス。

ニラーオスは息子を派遣した。二〇〇騎をコンマゲノス・アンティオコスがシュリアから派遣した。これにポンペイウスは多大な褒賞を授けた。二〇〇騎のほとんどは騎馬弓兵であった。[6] これに、ダルダニア人とベッシー族の騎兵が、一部は金で雇われ、一部は命令あるいは説得により揃えられて加わった。同様にしてマケドニア人とテッサリア人その他の地域や部族も加わり、上述の兵員が充足された。

五 穀物[1]も大量にテッサリア、アシア、エジプト、クレータ、キューレーネーその他の地域から集めて備蓄していた。[2] デュッラキオン、アポッローニアなど沿岸のすべての町に冬営することを決定し、カエサルの渡海を妨げようとした。そのために沿岸全域に艦隊を配置した。[3] エジプトの艦船はポンペイウスの息子が指揮を執った。アシアの艦船はデキムス・ラエリウスとガーイウス・トリアーリウス、シュリアの艦船はガーイウス・カッシウス、ロドスの艦船はガーイウス・コーポーニウスとともにガーイウス・マルケッルス、(17)リブルニアとアカイアの艦隊はスクリーボーニウス・リボーとマルクス・オクターウィウスが指揮した。[4] しかし、海上任務の全権はマルクス・ビブルス(18)に委ねられた。彼がすべてを取り仕切り、彼の手に最高指揮権が握られた。

六 カエサル[1]はブルンディシウムに着くと、兵士を前に演説を行なった。「ここまで来れば、労苦や危難の終わりも近い。だから、泰然と奴隷(19)や荷物をイタリアに残していけ。身軽になって船に乗り込

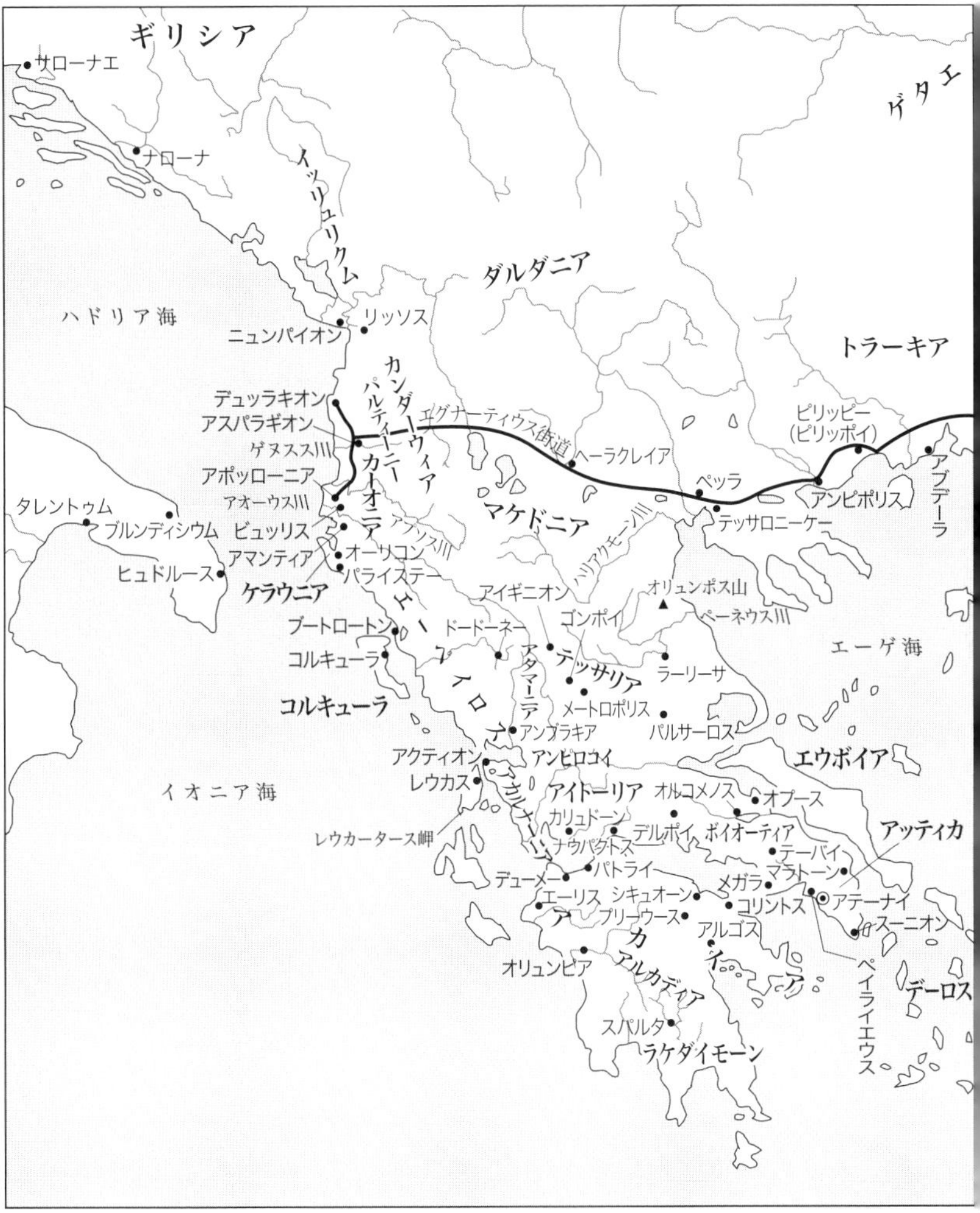
ギリシア
サローナエ
ナローナ
イッリュリクム
ダルダニア
ゲタエ
トラーキア
ハドリア海
リッソス
ニュンパイオン
カンダーウィア
パルティーニー
エグナーティウス街道
デュッラキオン
アスパラギオン
ゲヌスス川
アポッローニア
カーオニア
ヘーラクレイア
ピリッピー
(ピリッポイ)
アブデーラ
ペッラ
アンピポリス
テッサロニーケー
タレントゥム
ブルンディシウム
アオーウス川
ビュッリス
アプッス川
マケドニア
ハリアクモーン川
アマンティア
オーリコン
パライステー
ヒュドルース
ケラウニア
オリュンポス山
アイギニオン
ゴンポイ
ペーネウス川
ブートロートン
ドードーネー
エーペイロス
アタマーニア
テッサリア
ラーリーサ
エーゲ海
コルキューラ
コルキューラ
メートロポリス
アンブラキア
パルサーロス
アクティオン
アンピロコイ
エウボイア
レウカス
アカルナーニア
アイトーリア
オルコメノス
オプース
イオニア海
カリュドーン
デルポイ
ボイオーティア
アッティカ
レウカータース岬
ナウパクトス
テーバイ
パトライ
マラトーン
デューメー
メガラ
エーリス
シキュオーン
アテーナイ
コリントス
プリーウース
スーニオン
アルゴス
アカイア
オリュンピア
ペイライエウス
アルカディア
デーロス
スパルタ
ラケダイモーン

むのだ。そうすれば、それだけ多くの兵士が乗船できる。勝利を収めれば、私が存分に報いる。諸君のどんな望みも叶うのだ」。全員が一斉に叫びを上げた。「カエサルが命じたいままに命じよ。どのようなことを命じられても、われわれは平然と実行するだろう」。こうしてカエサルは一月四日に船出した。[2]乗船したのは、上述のとおり、七個軍団であった。[3]翌日、陸地に着いた。ケラウニアの岩壁(20)やその他の危険な場所のあいだに穏やかな碇泊地が見つかった。港はどこも危なかった。敵方に占拠されていると考えられたからである。カエサルはパライステー(21)と呼ばれる場所で全艦船一隻残らず無傷のまま兵士を上陸させた。

七 [1]オーリコンにはルクレーティウス・ウェスピッローとミヌキウス・ルーフスがおり、デキムス・ラエリウスの命を受けてアシアの艦船一八隻を指揮していた。コルキューラにはマルクス・ビブルスが一一〇隻の艦船とともにいた。[2]オーリコンの艦隊は自信がなく、港を出る勇気がなかった。カエサルが護衛につけた軍船は全部で一二隻、そのうち甲板装備があるのは四隻のみであったにもかかわらずである。ビブルスも艦船の用意が整わず、漕ぎ手も船を離れていたため、機敏に迎え撃てなかった。カエサルが大陸に姿を現すまで、彼の到着の噂はまったくその地域に伝わらなかったからである。

八 [1]兵士が上陸したあと、カエサルは艦船をその夜のうちにブルンディシウムへ送り返した。残りの軍団兵と騎兵の移送を可能にするためであった。[2]移送の任務は副司令官フフィウス・カレーヌスが指揮し、迅速な軍団の移送を目指した。しかし、艦船が陸地から離れるのが遅く、夜風を背に受けられなかったことが復路に災いした。[3]というのも、ビブルスがコルキューラでカエサルの到来を知り、兵士を乗せた艦船の一部にでも遭遇できるかと予想していたのに、出くわしたのは空っぽの艦船であったため、見つけた三〇隻ほどに対して自分の不注意を悔やむ鬱憤をぶつけたからである。すべての船に火を放ち、その火で船乗りも船長も焼き殺した。厳しい処断によって他の者への見せしめにしようと考えたのであった。[4]この任務完了後、彼はサーソーン島からオーリコンの港まで碇泊地と海岸のすべてを広範囲にわたって艦隊で占領した。先のような抜かりのないように警備艇の配置を済ますと、ビブルスはみずから、例年にない厳冬にもかかわらず船上で警戒に当たり、いかなる労苦や職務もなおざりにせず、増援も期待しなかった。カエサルを捕まえることができさえすれば……(22)

(17) 前四九年の執政官であったが、テッサロニーケーでポンペイウスのもとにいた二〇〇名の元老院議員からなる「元老院」が新たな政務官を立てなかったことから、前四八年も執政官職を継続した(ディオーン『ローマ史』四一・四三・二―三)。

(18) カエサルに対するビブルスの激しい敵意について、後出一六・三参照。

(19) おそらく、軍団士官や百人隊長に従う奴隷。前五二年のアレシア攻略後にカエサルは各兵士に捕虜を一人ずつ分与している(『ガリア戦記』七・八九・六)が、これらは戦利品として売却されたと考えられる。

(20) 写本の読みは「ゲルミニイー人の(germiniorum)」だが、修正提案(Ceraunioru m)を採る。ケラウニアはイタリアから最短航路となる地域。海岸に高山が迫る峻険な地勢で、とくにアクロケラウニアと呼ばれる北に突き出した岬は船乗りへの目印であると同時に危険な水域として知られた。

(21) 写本の読みは「パルサーリア(Pharsalia)」だが、修正提案(Palaeste)に間違いないものと考えられている。

九 [1]イッリュリクムからリブルニアの艦船(23)が出発したあと、マルクス・オクターウィウスは指揮下の艦船を率いてサローナエに着いた。その地で、ダルマティア人その他の蛮族を煽動し、イッサをカエサルとの友好関係から離反させた。[2]しかし、サローナエでは、見返りの約束によっても、危害を加えるという脅しによってもローマ市民協会が動じなかったので、オクターウィウスは城市の攻囲に着手した。城市は地形と一つの丘(24)によって防備が固かった(25)。[3]それでも、ローマ市民は素早く木製の櫓を建てて防衛に努めた。人員が少ないために抵抗する力に乏しく、多くの負傷者を出して消耗したときには、最後の手段に訴えた。成人奴隷全員を解放し、女性全員の髪の毛を切って弩砲を作った(26)。[4]彼らの決心のほどが分かると、オクターウィウスは五つの陣営で城市を取り囲み、封鎖と攻略を同時に行なうことで相手方を攻め始めた。[5]城市内ではどんなことにも耐え忍ぶ覚悟ができていた。ただ、最大の苦難は兵糧不足であった。これについては、カエサルのもとへ使者を送り、支援を求めた。だが、その他の困苦については、可能なかぎり自力で乗り切ろうとしていた。[6]長い時間が経過した。攻囲が長期化してオクターウィウス軍兵士の注意が疎かになったとき、城市側が機会を捉えた。正午の休息時に兵士らが持ち場を離れたとき、女子供を城壁の上に配し、いつもの日課に変化がないように見せながら、ごく最近に解放したばかりの者たちと一緒に隊伍を組み、すぐ間近のオクターウィウスの陣営へ突撃した。[7]この陣営を攻め落とすと、その勢いを駆って次の陣営を襲い、さらに第三、第四、それから残る一つと、すべての陣営から敵を駆逐した。多数を討ち取り、生き残った兵とオクターウィウスには艦船への逃亡を余儀なくさせた。これが攻囲戦の結末であった。[8]すでに冬が近づいていた。これほどの大損害を蒙って、オクターウィウスは城市攻略を諦め、デュッラキオンにいるポンペイウスのもとへ引き揚げた(27)。

一〇　[1]上述のとおり、ポンペイウスの部隊長ルーキウス・ウィブッリウス・ルーフスは二度にわたってカエサルに投降したあと解放された。一度目はコルフィーニウム、二度目はヒスパーニアにおいてである(28)。[2]その恩義ゆえに、カエサルはこの者に提案を託してグナエウス・ポンペイウスのもとへ派遣するのが適切だと判断した。ウィブッリウスの言葉にグナエウス・ポンペイウスが耳を傾けることもカエサルは承知していた。[3]さて、提案の主旨は次のとおりであった。「双方とも意地の張り合いをや

(22)　このあと、ビブルスの作戦行動を締めくくる記述などを含むテキストの欠落があるのは明らかだが、おそらく数行程度のものと想定されている。
(23)　前出五・三参照。
(24)　「丘(colle)」を「防御設備(opere)」と読み替える修正提案もある。
(25)　後続の文との関連から parum を補い、「あまり固くなかった」とする修正提案もある。
(26)　髪の毛を撚って弩砲の引き綱を作ったものと考えられる。

(27)　後出一一・二では、ポンペイウスがカンダーウィアにいてデュッラキオンへの途次にあったことが記される。そこで、以下の数章の出来事はオクターウィウスの撤退より時間的に先立つと理解され、カエサルは一連の出来事を続けて記述することを優先したと考えられる。
(28)　コルフィーニウムでの軍務と降伏については、それぞれ一・一五・四―六、一・三四・一を参照。ヒスパーニアについては、派遣は言及される(一・三四・一、一・三八・一)が、投降への言及は見当たらない。

めて武装解除すべきだ。これ以上危険な運試しをしてはならない。[4]すでに双方ともじつに甚大な損失を蒙った。これを教訓とし、警告と捉えることができるなら、われわれはこの先の不幸を心配しなければならないはずだ。[5]そちらはイタリアを逐われ、シキリア、サルディニア、内外両ヒスパーニアを奪われ、イタリアとヒスパーニアで一三〇個大隊のローマ市民を失った。私にしても、クーリオーが戦死し、アフリカの軍隊が失われ、アントーニウスとその兵士らがクリクタで降伏した(29)。[6]それゆえ、われわれ自身と国家を傷つけることをやめよう。戦争においてどれほど運が力を揮《ふる》うか、すでにわれわれ自身が自分たちの損失によって十分な証言をしたのだから。[7]いまを措いて和平交渉の機会はない。いまならまだ双方ともに自信があり、両者拮抗していると思われるが、もし運がほんの少しでも一方に加勢したあとでは、自分が優位だと思った者は講和条件に目もくれないし、自分がすべてを手中に収める自信がある者は公平な分け前に満足しない。[8]講和条件については、これまで合意に至らなかったのであるから、ローマにおいて元老院と国民から提案されるべきだ。[9]さしあたり、国家(30)とわれわれ自身の決定とすべきは、双方ともただちに集会の場において三日以内の軍隊解散を誓約することだ。[10]われわれがいま頼りとする武器と支援を放棄すれば、双方とも必然的に国民と元老院の判断に満足するはずだ。[11]この提案をポンペイウスが受け入れやすくするために、私は私の軍勢を各地、各町で解散するつもりだ……(31)」。

一一 [1]ウィブッリウスはこの提案の説明を受けると、カエサルの突然の到来をポンペイウスに知らせることがそれに劣らず緊急だと考えた。提案をめぐる交渉が始まる前にポンペイウスに対策を立てさせようとしたのである。そのため彼は夜も昼も旅を続け、どの町でも馬を代えて速度を保ち、ポンペイウスのもとへ急ぎ、カエサルの到着を知らせようとした。[2]その頃、ポンペイウスはカンダーウィアにいた。マケドニアからアポッローニアとデュッラキオンの冬期陣営へ向かう途上であった。しかし、事態の急変に動揺し、強行軍でアポッローニアを目指して進み始めた。カエサルに海岸部の町々を占領されるのを防ごうとしたのである。[3]対するカエサルは、兵士を上陸させたその日のうちにオーリコンに向けて進発した。その地に着くと、ルーキウス・トルクアートゥスがポンペイウスに命じられて指揮を執り、パルティーニー族を組織した守備隊を置いていた。彼は城門を閉ざして町の防衛を試みた。[4]しかし、ギリシア人兵士らに城壁へ登り、武器を執れと命じたとき、兵士らがローマ国民の大権に刃向かう戦いを拒否する一方、住民らは自分からカエサルを迎え入れようとまでした。そこでトルクアートゥスは孤立無援となり、城門を開き、自分の身柄と町をカエサルに引き渡し、カエサルによって身の安全を確保された。

(29) アントーニウスはマルクス・アントーニウスの弟のガーイウス。注(14)参照。敗北の次第をルーカーヌスは詳細に叙述した(『内乱』四・四〇二―五八〇)。

(30) 「さしあたり、国家と(interea et rei publicae)」は写本の読み。「国益にかない(interesse id rei publicae)」という読み替えも行なわれている。

(31) 「私は……解散」のくだりは文脈と齟齬があるため、削除提案もある。少なくとも、このあと欠落があるのは確か。

一二　オーリコンを掌握したあと、少しの間も置かずにカエサルはアポッローニアへ進発した。[1]その地の指揮官ルーキウス・スタベリウスは彼の到来を聞いて、城塞への水の運び込み、城塞の防備補強、アポッローニア住民に対する人質強要を始めた。[2]住民は、しかしながら、人質など出さない、執政官に城門を閉ざしはしない、自分たちの決定が全イタリアとローマ国民の下した判断に反することはない、と言って応じた。[3]彼らの意志を知ると、スタベリウスは密かにアポッローニアから逃げ出した。住民はカエサルのもとへ使節を送り、彼を城市に迎えた。[4]これに続いて、ビュッリス、アマンティアその他の近隣の町々、さらに、エーペイロス全土から使節がカエサルのもとへ送られ、彼の下命を実行すると約束した。

一三　[1]対するポンペイウスは、オーリコンとアポッローニアでの出来事を知ると、デュッラキオンが心配になり、昼夜の行軍をして、その地へ急行した。[2]同時にカエサルもそこへ近づいていると噂された(32)。ポンペイウス軍を尋常でない恐怖心が襲った。そのため彼らは夜を日に継いで急ぎ、休みをとらずに行軍を続けた。エーペイロスと近隣地域出身のほぼ全員が軍旗を見捨て、相当数が武器を投げ捨てた。こうして、行軍が逃走の様相を呈するほどだった。[3]しかし、ポンペイウスがデュッラキオン近郊で停止し、陣営の区画計測を命じたとき、軍隊はこのときまだ恐怖に囚われていたが、ラビエーヌスが最初に進み出て誓約した。「私はポンペイウスを見捨てない。運がどのような決着をもたらそうとも、ともに耐え忍ぶ」。[4]同じ誓約を他の副司令官らも行ない、そのあとに軍団士官と百人隊長らが続き、全軍兵士も同じ誓約を行なった。[5]カエサルは、デュッラキオンへの道筋を先に占拠されたので、急ぐのをやめ、陣営をアポッローニア領内のアプソス河畔に置いた。砦を築き、夜警を立てて、功績のあった町々の安全を確保しようとしたのである。そして、その場所で、残りの軍団がイタリアから到着するのを待ち、毛皮の幕舎を立てて冬営することに決めた。[6]ポンペイウスも同様にした。アプソス川の向こう岸に陣営を置き、そこへ全軍勢と補助軍を集結させた。

一四 [1]カレーヌスは、ブルンディシウムで軍団兵と騎兵を艦船に乗り込ませた。カエサルから指示されたとおり、(33)艦船に乗せられるだけ乗せて出航した。だが、港を少し出たところでカエサルからの書簡を受け取った。それは、港や沿岸のすべてが敵方の艦隊によって確保されていることを知らせていた。[2]この情報から、彼は港へ引き返した。全艦船を呼び戻したが、ただ一隻だけ航海を続行し、カレ

(32) ディオーン『ローマ史』四一・四七・一―三では、双方が急いだ理由について、ポンペイウスは全軍が到着していないカエサル軍を容易に粉砕できると考えた一方、カエサルは現状でも進軍してくる敵と戦えると考えたためとされる。しかし、カエサルはアプソス川まで進んだとき、著しく無勢であることに気づいて停止すると、調停提案を出して決戦の先延ばしを図った。カエサルの意図を察したポンペイウスは決戦を望んで川を渡ろうとしたが、橋が重みで壊れ、先頭の兵士数名を失い、戦闘機会を逃したという。

(33) 前出八・二参照。

ーヌスの命令に従わない船があった。兵士を乗せず、私人の操船によっていたからである。この船はオーリコンに辿り着き、ビブルスによって攻め取られた。[3]ビブルスは奴隷も自由人も全員に対し、未成年者にいたるまで処罰を加え、一人残らず殺害した。そのようにほんのわずかな間合いと大きな偶然が全軍の無事を左右した。

一五　[1]ビブルスは、上述のように、(34)オーリコン沖の艦上にあって、カエサル軍を海と港から閉め出していた一方、自身もその地域の全陸地から閉め出されていた。[2]カエサルが守備隊を配置して海岸線をすべて確保していたので、薪や水の調達も、艦船を陸へ着けることもかなわなかったのである。[3]状況は著しく困難であった。必要物資が極度に窮迫し、困苦の度合いは、他の物資同様、薪と水までコルキューラから輸送船で補給せざるをえないほどだった。[4]さらには、荒れ模様の天候の際に船を覆う革製雨よけから夜露を集めることを余儀なくされるときすらあった。[5]それでも、兵士らはこれらの困難を辛抱強く平然と耐え、海岸を無防備にしてはならない、港を放棄してはならない、と考えていた。[6]しかし、上述の窮迫の中でリボーがビブルスと合流したとき、二人そろって船上からカエサルの副司令官マルクス・アキーリウスとスタティウス・ムルクス(35)に話しかけた。副司令官の一方は城壁守備隊、他方は海岸線守備隊を指揮していた。「われわれは最重要問題に関してカエサルと話がしたい。機会を作ってもらえまいか」。彼らはこれに一言二言つけ加えて他意のないことを強調し、和平交渉の意志があるように見せた。[7]彼らはとりあえず休戦を要求し、聞き届けられた。[8]その申し出は重要であると思われたからである。副司令官らはカエサルが休戦をなによりも望んでいるのを知っていたし、また、ウィブッリウスに託した提案による成果があったとも考えたのである。

一六 その頃、[1]カエサルは一個軍団を率いて進発した。目的は遠くの町々を味方につけ、不足しがちな穀物の調達を円滑にすることで、コルキューラ対岸の町ブートロートンへ着いた。[2]その地で、アキーリウスとムルクスからの書簡を通じてリボーとビブルスの要求について知ると、軍団をそこへ残し、自分ひとりオーリコンへ取って返した。[3]到着すると、相手方を会談へ呼び出した。だが、現われたのはリボーだけで、彼はビブルスのために弁解した。というのも、ビブルスは怒り心頭に発していたうえに、造営官と法務官時代に遡ってカエサルに対する個人的怨恨をも抱いていたのであった。(36)「彼が会談を忌避した理由は、願ってもないほど大きな成果が期待できる機会を自分の怒りで損なわないためである。[4]ポンペイウスが(37)現在もこれまでも、つねに目指していることは、和議の締結と武装解除だ。

(34) おそらく、第八章と九章のあいだの欠落部分で言及されていたと推測される。

(35) 多くの校訂本で修正提案「マーニウス(M'.)」が採用されているが、写本の読み「マルクス(M.)」を保持する。ディオーン『ローマ史』四二・一二・一参照。

(36) 前六五年に造営官、前六二年に法務官としてビブルスはカエサルと同僚だった。造営官のとき、見世物興行の出費を二人で等分に負担したのに、カエサルのみに人気が集まり、ビブルスは不満だったという(スエートーニウス『皇帝伝』「カエサル」一〇・二)。また、前五九年に二人は同僚執政官であったが、ビブルスはカエサルの農地法に反対して孤立し、任期いっぱい自身の家に引き籠もったことから、この年の執政官はカエサル一人だったと言われたという(同二〇・一―二)。

しかし、われわれにはこの問題に関する権限がない。諮問会議[38]の決議にもとづき、戦争と関連事項すべての最高指揮権はポンペイウスに委ねられたからだ。[5]しかし、カエサルの要求を聞かせてもらえれば、われわれがポンペイウスへ伝えよう。そのあとポンペイウスはわれわれを介し、われわれの勧告のもとに行動するだろう。それまで当面は休戦を続けよう。ポンペイウスから返事が来ないうちは、双方とも手出しを控えよう」。これに加えて、彼は大義や自軍の兵力、補助軍について手短に述べた。

一七 [1]これらのこと[39]について、そのときカエサルは返答する必要はないと考えた。また、現在でも、記録に残すに足る理由はないと考えている。[2]カエサルは要求した。「私が使節をポンペイウスのもとへ危険なく送れるようにせよ。このことが実現するよう、あなた方が責任をもて。さもなくば、あなた方が使節を受け入れたのちポンペイウスのもとへ送り届けよ。[3]休戦について述べよう。戦局は二分されており、あなた方が艦隊によって私の艦船や増援部隊の到来を阻んでいる一方、私はあなた方を水と陸地から閉め出している。[4]だから、私に作戦を中止してほしいなら、あなた方も海上警備を中止せよ。もしあなた方が続けるなら、私も続行する。しかし、この場合でも、和議の交渉は可能だ。作戦続行は交渉の障害にはならない」。[5]リボーはカエサルの使節の受け入れもせず、その身の安全について約束もしなかった。問題の責任をそっくりポンペイウスに負わせてしまった。ただ一つ休戦についてのみ執拗に、非常に強い調子で主張した。[6]リボーが話[40]を切り出した目的は当面の危機と窮迫を回避するためだけで、そこに和平への期待も条件も盛り込まれていないことを悟ると、カエサルは戦争について考えを練り直すことにした。

一八　[1]ビブルスは何日も上陸を阻まれ、寒さと労役のために重病に罹った。治療も受けられず、引き受けた任務を放棄したくもないという状況の中で、病気の力に抗しえなかった。[2]彼が死んだあと、最高指揮権が一人の人間に帰することはなかった。各艦隊をそれぞれの指揮官が個別に自分の裁量で動かしたのである。[3]ウィブッリウスは、カエサルの突然の到来が引き起こした混乱が静まったあと、状況を見きわめるとすぐに、リボー、ルーキウス・ルッケイウス、テオパネースというポンペイウスがいつも最重要事項を相談していた人々の列席のもと、カエサルの提案(41)について議論を始めた。[4]ウィブッリウスが話に入ると、ポンペイウスが遮り、それ以上話させなかった。「命や市民権があっても何になるというのか、それを私がカエサルの温情で保持していると思われるなら。そういう評判を払拭するのは不可能だ、私がイタリアを去ったあとに連れ戻されたと見られるなら(42)」。[5]戦争が終わってから(43)、

(37)「ポンペイウスが」は写本の読み。「私が」という読み替えも行なわれている。
(38)ポンペイウスがテッサロニーケーに置いた「元老院」のこと。注(17)参照。
(39)リボーが手短に付け加えて言ったこと。
(40)「話(orationem)」は写本の読み。「提案(rationem)」という修正提案もある。
(41)前出一〇・二―一一。
(42)テキストが不確かな個所。なんらかの欠落が想定されている。また、次の「戦争が終わってから」をポンペイウスの言葉に含める校本もある。

このようなことがあったのをカエサルは会談に同席した人々から聞き知った。それでもカエサルは、別の方途から対話による和平交渉を模索した。

一九　[1]ポンペイウスとカエサルと、二つの陣営のあいだにはアプソス川の流れしかなく、兵士たちは頻繁に話を交わしていた。話をする者たちは取り決めを交わし、そのあいだに矢玉が打ち込まれることはなかった。[2]カエサルは副司令官プブリウス・ウァティーニウスをその川岸へ派遣した。目的は、講和のためにもっとも重要と思われる事柄の交渉であり、何度も大声でこう呼びかけさせた。「ローマ市民がローマ市民のもとへ使節を送ることを認めよ。このことはピューレーネー山地からの逃亡兵や海賊(44)にすら認められた。とりわけ現在の交渉は、市民同士が武器を執って戦うことを避けるためのものだ」。[3]彼は多言を費やし、嘆願するように語った。自身と全員の命がかかっているのだから当然であった。両軍の兵士が黙って耳を傾けた。[4]相手方から返答があった。「アウルス・ウァッローの申し出により、明日、彼が会談に出向き、どうすれば安全に使節が来訪して望むところを開陳できるか打ち合わせるつもりだ」。このための刻限が定められた。[5]翌日、その時刻になると、双方からじつに大勢が集まった。会談に寄せられる期待は大きく、全員の気持ちが講和を目指しているように見えた。[6]この群衆の中からティトゥス・ラビエーヌスが進み出ると、抑えた声で講和を話題にし(45)、ウァティーニウスと言葉を交わし始めた。[7]しかし、彼らの話は途中で中断された。突然、周りじゅうから矢玉が打ち込まれたためである。その危地を彼(46)は兵士らの武具に護られて逃れたが、負傷者は相当数に上り、その中にはコルネーリウス・バルブス、マルクス・プローティウス、ルーキウス・ティーブルティウス、それに百人隊長や兵士数名がいた。[8] このときラビエーヌスが言った。

　では、和約締結の話はこれきりにしてくれ。われわれにすれば、カエサルの首が届かないかぎり、講和などいっさいありえないのだから。

二〇 同じ頃、[1] 法務官マルクス・カエリウス・ルーフスは債務者からの訴えの処理に当たっていた。就任当初、自分の執務席を都区法務官[47]ガーイウス・トレボーニウスの椅子の横に置き、もし査定や弁

---

(43) 文脈から推して「戦争」はポンペイウスの死をもって区切りのつけられた戦争として理解され、その終わりは本書『内乱記』の結びと一致する。他方、スエートーニウス『皇帝伝』「カエサル」において「すべての内乱」として言及されるのは前四九年から前四五年のあいだの戦争であり、通常、「内乱」が表わすのはこちらの意味の戦争である。

(44) いずれもポンペイウスによって討伐された武装勢力を念頭に置く。前者はおそらく、セルトーリウスが率いた叛乱軍の残党(一・六一・三参照)。後者はキリキアの海賊で、前六七年までに討伐された。

(45) 「抑えた声で(summissa oratione)講和を話題にし(missa oratione)」の部分はテキストが怪しい。「しかし、講和については語らずに」あるいは「尊大至極な声で(superbissima oratione)講和を話題にし」という修正提案もある。

(46) 指示の対象がラビエーヌスか、ウァティーニウスか必ずしも明瞭でないが、あとに名前が出る三人はいずれもカエサル軍士官であるので、ウァティーニウスと考えるほうが無理がない。

(47) 都区法務官は八人の法務官同僚の中で最上位格。

済額に関して訴え出た者があれば——この手続きは、カエサルがローマ滞在中に定めたとおり、調停人を介して行なわれることとなっていたので(48)——、相談に乗ると約束していた。[2]しかし、裁定は公平で、トレボーニウスは人情を心得ていた。彼は現今のような時世では寛容で穏当な裁きを下すべきだと考えていた。そのため、不服の訴えを起こす人々はどこにも見つからなかった。[3]おそらく、窮迫を口実にし、自分自身あるいは世の中全体を襲った災厄を嘆き、競売の困難さを説明するぐらいなら並の神経の持ち主でもするだろう。しかし、自分に負債があると認めながら、財産をそっくり保持する者とはどんな神経の持ち主であろう。なんという恥知らずか。[4]かくして、そのようなことを要求する者は一人も見つからなかった。ところが、カエリウスは恩恵に与《あずか》る立場の人々に対してより厳しく対応することが判明した。[5]当初のやり方から進んで、恥ずべき申し立てに無用な関与をしたと思われないように、融資返済は五年間(49)無利子とする、という法案を提出した。

二一　[1]これに執政官セルウィーリウスや他の政務官らが反対し、思ったほどの首尾が得られなかったとき、カエリウスは人々の支持を呼び込むため、最初の法律を廃案にし、別に二法案を提出した。一つの法案は借家人に一年間の賃料支給(50)を、もう一つは借金帳消しを定めた。[2]さらに彼は、群衆にガーイウス・トレボーニウスを襲撃させ、執務官席から追い出し、その際、数名の負傷者を出した。[3]この事態について執政官セルウィーリウスが元老院に諮問すると、元老院はカエリウスを公職から追放すべきことを決議した。この決議がなされると、執政官はカエリウスを元老院から閉め出し、彼が演説

しようとすると演壇から引きずり下ろした。4 カエリウスは汚名と痛憤に駆られ、表向きはカエサルの
もとへ出発するように装ったが、陰ではミロー(51)へ使いを送り、クローディウス殺害により断罪されて
いた彼をイタリアへ呼び戻していた。ミローのもとにはかつて大規模な見世物に出した剣闘士団がま
だ残っていたので、彼と手を組み、トゥーリイー周辺域へ彼を先発させて牧人らを煽動させた。5 カエ
リウス自身は、カシリーヌムへ着いたとき、彼の軍旗と武器がカプアで押収されただけでなく、ネア
ーポリスでも剣闘士団によって町を離反させる策動が見つかり、計画が露見した。彼はカプアから閉
め出されて、危険が身に及ぶのを恐れた。ローマ市民協会(52)が武器を執り、彼を公敵と見なす決定を下
していたからである。そこで、カエリウスは計画を放棄し、行き先を変更した。

(48) 前出一・二―三参照。

(49) 原文は「六年後に」だが、含み計算によるものと解する。

(50) カエサルも二〇〇〇セステルティウスを限度額として同様の支給を実施した(注(2)参照)。

(51) キケローの熱烈な支持者であったミローは、キケローを追放に追い込んだ大衆煽動家プブリウス・クローディウスと前五七年以降に激しく対立、前五二年に武力抗争の中でクローディウスが殺害され、このためローマは政情不安に陥った。この騒乱は、単独執政官となったポンペイウスによって鎮静化され、ミローはマッシリアへの追放刑に処された。カエサルは他の追放者については赦免したが、ミローだけは赦さなかったという(ウェッレイウス・パテルクルス『ローマ世界の歴史』二・六八・二、ディオーン『ローマ史』四一・三六・二、四二・二四・二)。

(52) カプアはイタリアの中で唯一、住民がローマ市民権を認められていなかった。

二二　[1]そのあいだにミローは町々に手紙を送りつけた。「私の行動はポンペイウスの命令と指揮による。ウィブッリウスを介して私に届けられた指示だ」と記して、借金のために苦労していると思われた人々を煽動しようとした。[2]しかし、煽動が成功しなかったとき、収監所を打ち壊して奴隷を連れ出し、ヒルピーニー地方にあるコンプサの攻略を始めた。そこへ法務官クイントゥス・ペディウスが一個軍団を率いて……(53)ミローは城壁の上から投げられた石が当たって死んだ。[3]カエリウスは、自分で言っていたとおり、カエサルのもとへ向かって出発し、トゥーリイーへ着いた。町の住民数名を煽動する一方、カエサルによって町の守備を目的として派遣されていたガリア人およびヒスパーニア人騎兵に金銭の報酬を約束したが、これら騎兵に殺された。[4]こうして、大きな騒動は始まりにおいてこそ、政務官の動きがとれない〈困難な〉時局においてイタリアを不安で覆ったが、迅速かつ簡単に終息した。

二三　[1]リボーは艦隊を率いてオーリコンを進発した。指揮下の五〇隻とともにブルンディシウムに着くと、ブルンディシウム港に向かい合う島を占拠した。というのも、わが軍がどうしても通過せねばならない一個所を押さえるほうが、沿岸と港の全域を警備の網で封じ込めるよりまさると考えたからであった。[2]彼は不意を突いて来襲すると、輸送船数隻を見つけて火を放ち、穀物を積んだ一隻を奪い去り、わが軍を大いに怯え上がらせた。夜のうちに歩兵と弓兵を上陸させ、騎兵の守備隊を持ち場から駆逐すると、地の利を生かしてポンペイウスへ書簡まで送った。「お望みとあれば、残りの船は陸揚げし、修理を命じよ。わが艦隊だけでカエサル軍の後続部隊到着を阻んでみせるから」。

二四　その頃[1]、ブルンディシウムにはアントーニウスがいた。彼は兵士らの武勇を信頼していた。大型艦船の艦載小艇約六〇隻を枝編細工と遮蔽幕で覆い、そこへ選り抜きの兵士を乗り込ませ、海岸のかなり多くの地点に分散して配置した。また、ブルンディシウムでの建造を手配してあった二隻の三段櫂船には、漕ぎ手の訓練を目的に港の入り口へ漕ぎ出すように命じた。[2]これらの艦船が気負って進み出るのを見たリボーは、拿捕できるかと目論んで四段櫂船五隻を差し向けた。これらがわが軍の艦船に近づいたとき、わが軍の古参兵(54)が港の中へ逃げ込もうとしたところ、相手は気持ちの逸りから注意を疎かにして追跡してきた。[3]すると突然、号令が下るや、あらゆる方向からアントーニウス軍の艦載小艇が敵めがけて突進し、最初の攻撃で四段櫂船一隻を漕ぎ手と海兵もろとも捕獲した。残りはぶざまに逃走を始めた。[4]敵はこの損害に加えて、アントーニウスが海岸線に配置した騎兵によって水の調達を阻まれた。この窮迫した事態と恥辱に駆られてリボーはブルンディシウムから撤退し、わが軍に対する封鎖を放棄した。

(53)　テキストに欠落があり、「近づいたとき」あるいは「きたことで(ミローは)行く手を妨げられ」といった補いが考えられている。

(54)　「古参兵(ut veterani)」が不自然なので、テキストに疑問がもたれ、「命じられたとおり(ut erat imperatum)」、「事前の打ち合わせどおり(ut convenerat ante)」といった修正提案がある。

二五　[1]すでに数カ月が経ち、もう冬も過ぎようとしていた(55)。だが、ブルンディシウムからは艦船も軍団もカエサルのもとへ到着しなかった。何度か航海の機会を逸したようにカエサルには思われた。というのも、それまでに安定した風が再三吹いていたので、必ずやこの風に乗ってくるはずだ、とカエサルは考えたのである。[2]そうして時間が経てば経つほど、敵艦隊の指揮官らは勢いづいて警備に当たり、航行阻止へ自信を深めた。ポンペイウスもしきりに文書で訓告した。「最初にカエサルの到来を阻めなかったのだから、残りの軍隊は押し止めよ」。輸送のためには天候が日ごとに厳しくなる、風が弱くなるから、と彼らは踏んでいた。[3]この事態に焦ったカエサルはブルンディシウムにいる自軍へ激しい調子で書き送った。「船を出せる風が吹いたら、航海の機会を逃すな。アポッローニアの海岸へ向けて針路を取り、そこで船を着岸できればよいのだ(56)」。[4]そこが敵艦隊の警備がもっとも手薄な場所であった。港から遠すぎるためにそこまで手をかけようとしなかったからである。

二六　[1]カエサル軍は敢然と武勇を奮い起こした。マルクス・アントーニウスとフフィウス・カレーヌスが指示を出し(57)、兵士みずから激励し合い、カエサルを救うためにいかなる危険も顧みなかった。南風が吹いたときに出航すると、翌日、アポッローニアとデュッラキオン(58)を通過した。[2]その船影が陸地から認められたとき、デュッラキオンでロドス艦隊を指揮していたコーポーニウスが港から艦船を繰り出した。彼がいまやわが軍に接近しようとしたとき、いったん風が弱まったが、再び南風が吹きつのってわが軍を助けた(59)。[3]それでも彼は攻撃の試みをやめなかった。苦しくても頑張り続ければ、自然の猛威も強風も克服できると考え、わが軍が強風に押されてデュッラキオンを通過したあともなお追跡してきた。[4]わが軍は幸運に恵まれたけれども、艦隊の攻撃を恐れていた。風が弱まるかもしれなかったからである。だが、港が見つかり、そこへ船を導き入れた。ニュンパイオンという名で、リッソスの先三マイルの位置にあり、アフリカ風(60)に対しては船を防護するが、南風に対しては安全とはいえない港であった。しかしこのときは強風よりも艦隊の脅威が重視された。[5]この港へ入るやいなや、信じがたい僥倖に恵まれた。二日間吹き続けていた南風が向きを変え、アフリカ風となったのである。

二七 [1]このとき、運の急激な変化を目の当たりにできた。さきほどまでわが身を心配していた者たちが安全な港に迎えられた一方で、わが軍の艦船に脅威を与えていた者たちが自分のことを心配せざる

---

(55) カエサルは一月四日にブルンディシウムを発ち、翌日ギリシアに着いた(前出六・一、三)。「冬が過ぎる」という言及が指示する日時に関して、プリーニウスは春を告げる風の吹く日として二月八日と二月一九日を挙げている(『博物誌』二・一二二)。これはユーリウス暦の日付であるので、当時の暦では三月下旬に当たる。

(56) ルーカーヌスは『内乱』第五巻において、アントーニウスへの叱咤(四八一―四九七)に続き、カエサルが小舟でイタリアへ渡ろうとして嵐に阻まれた挿話(五〇〇―六七七)を語っている(アッピアーノス『内乱史』二・五七、ディオーン『ローマ史』四一・四六・二―四参照)。

(57) 前者が軍勢を指揮し、後者が輸送艦船を指揮(前出八・二)した。

(58) 「とデュッラキオン」を、底本も含めて、いくつかの校本が削除している。しかし、三〇・一を参照。

(59) カエサル軍の輸送船が帆船であるのに対し、コーポーニウスの艦船は軍船であり、櫂を推進力としている。

(60) 南西風。

をえなくなっていた。[2]こうして、激変した天候は強風によってわが軍を庇うと同時にロドスの艦船を打ちのめした。甲板装備の艦船一六隻が一隻残らず破砕し、海の藻屑となった(61)。多数の漕ぎ手や戦闘員のうち一部は岩礁へ打ちつけられて命を落としたが、一部はわが軍に引き上げられた。カエサルは助かった者全員を故国へ送還した。

二八 [1]わが軍の艦船のうち二隻は、航路を走破するのが遅れたため、夜の闇に包まれてしまい、他の艦船がどの地点に着いたか分からなかった。そのため、リッソスの沖合いに錨を下ろして碇泊した。[2]これら二隻に対して、リッソスの指揮官オターキリウス・クラッススがかなりの数の艦載小艇や小型の船艇を差し向け、攻め取りにかかった。それと同時に、降伏の交渉も行ない、投降者に身の安全を約束した。[3]二隻の一方には新兵からなる軍団兵二二〇名、もう一方には古参兵二〇〇名足らずが乗船していた。[4]このとき、人間にとって心の強さがどれほど大きな身の護りとなるか理解できた。新兵たちは敵兵の数の多さに怯え上がり、航海と船酔いで消耗していたため、敵から危害を加えないという誓約をとりつけたうえでオターキリウスに投降した。しかし、全員が彼の前へ連行されると、誓約の禁に反し、彼の見ている前で残忍至極に殺された。[5]対して、古参兵らは、同様に悪天候と船倉の汚水に痛めつけられていたが、それまで発揮してきた武勇を損じるところがあってはならないと考えた。降伏すると見せて条件の談判を宵の口まで引き延ばすと、舵取りに船を陸に着けるよう仕向けた。[6]格好の場所を見つけ、そのあと夜のあいだはそこで過ごしたが、夜が明けるや、オターキリウスがそのあたりの海岸の警備に当たっていた騎兵約四〇〇騎を差し向けてきた。また、騎兵のあとには守備所から武装兵も続いた。古参兵は防戦して、数名の敵を討ち取り、無傷でわが軍のもとまで退却した。

二九 [1]この出来事ののち、リッソスを占拠していたローマ市民協会——リッソスは以前にカエサルが彼らに割り当て、防備の手配をしてあった町である(62)——がアントーニウスを迎え入れ、全面的に支援した。オタキリウスはわが身を心配して町を逃れ、ポンペイウスのもとへ到着した。[2]アントーニウスは全軍を上陸させた。その総計は古参兵三個軍団、新兵一個軍団、騎兵八〇〇であった。そのあと、ほとんどの船はイタリアへ回送して残りの歩兵と騎兵(63)の輸送に当たらせたが、ポントーという種類のガリア製輸送船(64)はリッソスに残した。[3]それは、もしイタリアがから空きと判断したポンペイウスが——大方の予想どおり——イタリアへ軍を移動させた場合に、カエサルがこれを用いて追撃できるようにするためだった。アントーニウスはカエサルへ早駆けの伝令を送り、どの地域に軍隊が上陸した

---

(61) アッピアーノス『内乱史』二・五九は、ポンペイウス軍の艦船の数を二〇隻とする一方、カエサル軍の艦船も二隻が座礁したと伝える。

(62) 前五四年の初め、ピールスタエ族による略奪行為に対処するためにカエサルがイッリュリクムへ赴いたとき(『ガリア戦記』五・一・五—九)のことと推測されている。

(63) ブルンディシウムに残っていたのは、全一二個軍団(前出一・二)のうち一個軍団。

(64) 櫂で進む平底の船艇で、川の渡しに使われるとされるもの。

か、どれほどの兵員を移送したか、知らせた。

三〇 [1]この状況をほぼ同時にカエサルもポンペイウスも把握した。というのは、艦船がアポッローニアとデュッラキオンを通過したのを自身の目で見たからであった。〔陸地に沿って行軍を進めた〕が、艦船がどこへ着岸したか、最初の数日は分からなかった。[2]それが分かると、両者は互いに異なる作戦を立てた。カエサルは、アントーニウスとのできるだけ早い合流、ポンペイウスは、行軍途中での迎撃、できれば伏兵による不意打ちであった。[3]同じ日に両者ともアプソス河畔の常設の陣営から軍を繰り出した。ただ、ポンペイウスが夜陰に紛れてであったのに対し、カエサルは白昼公然とであった。[4]しかし、カエサルの経路のほうが大きく迂回して遠かった。浅瀬で渡河が可能な上流地点へ回ったからである。ポンペイウスは、便利な経路で川を渡る必要もなかったので、強行軍でアントーニウスへ向かって急いだ。[5]そして、彼が近くに来ているのを知ると、格好の場所を見つけて軍勢を配置した。味方の全員を陣営内に留め、火を焚くことを禁止し、自分の到来を気づかれにくくした。[6]だが、このことはただちにギリシア人を通じてアントーニウスに伝えられた。彼はカエサルに伝令を送って、一日陣営に留まった。翌日、彼のもとへカエサルが到着した。[7]カエサル到来を知ってポンペイウスは、二つの軍による挟み撃ちを受けないように、その地点から撤退した。全軍勢とともにデュッラキオン領内のアスパラギオンへ着くと、その地で適切な場所に陣営を置いた。

三一 [1] この頃、スキーピオーはアマーノス山地周辺で蒙った損害にもかかわらず将軍を自称していた。[2] このあと、町々や王侯に多額の貢納金を課し、属州の徴税請負人からも二年分の滞納金を徴収したうえに次年度分を先払いで取り立て、属州全体に騎兵の提供を命じた。[3] これらが集まると、すぐ隣で敵対するパルティアを——少し前にマルクス・クラッスス将軍を討ち取り、マルクス・ビブルスを攻囲した相手であるのに(65)——背後に残したまま、軍団兵と騎兵をシュリアから連れ出した。[4] 属州はパルティアとの戦争ゆえに尋常でない不安と恐怖に包まれていた。また、兵士たちからは、敵と戦うために進めと言うなら行きもしようが、ローマ市民や執政官と戦うために武器を構えはしない、という声も聞かれた。だが、スキーピオーは軍団をペルガモンや財力のある都市へ率いていって冬営させ(66)、多大な褒賞をばらまいたうえに、兵士らの忠誠を保持するため、町々を彼らの略奪にまかせた。

三二 [1] そのあいだに貢納金が属州(67)全体でじつに厳しく取り立てられていた。その他にも強欲を満たす

(65) 前五四年にシュリア総督となったクラッススはパルティア遠征を行ない、前五三年にカッライの戦いで敗死した。ビブルスは前五一年にシュリア総督となった。彼は元老院に書簡を送り、軍事的成功を称える感謝祈願祭の決議をさせたが、エウプラーテース川の此岸に敵がいるあいだは城門から一歩も外へ出なかった、とキケローは皮肉まじりに証言している(『アッティクス宛書簡集』七・二・六)。

(66) 属州シュリアから属州アシアへ進んだことを示す。ペルガモンはエペソスと並ぶ属州内の大都。

(67) この「属州」はアシアではなく、スキーピオーの任地シュリアを指すと考えられる。文頭の「そのあいだに」が属州を出発する準備との時間的並行関係を表わすと思われる。

ために多種多様な発案がなされていた。[2]奴隷と自由人の一人一人に対して人頭税がかけられた。門柱税や戸口税[68]が課され、兵士、武器、漕ぎ手、弩砲、運搬手段の提供が命じられた。なんであれ、名目を見つけられさえすれば、税金徴収に十分だと思われた。[3]都市ばかりでなく、村や砦にも命令権を有する[69]官吏が一人ずつ置かれていた。そのうちでもっとも厳しく、もっとも残酷な措置を行なった者が最良の人士にして市民と見なされていた。[4]属州には先駆警吏と命令権を有する官吏が満ち溢れ、いたるところに部隊長[70]や徴税吏がいた。彼らは税金の徴収以外に私腹を肥やすことにも努めた。彼らはよく、「われわれは故郷と祖国から追い出されたので、あらゆる必需品に事欠いている」と言って、体裁のいい口実により恥知らずな行為をごまかそうとした。[5]これに加えて、利子が非常に高率になった。戦時に総動員体制で資金徴収が行なわれるときにはほとんどいつも起きることではあるが、この場合には、支払い期日の先延ばしは余得である、と言われた。こうして、属州の借金は二年間で数倍に増えた[71]。[6]だからといって、属州在住ローマ市民の負担も減らず、市民協会ごと、自治市ごとに所定の資金提供が命じられた。これは元老院決議にもとづく借金として徴収される、というのが言い分であった。徴税請負人に対しては、運用資金を備えていると[72]、それを翌年分の税に当てるとして前借りした。

三三 [1]さらに、エペソスにはディアーナ神殿[73]に古来より資金が納められていたが、スキーピオーはこれを持ち出すように命じた。実行を定めた日、神殿に到着した一行には相当数の元老院階級の人々がスキーピオーに呼ばれて随行していた。ところが、このときポンペイウスからの手紙が届けられた。

「カエサルが軍団を率いて海を渡った。急ぎ、軍を率いて私のもとへ来られたし。他事はすべて後回しとせよ」。[2] この手紙を受け取ると、呼びつけた人々を帰らせる一方、マケドニアへ向かう準備を始め、数日後に出発した。このためにエペソスの資金は救われた。

三四 [1] カエサルはアントーニウスと軍隊を合流させると、海岸線警備のために配置してあった一個軍団をオーリコンから引き揚げ、属州を味方につけられるか探るべく遠方へ進んでみるべきだと考えた。[2] 彼のもとへテッサリアとアイトーリアから使節がやって来た。守備隊を派遣してくれれば、この地方の町々は命令を実行するだろう、と言うので、ルーキウス・カッシウス・ロンギーヌスを第二七軍団と呼ばれる新兵軍団および騎兵二〇〇騎とともにテッサリアへ、また、ガーイウス・カルウィシウ

(68) 門柱や戸口の数に応じて課される資産税。ただ、これらは必ずしもスキーピオーの「発案」ではない。

(69) 命令権を有するには通常、法務官以上の位格が必要であるので、理解が難しい個所となっている。「命令権を有する(cum imperio)」を削除し、次節の「命令権を有する官吏(imperiorum)」を「高官の従者(apparitorum)」と読み替える提案もある。

(70) キケロー『アッティクス宛書簡集』六・一・六には、スカプティウスという部隊長が属州で横暴な行為に及んでいたことへの言及がある。

(71) 属州民が課税分を支払うために借金をしなければならなかったため。

(72) テキストが怪しく、修正提案の一つに従う。「シュリアで行なわれたように」とする校本もある。

(73) 古代でもっとも有名な神殿で、世界七不思議の一つに数えられる。寄進が集まり、豊かだった。女神ディアーナ(アルテミス)は多数の乳房を有する姿で表象され、豊穣を司る。

ス・サビーヌスを五個大隊および騎兵数騎とともにアイトーリアへ派遣した。そして、これら地域が近い位置にあるので、とくに穀物調達に心を配るよう督励した。[3] グナエウス・ドミティウス・カルウィーヌスには、第一一、一二の二個軍団および騎兵五〇〇騎を率いてマケドニアへ進発するよう命じた。[4] この属州のうち、自由マケドニアと呼ばれていた地域(74)からは、指導者であるメネデーモス(75)が使節として派遣され、住民全員が圧倒的支持を寄せていると告げてきていた。

三五 [1] これら三人のうちカルウィシウスは到着すると同時に、アイトーリア人全員に熱烈な支持をもって迎えられた。敵方の守備隊をカリュドーンとナウパクトスから駆逐し、アイトーリア全土を掌握した。[2] カッシウスはテッサリアへ一個軍団を率いて到着した。その地には二つの党派があったので、町によって対応が異なった。昔からの権勢家であるヘーゲサレートスはポンペイウス派を支持していた一方、もっとも高貴な生まれの青年ペトライオスは自分自身と縁者の財力をもってカエサルの支援に奮闘していた。

三六 [1] 同じ頃、ドミティウスはマケドニアに着いた。彼のもとへ町々の使節がしきりに集まり始めたとき、スキーピオーが軍団を率いて到着したという知らせが入り、どこもその噂でもちきりとなった。事態が急に変化するときは、往々にして噂が事実に先行するものである。[2] スキーピオーはマケドニアのどこにおいても足を止めることなく、ドミティウスめがけて猛進した。ところが、あと二〇マイルの距離に来たとき、突如、テッサリアのカッシウス・ロンギーヌスのほうへ方向転換した。[3]これがじつに迅速であったため、接近の知らせと到着の知らせが同時になされたほどであった。そして、より身軽に進軍するために、マケドニアをテッサリアから隔てるハリアクモーン川の岸辺にマルクス・ファウォーニウスを八個大隊とともに軍団の輜重の守備隊として残し、その場所に砦を構築するよう命じた。[4]それと同時にコテュス王の騎兵が、それまではいつもテッサリアの周辺部にいたが、カッシウスの陣営へ突進してきた。[5]すると、カッシウスは恐怖で震え上がった。スキーピオー到来を知らされ、姿を現した騎兵もスキーピオー軍のものと考えて、テッサリアを取り巻く山地へ方向転換し、そこからアンブラキアへ向けて行軍を始めた。[6]ところが、スキーピオーが急いで追跡にかかったとき、そのあとを追ってマルクス・ファウォーニウスから手紙が届いた。「ドミティウスが軍団を率いて迫っている。私が決められた場所を守ることはスキーピオーの増援なしには無理だ」。[7]この手紙を受け取るとスキーピオーは作戦と進路を変更した。カッシウスの追跡を諦め、ファウォーニウスに増援をなすべく急いだ。[8]そうして昼夜兼行で行軍を続け、ファウォーニウスのもとへ到着したとき、じつに間がよいことに、ドミティウス軍の上げる砂塵が見られるのとスキーピオー軍の戦闘部隊が姿を現すのが

---

(74)　ストラボーン『地誌』七・七・八には、リュンコス、ペラゴニア、オレスティアス、エリメイアが挙げられている。

(75)　メネデーモスとペトライオス(後出三五・二)はともにカエサルからローマ市民権を与えられたが、ブルートゥスによって処刑された(キケロー『ピリッピカ』一三・三三)。

同時だった。そうして、カッシウスはドミティウスの奮闘によって、ファウォーニウスはスキーピオーの迅速さによって救われた。

三七 [1]スキーピオーは二日のあいだ常設の陣営に留まった。彼とドミティウスの陣営のあいだを流れるハリアクモーン川の岸辺である。三日目の夜明けに浅瀬で軍を渡河させて陣営を置いたのち、その翌朝、軍勢を陣営の前面に布陣した。[2]ドミティウスも、これは躊躇しているときではないと考え、軍団を繰り出して決戦に臨もうとした。しかし、二つの陣営のあいだに約三マイル(76)の平地があったにもかかわらず、ドミティウスがスキーピオーの陣営へ自軍の戦列を近づけたのに対し、スキーピオーは頑なに防壁のもとから出てこようとはしなかった。[3]しかし、ドミティウスは兵士をやっとのことで引き止め、交戦に及ぶことを避けた。それというのも、なによりスキーピオーの陣営近くで川の両岸が険阻なためにわが軍の進攻の障害となっていたのである。[4]スキーピオーはわが軍の戦闘意欲と気力充実を認めて思案した。「明日はいやでも戦いへ引きずり出されるか、さもなくば、たいへんな汚名を着て陣営に籠もるかだろう。たいへんな期待を背負ってここに来たのだが」。そして、後先を考えずに前進してきた結果は見苦しいものとなった。夜のうちに、「荷造り始め」(77)の号令すらかけないまま川を渡り、もとの出発地点へ戻ると、そこで川辺の高台に陣営を置いた。[5]数日経ってから、夜間に騎兵を伏兵として配置した。それは、このところほぼ毎日、わが軍が糧秣調達を行なっていた場所であった。日課のとおりにドミティウス軍の騎兵隊長クイントゥス・ヴァールスが現われたとき、突如、伏兵が飛び出した。しかし、[6]わが軍は勇敢に敵の攻勢を受け止めた。素早く各人が隊列へ戻ると、こちらから敵へ向かって総攻撃を仕掛けた。[7]敵勢約八〇名を討ち取り、残りを敗走へ追い込み、味方は二名を失っただけで陣営に引き揚げた。

三八 [1]こうしたことがあったので、ドミティウスはスキーピオーを戦闘へ誘い出せるかと期待しながら、穀物の蓄えが逼迫したために陣営の移動を余儀なくされたように見せかけた。軍隊式に「荷造り始め」の号令を下し、三マイル進んでから、うまく姿を隠せる場所に騎兵を含む全軍を布陣した。[2]スキーピオーは追跡の用意を整えたうえで、ドミティウス軍の進路を偵察して把握するため騎兵の大部分を先発させた。[3]これら騎兵が前進し、先頭の騎兵中隊が待ち伏せ地点へ入り込んだとき、馬のいななきから疑念を抱き、後戻りを始めた。後続部隊も先頭部隊の迅速な退却を見て停止した。[4]待ち伏せを察知されたわが軍は、残りの敵を待って作戦を無駄にしないよう、騎兵二個中隊を捕捉し、孤立させた。〈このうちごくわずかのみ逃走して帰還し、〉(78)その中には騎兵隊長マルクス・オピーミウスもいたが、その他の騎兵は全員が討ち取られるか捕虜としてドミティウスのもとへ連行されるかした。

(76) 写本の一致した読みは「六マイル」。「二マイル」とする修正提案もある。

(77) 一・六六・一、次章一参照。

(78) 次の文との関連による補いで、諸校本で採用されている。

三九　カエサルは、[1]上述のように、(79)海岸線の守備隊を引き揚げた。オーリコンの町の守備には三個大隊を残し、この守備隊にイタリアから渡海させた軍船の警備も任せた。町でこの任務の指揮に当たったのは副司令官〈マルクス・アキーリウス・〉カニーニアーヌスである。(80)[2]彼はわが軍の艦船を町の背後の内港へ曳き入れて岸へ繋ぎ止める一方、港への進入路に輸送船一隻を沈めて封鎖し、これにもう一隻を連結した。さらに、その上へ櫓を建設し、港の正面入り口に対置させた。櫓には兵士たちが詰め、あらゆる急な事態に備えて警備に当たった。

四〇　[1]このことを知って息子のグナエウス・ポンペイウスが、エジプト艦隊を指揮してオーリコンへやって来た。沈船を巻揚げ機と多数のロープを使い、苦労しながら取り除いた。アキーリウスが警備のために配したもう一隻の船には多数の艦船で襲いかかった。それらの艦船は等しい高さの櫓を備えていて、まるで高所から攻めかかってくるようだった。また、絶えず体力を残す兵士を疲弊した兵士の交代に送り込む一方、その他の場所では、艦隊からと同時に陸地からも梯子を用いて城壁へ攻めかかり、相手方の兵員を分散させようとした。このような敵の奮闘と多数の矢玉の前にわが軍は敗れた。守備兵は排除され、全員が艦載小艇に乗り移って逃走した。警備の船は攻め取られた。[2]同時に町の反対側では、町をほとんど島のようにしていた自然の堤防が占拠された。ポンペイウスは四隻の二段櫂船の下にコロを差し入れ、これを梃子で押して内港へ運び入れた。[3]そうして彼は両側から軍船を襲撃した。陸に係留されて誰も乗っていない軍船四隻を奪い去り、その他は焼き払った。[4]こうして任務を完了すると、アシア艦隊から引き抜いたデキムス・ラエリウスを町に残し、ビュッリスとアマンティアからの物資搬入を阻止させようとした。[5]ポンペイウス自身はリッソスへ進発し、マルクス・アントーニウスが港内に残していた三〇隻の輸送船をすべて焼き払った。そして、リッソスを攻め落とそうと試みたが、その地の市民協会に属するローマ市民、および、カエサルが守備のために派遣した兵士らが防戦したため、三日間留まったのち、攻防のあいだに数名を失い、目的を果たさぬまま退去した。

四一 [1]カエサルは、ポンペイウスがアスパラギオン近郊にいる(81)のを知ると、そこへ向かって軍を率いて進発した。途中、パルティーニー族の町を攻略した。ポンペイウスが守備隊を置いていたからである。三日目に[マケドニアの]ポンペイウスの近くまで来ると、すぐそばに陣営を置いた。翌日、全軍を繰り出して戦列を組み、ポンペイウスに決戦の機会を与えた。[2]しかし、相手が自陣に籠もっているのを見たとき、カエサルは軍を陣営に引き戻し、別の作戦を立てねばならないと考えた。[3]そこで翌日、全軍勢を率い、大きく迂回した険しく狭い道筋を通ってデュッラキオンへ向けて進発した。ポンペイウスをデュッラキオンへ追い込むか、さもなくば、デュッラキオンへの進路を遮断できればよいという目論見であった。というのも、ポンペイウスはあらゆる物資と戦争全体に必要な装備をそこへ運び

(79) 前出三四・一。
(80) 写本の読みを保持する底本に従う。多くの校本は「カニーヌス(Caninus)」という修正提案を採用している。
(81) 第三〇章末の記述を引き継ぐ。

込んでいたからである。目論見は実現した。[4]ポンペイウスは当初、カエサルの作戦が分からなかった。カエサルがデュッラキオンとは異なる方向へ出発したのを見て、穀物の窮迫に強いられて退却したのだと考えた。だが、そののち偵察隊から知らせを受け、翌日、陣営を移動した。近道をとればカエサルと対戦できると考えてのことであった。[5]この成り行きを予想していたカエサルは、泰然と労苦に耐えよ、と兵士たちを激励すると、夜もほんのわずか行軍を休んだだけで、早朝にデュッラキオンに到着した。このとき、ポンペイウス軍の隊列の先頭が遠くに見えた。ここにカエサルは陣営を置いた。

四二 [1]ポンペイウスはデュッラキオンへの進路を遮断され、狙いを実現できなかったので、次善の策をとった。ペトラ(82)と呼ばれ、艦船もそれなりに接岸でき、方向によって風をしのげる高台に陣営を置いて防備を固めた。[2]そこへ、軍船の一部を集結させ、穀物その他の物資をアシアや彼が支配する全地域から運び込むよう命じた。[3]カエサルは戦争が長期化するだろうと考えていたが、イタリアからの物資補給を絶望視していた。というのも、海岸はどこもポンペイウス軍によってじつに注意深く保守されていたからである。また、カエサル軍の艦隊は冬のあいだにシキリア、ガリア、イタリアで建造してあったが、到着が遅れていた。そこでカエサルは穀物調達のためにエーペイロス地方へ副司令官クイントゥス・ティッリウスとルーキウス・カヌレイウスを派遣した。そして、この地域はかなり遠かったので、いくつかの地点に穀物倉を建て、穀物の運搬を近隣の町々に割り当てた。[4]また、リッソスの町、パルティーニー族その他のすべての砦に対して、ありったけの穀物を集めるように命じた。[5]だ

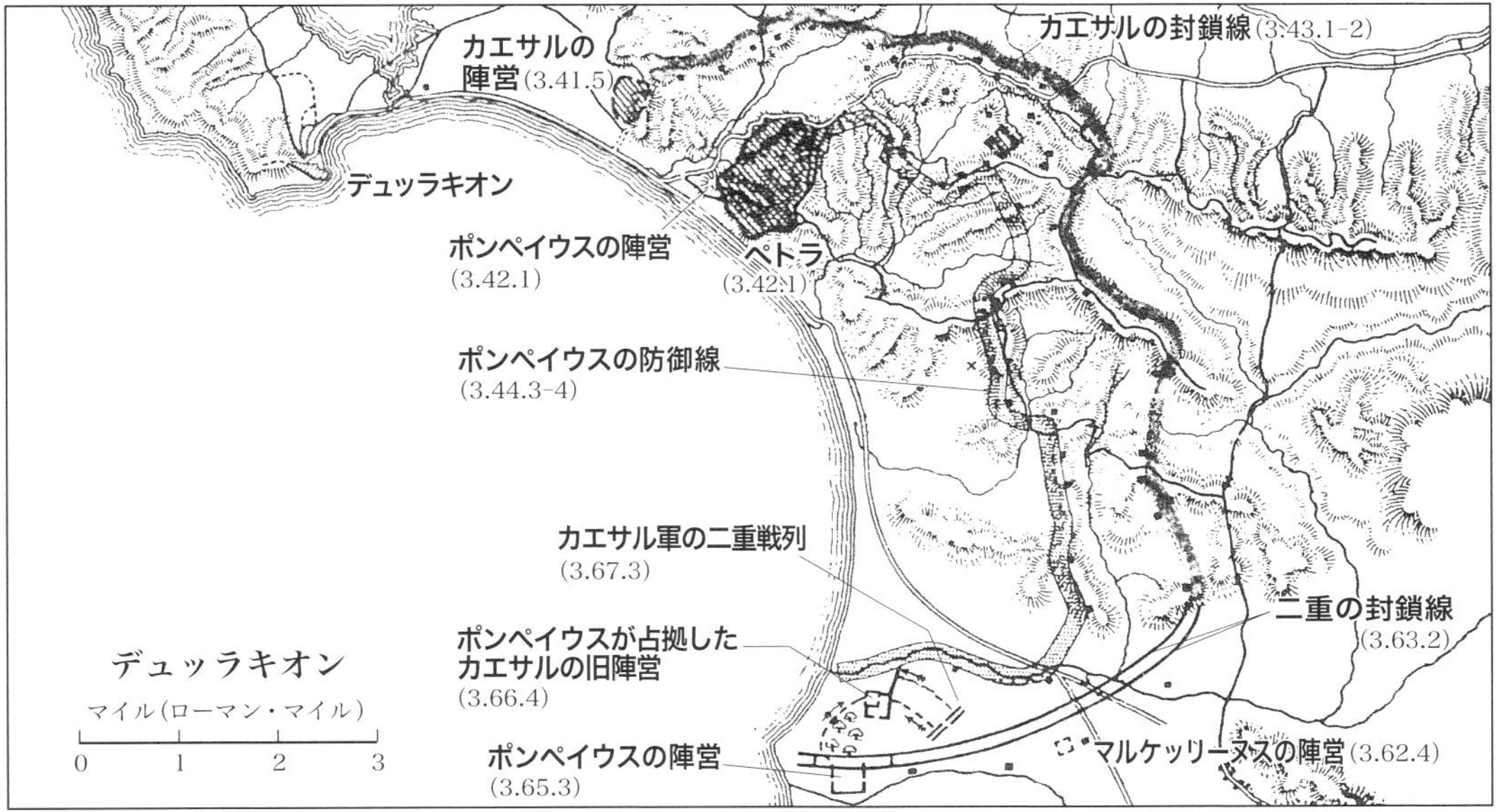
カエサルの封鎖線(3.43.1-2)
カエサルの
陣営(3.41.5)
デュッラキオン
ポンペイウスの陣営
(3.42.1)
ペトラ
(3.42.1)
ポンペイウスの防御線
(3.44.3-4)
カエサル軍の二重戦列
(3.67.3)
二重の封鎖線
(3.63.2)
ポンペイウスが占拠した
カエサルの旧陣営
(3.66.4)
デュッラキオン
マイル(ローマン・マイル)
0 1 2 3
ポンペイウスの陣営
(3.65.3)
マルケッリーヌスの陣営(3.62.4)

が、穀物はわずかしかなかった。というのも、まず、農地そのものが荒れた山地にあったからである。住民の食する穀物のほとんどが輸入品であった。加えて、ポンペイウスがこうしたことを見越して、この数日のあいだにパルティーニー族の領地を略奪対象としていたからである。家々の蓄えを掘り出して(83)戦利品とし、穀物をすべて騎兵に運ばせてペトラに集めていたのであった。

四三　[1]これを知ってカエサルは、地形に即応した作戦を立てた。ポンペイウスの陣営のまわりには高く険しい丘が非常に数多くあった。カエサルはまず、これらの丘を占領して守備隊を置き、砦を構築した。[2]次に、それぞれ地形の導くままに砦から砦へ封鎖線を築くことでポンペイウスの包囲に着手した。[3]この作戦の狙い(84)は、第一に、カエサル軍の穀物が不足している一方で、ポンペイウス軍の騎兵が数的優位にあることから(85)、軍隊へ穀物や物資をどこから補給する場合でも危険を最小限にするためであった。第二は、ポンペイウス軍の糧秣調達を阻害し、騎兵を作戦遂行に参加できないようにするためであった。第三に、ポンペイウスの影響力はとりわけ海外の諸民族に基盤があると思われたので、これを損なうために、彼がカエサルによって包囲されていながら敢えて決戦を挑まないという噂を世界じゅうに広めるためであった(86)。

四四　[1]ポンペイウスは海辺からもデュッラキオンからも離れたくなかった。すべての戦争のための装備、矢玉も武具も弩砲もそこに運び込んでいたうえに、軍への穀物の供給は艦船を用いていたからである。しかし、カエサルによる封鎖を阻止することは決戦を挑まずには不可能だったが、いまはそうすべき時機ではないとポンペイウスは決心していた。[2]残されたのは窮余の作戦であった。彼はできるだけ多数の丘を占拠し、できるだけ広い範囲を守備隊で押さえることによりカエサルの軍勢をできるだけ分散させようとした。そして、それが実際になされた。[3]ポンペイウスは二四の砦を築いて周囲一五マイルの土地を囲い込むと、ここで糧秣を調達した。この範囲内には作物を植えた耕地も多く、当面は荷役獣の餌場ともなりえた。[4]さらに、わが軍が砦から砦へ切れ目なく封鎖線をめぐらすことで、どこかでポンペイウス軍が突破し、わが軍の背後を襲撃することがないようにしていたのと同様に、ポンペイウス軍も内側で切れ目なく防御線を築くことで、どこかからわが軍が侵入して彼らを背後から包囲するのを防いでいた。[5]しかし、工事は彼らのほうが有利だった。兵士の数でまさっていただけ

---

(82) デュッラキオンの南東約八キロメートルの地点。

(83) 穀物は地中の穴に備蓄されることが多かった。『アフリカ戦記』六五参照。

(84) 通常、包囲の主目的は兵糧攻め(後出四七・二)だが、この場合は海岸に接しているため、海路による補給を絶つことができない。

(85) ポンペイウス軍の騎兵が七〇〇〇(前出四・三)に対し、カエサル軍は一三〇〇(前出一・二、二九・二)。

(86) このときカエサル軍陣営にいたプブリウス・コルネーリウス・ドラーベッラはキケロー宛の書簡に、「グナエウス・ポンペイウスには名声と業績による栄光があり、常々しきりに自慢する諸王侯、諸民族との庇護関係があるが、それでも彼は安全ではない。……面目を保った逃亡もできない。イタリアから駆逐され、ヒスパーニアを失い、古参兵の軍を捕らわれ、いまやついに包囲された。こんなことがかつてローマの将軍の身に起きただろうか」(キケロー『縁者・友人宛書簡集』九・九・二)と記している。

でなく、内側であるので囲む距離が短くてすんだからである。[6]どこであれカエサルが占領しようとする地点があると、ポンペイウスは、たとえ全軍勢をもって阻止すべく戦う決意はなくとも、弓兵と投石兵をしかるべき持ち場につかせた。これらの兵の数は多く、[7]わが軍の多数が負傷し、大きな恐怖に襲われた。兵士らはほぼ全員がフェルトやキルトや獣皮で胴着や遮蔽具を作って矢玉を避けようとした。

四五 [1]双方とも守備拠点確保に大きな力を傾注した。カエサルはできるだけ狭い範囲にポンペイウスを封じ込めようとし、ポンペイウスはできるだけ数多くの丘を確保して、囲い込む範囲をできるだけ広くしようとした。このために頻繁に戦闘が行なわれた。[2]このうち、カエサル軍の第九軍団がある守備拠点を確保して防御工事を始めたときには、そこに近く、正面に位置する丘をポンペイウス軍が確保してわが軍の工事を妨害し始めた。[3]一方向からはほぼ平坦な経路で近づけたので、最初は弓兵と投石兵がまわりを囲み、次には多数の軽武装兵が投入され、弩砲が前進して防御工事を妨げようとした。わが軍が防戦と防御工事を同時に行なうのは容易ではなかった。[4]カエサルは、いたるところで部下の負傷を目にすると、持ち場を棄てて撤退するよう命じた。[5]撤退経路は下り坂であった。ところが、敵はいっそう勢い込んで追いすがり、わが軍の後退を許そうとしなかった。わが軍が恐怖に駆られて持ち場を放棄すると見たからである。[6]このとき、ポンペイウスは身近な人々を前に自慢げにこう言ったと言われている。「私は言い訳しない。私はまったく役立たずの将軍だという評価を受けてもよい、カエサルの軍団が大損害を蒙らずにもとの場所へ退却した場合には。彼らも後先を考えずに前進してきたものだ」。

四六 [1]カエサルは退却する味方への心配から、枝編細工の障壁を丘の端へ持ち出し、敵と正面に相対する場所へ設置したうえで、これで身を護りながら兵士が中程度の幅の壕を掘ることにより、どの方向からの突破もできるかぎり阻むよう命令した。[2]カエサルは適切な場所に投石兵を布陣し、退却中のわが軍兵士を援護させることにした。これらの準備が完了したところで軍団兵の退却が命じられた。[3]ポンペイウス軍はこれでいっそう図に乗り、いっそう大胆にわが軍を追い立て、追い詰めにかかった。防壁代わりに立てた枝編細工も押しのけ、壕を飛び越えようとした。[4]これに気づいたカエサルは、退却したのではなく撃退されたと見られ、さらに大きな損害を蒙ることを恐れた。坂のほぼ中ほどにいた自軍の兵に対し、その軍団兵を指揮していたアントーニウスを介して激励を与えつつ、ラッパの号令を鳴らし、敵めがけて攻撃を仕掛けよ、と命じた。[5]第九軍団の兵士らは瞬時に団結して戦意を高めた。投げ槍を投げつけ、低所から上り坂を駆け上がるや、ポンペイウス軍を追い立て、背中を向けて一目散に逃げることを余儀なくさせた。だが、彼らの退却には、壊された枝編細工、道を塞ぐ長棹、掘り始めてあった壕などが大いに邪魔をした。[6]対してわが軍は、損害を受けずに撤退すれば十分と考えていたが、敵兵の相当数を討ち取り、失った味方は全部で五名のみで、粛々と退却した。その地点から少しさがったところで他の丘をいくつか占領し、封鎖線を完成させた。

四七　[1]戦争の様相はこれまでにまったく例のないものだった。それは、砦の数の多さ、戦闘区域の広さ、戦線の長大さ、包囲の全体的規模といった面においてだけではなかった。[2]実際、これまで誰であれ包囲を試みる側に立ったときというのは、敵を攻めて目に見える打撃を与えたか、戦闘で勝利を収めたか、あるいは、敵が失態を犯すかしたあと、封鎖に成功した場合である。包囲する側が騎兵でも歩兵でも数的優位にあった。包囲の目的はほぼいつも、敵の兵糧を絶つことであった。[3]ところが、このときは力を温存した無傷の軍勢に対してカエサルが数的に劣る兵力で封鎖を行なっていた。しかも、敵はあらゆる物資を豊富に蓄えていた。実際、毎日いたるところから多数の船が物資を供給するために集まっており、どんな風が吹いても、それが追い風となる方向へ進む船が必ずあるほどだった。[4]対して、カエサルは遠方まで広い範囲の穀物をすべて使い尽くして極度に窮迫していた。[5]しかし、この状況を兵士たちは比類のない忍耐力をもってしのいでいた。彼らは思い起こしていた、前年にもヒスパーニアで同様の苦境に置かれながら、(87) 刻苦と忍耐力をもってかの大戦を勝ち抜いたことを。思い出せば、アレシアでも厳しい窮乏に耐えたし、アウァリクムではさらに過酷な窮乏に耐えて、(88) 最後には強大このうえない諸部族に勝利を収めたのだ。[6]彼らは大麦でも豆でも、与えられるものを拒まなかった。他方、エーペイロスに豊富に産する家畜が大いにありがたがられた。

四八　[1]また、ある植物の根を峡谷にいた(89)者たちが見つけた。カラ(90)と呼ばれ、牛乳と混ぜて食べると大いに飢えを緩和した。それからパンに近いものも作られた。カラは大量に採れた。[2]ポンペイウス軍の兵士らが声をかけてきて、わが軍の飢えを嘲ったとき、わが軍の兵士はカラから作られたパンを投げつけ、敵の期待をしぼませた。

四九 [1]いまや穀物が実を結び始め、それを期待するだけで窮乏をしのげた。すぐにたっぷり手に入ると確信できたからである。兵士らが夜警中に交わす声がしきりに聞かれた。「それまでは樹皮を食ってでも生きて、ポンペイウスをこの手から逃がしはしない」。[2]また、逃亡兵から朗報も入った。「向こうでは、軍馬こそ維持されているものの、他の荷役獣は死んだ。将兵も健康状態はよくない。狭い場

---

(87) 一・四八―五二参照。

(88) アレシア攻略(『ガリア戦記』七・六八―九〇)では、ローマ軍について食糧の窮乏は言及されていない。過酷な窮乏はむしろ籠城したガリア側にあった。対して、アヴァリクムでは食糧が不足したローマ軍兵士が、ここでと同じく(小麦のパンが常食であるのに)肉を食べる一方、不平を漏らさなかったことが記される(同七・一七)。

(89) 写本は不確かで修正提案の一つに従う。他に、「補助軍の中にいた」、「防御工事中の」、「防御工事非番の」といった修正提案がある。

(90) 同じ挿話に言及するプリーニウス『博物誌』一九・一四四、二〇・九六では、植物の名はラプサナ(lapsana)で、三〇センチメートルほどの高さで白マスタードに似ている、とされる。根が食用になるキャベツの一種、あるいは、*arum esculentum* か *arum italicum* という苦味のあるサトイモ科の根茎植物と考えられている。同様の話はスエートーニウス『皇帝伝』「カエサル」六八・二、プルータルコス『対比列伝』「カエサル」三九・二、アッピアーノス『内乱史』二・六一にも伝えられるが、それらにおいては、カエサル軍兵士がカラから作ったパンを食しているのをポンペイウスないし彼の兵士らが見て、野獣のような敵であると恐れたことが記される。

所に多数の死体から悪臭が発生している中で慣れない作業の労苦が毎日続くうえに、水が極度に不足しているからだ」。[3]実際、海に注ぐすべての河川、すべての水の流れについて、カエサルは大規模な工事によって方向を変えるか、塞き止めるかしていた。山の中の険しい場所であったので、狭隘な谷あい(91)を塞ごうと杭を地面に打ち込み、土を盛り、水の流れを止めた。[4]そのため敵はやむをえず低地や湿地を求め、井戸を掘ることを強いられ、この労役が日々の作業に加わった。しかし、これらの水源はいくつかの砦からかなり遠く離れていたうえに、暑くなるとすぐに涸れ果てた。[5]対してカエサル軍の健康状態はきわめて良好で、水もふんだんに使えただけでなく、物資も穀物以外はあらゆる類いが十分にあった。このことから彼らは、日が経つにつれ事態が好転し、穀物の成熟とともに希望が目の前に大きく膨らむのを見ていた。

五〇 [1]前例のない戦争において両軍とも前例のない作戦を考案した。敵方は火が焚かれているのを見て、わが軍が夜のあいだ封鎖線のそばで警戒しているのを知ると、静かに近づき、大勢固まっているあたりへ一斉に矢を射かけるや、すぐさま自陣へ引き揚げた(92)。[2]わが軍はこの経験から学んで、次のような対策を考案した。火を焚く場所と別の場所で……

五一 [1]そのあいだに、カエサルが出発時に陣営の指揮を任せたプブリウス・スッラが知らせを受け、大隊を支援すべく二個軍団を率いてやって来た。彼が到着したことで、ポンペイウス軍は容易に撃退された。彼らはわが軍に立ち向かうことも攻勢をしのぐこともできず、前列が押し退けられると、残りは背を向けて持ち場を棄てた。[2]しかし、わが軍の追撃が深追いとならないように、スッラが呼び戻した。[3]だが、大方の人が見るところでは、もっと激しい追撃を仕掛けていたら、戦争はこの日に終わっていた可能性がある。とはいえ、スッラの判断を非難すべきではないと思われる。[4]副司令官と将軍の役割は異なる。前者がすべてを指示どおりに遂行するのに対し、後者は大局に目を向け、自由な方針選択をなさねばならない。[5]スッラはカエサルによって陣営に残されていたので、味方を救ったあとはそれで満足し、決戦を挑もうとは望まなかった。望んでいれば、おそらく、損失を蒙っていたであろう。[6]彼は将軍の役割を演じたと見られることを避けたのである。現下のポンペイウス軍にとって退却するには多大な困難があった。というのも、不利な低所から前進し、頂上に来て停止していたので、下り坂を退却した場合、わが軍が高所から追撃することになり、それが怖かったのである。また、日没まであまり時間がなかった。任務完遂を望む気持ちから作戦を続けたために、ほとんど夜に入りかけていたのである。[7]そこでやむなく、臨機の策としてポンペイウスはとある高台を占拠した。そこはわが軍の砦から距離があり、弩砲から発射した矢玉も届かなかった。この場所に陣取って防備を固め、全軍勢を集めた。

---

(91) テキストに乱れがある。大意を訳出する。

(92) このあとテキストにかなりの欠落がある。アッピアーノス『内乱史』二・六〇、ディオーン『ローマ史』四一・五〇・三―四を参照すると、カエサルがデュッラキオンに夜襲を試みて城市を味方に引き入れようとしたが失敗に終わった次第などが語られていたと推測される。

五二　[1]同じ頃、他にも二つの場所で戦闘が行なわれた。というのも、ポンペイウスは、わが軍の兵力を分散させる目的でいくつもの砦に同時に攻撃を試みていたからである。わが軍が近くの守備拠点から救援を得られないようにしたのであった。[2]一つの場所では、ウォルカーキウス・トゥッルスが一個軍団の攻撃を三個大隊で持ちこたえ、これを撃退した。もう一つの場所では、ゲルマーニア人部隊がわが軍の封鎖線の向こうへ出撃し、相当数を討ち取ったのち、無傷で自陣へ帰還した。

五三　[1]こうして一日で六回の戦闘が交えられた。三回はデュッラキオン近郊、三回は封鎖線付近においてである(93)。これらすべての結果を総合すると、ポンペイウス軍の戦死者は二〇〇〇名にのぼることが分かった。その中には再役兵や百人隊長が相当数いる他、法務官としてアシアを統治したルーキウス・ウァレリウス・フラックスの息子もいた。奪い取った軍旗は六本であった。[2]わが軍がすべての戦闘で失った兵員は二〇名にもならない。[3]しかし、砦にいた兵士の誰一人として負傷しなかった者はなく、一つの大隊では四名の百人隊長が目を失った。[4]兵士らは自分たちの苦労と危難の証拠を示したいと考え、砦に打ち込まれた矢を数えて、約三万本あったとカエサルに報告した。カエサルに届けられた百人隊長スカエウァの盾には一二〇もの穴が見つかった(94)。[5]スカエウァに対してカエサルは、自分と国家に功労があったとして、二〇万セステルティウス(95)を授与し、第八位から首位百人隊長へ昇進させると宣言した。実際、砦が救われたことにこの者の働きによるところが大きいのは確かであった。このあとまた、大隊に対しては、二倍の給与、穀物、衣類、配給食、武功賞を惜しみなく与えた(96)。

五四 [1]ポンペイウスは夜のうちに防御設備を大規模に増築した。そのあと数日で櫓を組み上げ、設備の高さを一五ペースとしたうえ、陣営のこの方面を遮蔽幕で防護した。[2]それから五日後、空が雲に覆われた夜に乗じ、陣営のすべての門を閉鎖して障害物を置いてから、第三夜警時に[入った頃]、静かに軍を率い、もとの防御線の内側(97)へ引き揚げた。

五五(五六)(98) [1]それからの毎日、カエサルは軍隊を平坦な場所へ繰り出して戦列を組んだ。ポンペイウスが決戦を望む気にならないかと、ポンペイウスの陣営のほとんど鼻先へ軍団を近づけた。わが軍の

(93) 第五〇章末以下の欠落部分で記述されていたと考えられる。
(94) 同じ逸話は、ウァレリウス・マクシムス『言行録』三・二・二三、プルータルコス『対比列伝』「カエサル」一六・二、スエートーニウス『皇帝伝』「カエサル」六八・四、アッピアーノス『内乱史』二・六〇にも伝えられ、ルーカーヌス『内乱』一四〇—二六二はスカエウァの奮戦ぶりを華々しく叙述した。
(95) 通常の年俸の二〇倍以上に相当する賞与。
(96) こうした賞与は慣例にならうものであった。ポリュビオス『歴史』六・三九参照。武功賞としては、角型の兜飾り(corniculum)、銀杯、首飾り、腕輪などが知られている。
(97) ペトラに築いた陣営(前出四二・一)。
(98) 写本では、次章の記述が本章の前に来る順番となっている。順番を逆にしたのは、それによって記述の脈絡が整合的になることを考慮しての修正。

戦列第一列と敵の防壁との距離は、弩砲の射程よりわずかに遠いぐらいだった。対する[2]ポンペイウスは、世間で噂される評判を落とさないよう、陣営の前に隊列を組んだ。だが、戦列第三列が防壁に接し、布陣した軍のどこも防壁上から放つ矢玉で援護できるような隊形であった。

五六（五五） アイトーリア、[1]アカルナーニア、アンピロコイ族の領地がカッシウス・ロンギーヌスとカルウィシウス・サビーヌスの働きにより掌握されたことは先述のとおりである。(99)そこで自分はアカイアに探りを入れるべく、少し遠方まで足を延ばすべきだとカエサルは考えた。かくして、[2]その地へクイントゥス・フフィウス・カレーヌスが派遣され、これにサビーヌスとカッシウスが大隊兵とともに加わった。彼らの[3]到来を知ったルティーリウス・ルプス——このとき彼がポンペイウスに派遣されてアカイアを統治していた——はイストモスの防備を固め、フフィウスをアカイアへ渡らせまいとした。カレー[4]ヌスはデルポイ、テーバイ、オルコメノスを市民の支持を得て掌握し、いくつかの都市を力ずくで攻め落とした。その他の都市にも使節を派遣し、カエサルと友誼を結ぶよう説き伏せるべく努めた。フフィウスはおおよそこのような任務に従事していた。

五七 アカイアと[1]デュッラキオンがこうした状況である一方、スキーピオーがマケドニアに着いたことが確認されていた。そこでカエサルは先に定めた方針を忘れず、(100)スキーピオーのもとへクローディウスを派遣した。彼はカエサルとも、スキーピオーとも親しかった。そもそもはスキーピオーの推薦を受けてカエサルが預かり、自分の取り巻きの一人に加えるようになった人物である。[2] この者にスキーピオー宛の書簡と伝言が託された。要点は次のとおりである。「私は講和のためにあらゆることを試みたが、いまだ何一つ成果がない。思うに、誰の落ち度かと言えば、この問題で口添えしてくれるよう私が望んだ人々のせいだ。なぜなら、彼らは私の提案をポンペイウスに届ける時機が適切ではないと心配したからだ(101)。[3] スキーピオーよ、あなたの口添えには力がある。よいと思ったことを率直に説明できるだけでなく、多くの場合、強い働きかけにより道を誤っている相手を正しく導くことができる。しかも、あなた自身の権限(102)で指揮している軍隊があるので、口添えによる影響力の他に、行使できる強制力も持ち合わせている。[4] あなたがやってくれれば、誰もがイタリアの平安、属州の和約、帝国の安泰が達成された手柄をあなた一人のものに帰するだろう」。[5] このような伝言をクローディウスがスキーピオーに届けると、最初の数日は喜んで聞いてもらえたようだが、そのあとは会談の場に招じ入れられなかった。スキーピオーをファウォーニウスが一喝したということが、そののち戦争が終わってから分かった。クローディウスは成果のないままカエサルのもとへ戻った。

---

(99)　前出三四・二以下参照。
(100)　講和を結ぶ試み。
(101)　これまでにカエサルが依頼した仲介役には、ロスキウスとルーキウス・カエサル(一・一〇・一)、マギウス(一・二四・四―五)、リボー(一・二六・五)、ウィブッリウス(三・一八・三―五)がいた。
(102)　シュリア総督として有する命令権。

五八　[1]カエサルは、ポンペイウス軍の騎兵(103)をデュッラキオン近辺に封じ込め、糧秣調達を阻止しようとして、目的達成を容易にするため、上述のとおり狭隘な二つの経路を大規模な工事で封鎖し、ここに砦を築いた。[2]ポンペイウスは騎兵を用いても成果がないと分かると、数日が経ったあと、再び騎兵を艦船に乗せて防御線の内側の自陣(104)へ引き揚げさせた。[3]糧秣の不足は極限に達していた。樹木から葉っぱを摘んだり、葦の柔らかな根をすり潰したりして馬の餌とするほどであった。防御線の内側で作付けされていた穀物(105)は食べ尽くされていたのである。[4]コルキューラやアカルナーニアから遠距離を航海して糧秣を補給せざるをえなかったが、供給量が乏しかったために、大麦で嵩を増すなどの方策で騎兵を維持しなければならなかった。[5]しかし、どこを探しても、大麦や秣《まぐさ》や刈り草ばかりか、樹木の葉っぱすら底を突くにいたって、馬は痩せ衰えた。ポンペイウスは突破の試みを講じなければならないと考えた。

五九　[1]カエサル指揮下の騎兵隊にアッロブロゲス族出身の二人の兄弟がいた。ロウキッルスとエーグス(106)といい、彼らの父アドブキッルスは長年にわたり部族の首長の地位に就いていた。二人は傑出した武勇を備え、ガリアでの戦争ではいつも誰にも劣らぬ優秀で勇敢な働きでカエサルを助けた。[2]このため、カエサルは二人を故国の最高政務官職に任じたうえ、例外的に元老院(107)の一員に選出されるよう手配した。敵から奪ったガリアの土地と多大な褒賞金を授け、貧窮の底から長者へ引き上げた。[3]彼らは武勇ゆえにカエサルに重んじられただけでなく、兵士らにも好かれていた。しかし、カエサルの友情を踏み台にして愚かで野蛮な増上慢に走り、部族仲間を蔑《さげす》んだ。騎兵の俸給をくすね、戦利品はすべて横領して故国へ送った。[4]このことに憤った部族仲間がそろってカエサルを訪ね、公然と二人の不正行為について訴えた。とりわけ指摘されたのは、彼らが騎兵の数を偽って報告することで、その分の俸給を横領しているということであった。

六〇 [1]カエサルは、いまは懲罰を下す時機ではないと考え、彼らの武勇を大いに斟酌して、問題をそっくり先送りした。ただ、騎兵を蓄財の具にしていることを他に誰もいないところで叱責すると同時に、「何を期待するにも、すべて私との友情にもとづいてせよ、これから何を望むにも、私のこれまでの厚情にもとづいてせよ」と諭した。[2]しかし、この問題は彼らに対する嫌悪と軽蔑をすべての人々に吹き込んだ。そして、そのことは彼らにも分かっていた。他人から非難されるだけでなく、自分を省みて心にやましさを覚えもしたからである。[3]二人はこの廉恥心に駆られ、おそらく、処罰を免れることはない、別の機会までお預けになるだけだ、と考え、わが軍から離反し、新たな運試し、新たな

(103) ポンペイウス軍の騎兵の動き、および、あとに出る「狭隘な二つの経路」については、第五〇章末以下の欠落部分に記述がなされていたと推測されている。
(104) ペトラに築いた陣営(前出四二・一、五四・二)。
(105) 前出四四・三参照。
(106) 「エーグス(Egus)」は写本の一致した読み。「アエクス(Aecus)」という読み替え提案を採用する校本もある。
(107) 部族の最高諮問会議を指すとする理解と、「例外的」に留意してローマの元老院を指すとする解釈がある。

友情の開拓を図ることに決めた。[4]兄弟は数人の子飼いの者たちと相談し、彼らに大胆な悪行を打ち明けた。最初は騎兵隊長ガーイウス・ウォルセーヌス(108)の殺害を企てた。これは、そののち戦争が終わってから分かったことだが、ポンペイウスのもとへ逃亡したときに土産があることを見せるためであった。[5]だが、それは難しすぎると思われたうえに実行の機会もめぐってこなかったので、次に、できるだけ多額の金を借り、あたかも部族仲間への償いに、くすねた分を返済するつもりであるように見せた。その金で多数の馬を買い込むと、計画に加担した者たちとともにポンペイウス側へ寝返った。

六一　[1]ポンペイウスの前に出た彼らは生まれも高貴で、贅沢な支度を整え、取り巻きも大勢で多数の馬を連れてきていた。勇士と見なされ、カエサルに重んじられていた。また、このようなことはかつてない異常な出来事だった。そこでポンペイウスは、彼らを案内してまわり、設備のすべてを見せた。[2]というのも、それ以前には歩兵でも騎兵でもカエサル側からポンペイウス側に寝返る者は一人もなかった一方、ほぼ毎日、ポンペイウス側からカエサル側へ逃亡する兵士があったからである。実際、エーペイロスとアイトーリアで徴募された兵士、カエサルが支配する地域出身の兵士はみな連れ立って逃亡していた。[3]しかし、二人の兄弟はあらゆる情報を握っていた。封鎖線に残る未完成の部分、軍事専門家の目には不十分と映る面、諸事の日程、拠点の配置、警備の緊張感が現場の隊長それぞれの性格や士気に応じてどう異なるかなど、こうしたことをすべてポンペイウスに伝達した。

六二 [1]このような情報を得たポンペイウスは、上述のように(109)以前から封鎖線突破の計画を立てていたので、まず、兵士らに枝編細工による兜の防護と土塁資材の搬入を命じた。[2]この準備が整うと、多数の軽武装兵と弓兵、および、土塁資材のすべてを艦載小艇と快速船に積載した。真夜中、六〇個大隊を主陣営と守備拠点から引き出すと、封鎖線の中でも海に面してカエサルの主陣営からもっとも遠く離れた地点へ導いた。[3]そこへまた、上述の土塁資材および軽武装兵を乗せた船艇、および、デュッラキオン近辺に保有していたかぎりの軍船を差し向け、各人に任務を指示した。[4]その地点の封鎖線にカエサルは財務官レントゥルス・マルケッリーヌスを第一四軍団とともに配置していたが、マルケッリーヌスは体調が思わしくなかったので、フルウィウス・ポストゥムスを補佐として遣わしていた。

六三 [1]その地点には、敵に面する側に一五ペースの幅の壕と高さ一〇ペースの防壁があった。防壁の土台の幅も同じく一〇ペースあった。また、そこから六〇〇ペースの間隔をおいてもう一つ、少し低い防壁が反対方向に面して築かれていた。[2]数日前からカエサルは、わが軍が艦船によって背後を衝かれることを心配していた。そこで、その地点の防壁を二重にして、二方面で戦闘となった場合にも応戦できるようにしていたのである。[3]しかし、工事は大規模であった。周囲一七マイルに封鎖線をめぐ

(108) カエサルのガリア遠征中、軍団士官ないし騎兵隊長として仕え、「深い思慮と大いなる武勇を備えた人物」(『ガリア戦記』三・五・二)であった。

(109) 前出五八・五。

らすものであったので、労役を連日続けても、完成させるには時間が足りなかった。[4] このため、海に面し、二つの封鎖線を結んで横断する防壁をまだ完成させられずにいた。[5] このことをポンペイウスは知っていた。アッロブロゲス族の逃亡兵が通報していたからである。これがわが軍に大きな痛手となった。[6] というのも、わが軍［第九軍団］の大隊兵が海辺で夜警に立っていたところ、夜明けに突如、ポンペイウス軍が近づいた。それと同時に、船で背後にまわった兵士らが外側の防壁内へ矢玉を打ち込んだ。壕が土塁資材で埋められると、軍団兵が梯子をかけ、さまざまな種類の弩砲から矢玉を発射して、内側の防壁を護る守備兵を脅かした。おびただしい数の矢が両側から降り注いだ。[7] その一方、わが軍唯一の飛び道具である投石の打撃に対しては、兜にかぶせた枝編細工が大いに防護の役に立っていた。かくして、あらゆる面でわが軍が苦境に立たされ、応戦が困難になったとき、上述した封鎖線の欠陥が露呈した。海から船で来た部隊が二つの防壁のあいだの工事が未完成の場所から上陸すると、わが軍に背後から攻撃を仕掛け、いずれの防壁からも駆逐して逃走を余儀なくさせた。

六四 [1] この変事が報告されると、マルケッリーヌスは陣営から数個大隊を苦戦中の味方へ増援として差し向けた。だが、これら大隊は味方の逃走を目の当たりにしたとき、自分たちの到着によって味方を立ち直らせることもできなければ、自身も敵の攻勢を支えられなかった。[2] このため、どれだけ増援が加わっても、逃走する味方の恐怖心のためにみな戦意を喪失し、恐慌と危険ばかりが増大した。実際、兵士が多いことが退却を妨げていたのである。[3] この戦闘中に、一人の鷲旗の旗手が深傷を負い、力尽きようとしたとき、わが軍の騎兵を目に留めて、言った。

私は長年生きてきたあいだずっと、この鷲旗をゆめゆめ抜かりなく守ってきた。いま死を前にして変わらぬ忠誠をもってカエサルに返却する。どうか、頼む、落ち度を犯すな。カエサルの軍隊にかつて起きたことのない軍事的恥辱(110)を蒙るな。これを無事にカエサルに届けてくれ。

[4]こうして鷲軍旗は救われたが、第一大隊の百人隊長は第二位百人隊長を除く全員が戦死した。

六五 [1]いまやポンペイウス軍はわが軍の兵士多数を殺し、マルケッリーヌスの陣営に近づき、他の大隊にも尋常でない恐怖を吹き込んでいた。そのとき、そこからもっとも近い守備拠点を占めていたマルクス・アントーニウスが知らせを受けて、一二個大隊とともに高所から下ってくる姿が認められた。[2]彼の到来がポンペイウス軍を押し止め、わが軍の士気を鼓舞して深い恐怖の底から自分を取り戻させた。[3]まもなくカエサルも、以前にならいとしていたように、砦から砦へ狼煙の合図を送ったのち、数個大隊を守備拠点から率いてそこへ向かった。カエサルは損害を把握した。ポンペイウスが封鎖線の外へ脱出したのち、海辺に陣営を構えることで、自由な糧秣調達を可能にしながら、なおかつ船も使

(110) 鷲軍旗を敵に奪われることは最大の恥辱と見なされた。

えるようにしているのを認めて、カエサルは作戦を変更した。目論見がはずれたため、ポンペイウスの近くに陣営を構築するよう命じた。

六六 [1]この防御設備が完成したとき、カエサル軍の偵察兵が気づいたことがあった。一個軍団の規模とも見える数個大隊が森の背後にいて、以前に築いた陣営へ向かっているというのである。[2]陣営の位置は次のとおりである。数日前にカエサル軍の第九軍団がポンペイウスの軍勢の動きを封じて包囲工事を行なったことは上述のとおりだが(111)、このとき、その地点に陣営を築いた。[3]この陣営は森と接しており、海から三〇〇パッスス足らずの距離にあった。[4]そののち、カエサルはいくつかの理由から作戦を変更し、そこから少し進んだ場所に陣営を移した。数日が経ってからこの地点をポンペイウスが占拠した。その地点を数個軍団の拠点としようとしたので、内側の防壁を残したまま、防御設備をさらに大きく増築した。[5]そうして、小陣営が大陣営の中にあって砦と城塞の代わりを果たしていた。[6]ポンペイウスはまた、陣営の左側で川に沿って防御線を約四〇〇パッススにわたってめぐらした。これによって障害や危険をともなわずに兵士たちが水を調達できるようにした。[7]しかし、彼もまたいくつかの理由から作戦を変更した。どのような理由か説明する必要はない。ポンペイウスがそこから退去したあと、陣営は数日のあいだそのまま放置されていたが、防御設備はそっくりもとの状態にあった。

六七 [1]そこへ軍団旗が運び込まれたという報告を偵察兵らはカエサルのもとに持ち帰った。このことはまたいくつかの高所に位置する砦からも目視で確認された。その地点はポンペイウスが新たに築いた陣営(112)から約五〇〇パッスス離れていた。[2]カエサルはこの一個軍団を征圧できると考え、過日蒙った損害の埋め合わせを欲した。一方で、二個大隊には作業をさせたまま残し、防御工事が続いているように見せかけた。[3]他方、自身は別の経路から、可能なかぎり隠密裏に残りの三三個大隊——この中には多数の百人隊長を失って兵員が減じた第九軍団も含まれた——をポンペイウス軍の一個軍団がいる小陣営へ向けて二重の戦列(113)で繰り出した。[4]カエサルの直感に間違いはなかった。カエサルが到着するまでポンペイウスはまったく気づかなかった。陣営の防御設備は大規模ではあったけれども、カエサルは自身が位置する左翼から迅速な攻撃を仕掛け、ポンペイウス軍を防壁から撃退した。[5]陣営の門はヤマアラシ(114)で塞がれていた。ここでしばらくのあいだ戦闘が交えられた。わが軍が突入を図るのに対し、敵は陣営を護ろうとした。なかでも勇敢だったのはティトゥス・プーレイオー(115)である。彼の働きでガーイウス・アントーニウスの軍隊が敵の手に落ちたことはすでに記したが(116)、このときはその地点を守って戦っていた。[6]しかし、わが軍は武勇でまさった。ヤマアラシを切り落とすと、まずは大陣営

(111) 前出六三・一—三。
(112) 前出六五・三に言及される陣営。
(113) 通常の戦闘では三重の戦列が組まれる。ここでは機動性が重視されたものか。
(114) 大きな角材に大釘を打ちつけた防御装備。
(115) 「プーレイオー(Puleio)」「プーリオー(Pulio)」という写本の読みに対し、「プッロー(Pullo)」「プッリエーヌス(Pullienus)」という修正提案もある。
(116) 前出四・二、一〇・五参照。

へ、次いで、大陣営の中にある砦の中へも突入した。というのも、撃退された軍団がそこへ逃げ込んでいたからである。ここで抵抗した兵士数名が討ち取られた。

六八 [1]しかし、運には絶大な力があり、それは他のことでもそうだが、とくに戦争ではわずかのはずみで局面の大きな変化を引き起こす。このときもそうだった。敵の防御線が陣営から川へ延びていることは上述のとおりだが(117)、カエサル軍右翼の大隊兵が地勢を知らないためにこの防御線を辿って進んだ。陣営の門を探しながら、それが陣営の防壁だと思っていたのである。しかし、これが川につながっていることに気づいたとき、防戦する者がいないまま、防壁を打ち壊して乗り越えた。この大隊兵のあとにわが軍の全騎兵も続いた。

六九 [1]そのあいだに十分に長い時間の経過があった。ポンペイウスは報告を受けると、五個軍団に防御工事を切り上げさせ、味方への増援として率いていった。敵の騎兵がわが軍の騎兵に近づくと同時に、陣営を占拠していたわが軍から敵が戦列を組んだのが認められた。すると、突如、すべてが変わった。[2]ポンペイウス軍の一個軍団は迅速な増援を期待して勢いづき、陣営裏門で抵抗を試みたばかりか、わが軍に対して攻勢に出さえした。カエサル軍の騎兵は、土塁を越えて狭い経路を登っていたので、退路を失う恐れから最初に逃走を始めた。[3]右翼の大隊兵は、左翼と切り離されていたので、騎兵の恐慌に気づくと、防壁の内側で制圧されないために、打ち壊した個所から退却しようとした。そして、このうちのほとんどが、狭い場所へ入り込むことを避けて、一〇ペースの高さがある防御設備の壕へ(118)飛び降りた。最初の者たちをあとの者たちが踏み潰し、その体を乗り越えることで命からがら脱出に成功した。[4]左翼では、兵士らが防壁の上からポンペイウス軍の到来と味方の逃走を目にしたとき、狭い場所に孤立することを恐れた。防壁の内側にも外側にも敵がいたからである。そこで、やって来たときと同じ経路で退却することで身の安全を図ろうとした。あたりはどこも混乱、恐怖、逃走に満たされていた。このため、カエサルが逃走する兵士から軍旗を摑みとり、止まれ、と命じても、馬を棄てて同じ方向へ遁走し続ける(119)者もあれば、恐怖のために軍旗を棄てる者もあった。まったく誰一人として踏み止まる者はなかった。

七〇 [1]これほどの大敗北にもかかわらず、次のような救いの手が差し伸べられたために、全軍壊滅は避けられた。それはポンペイウスが抱いた伏兵に対する恐れであった。少し前まで陣営から味方の逃走を目にしていた彼には、おそらく望外の結果であったため、しばらくは防御線に近づく踏ん切りが

(117) 前出六六・六。

(118) 写本の読みのとおりに訳出したが、意味が不分明であるので、「一〇ペースの高さがある防御設備から壕へ」、あるいは、「一〇ペース」を紛れ込みと考えて削除し、単に「防御設備の壕へ」とする修正提案がある。

(119) 「馬を棄てて同じ方向へ遁走し続ける」は写本の読みに従った訳だが、逃げるときに、徒歩では必然的に遅くなるのに何故馬を棄てるのか、また、「同じ方向へ」がどういう意味なのか説明が見つからない。さまざまな修正提案の試みがあるが、十分なものはない。

つかなかった。彼の騎兵も、ただでさえ狭隘な場所にカエサル軍の兵士がひしめいていたので、追撃の出足が鈍った。[2]こうした小さなことが局面の振り子を左右に大きく揺らした。実際、陣営から川へ延びた防御線は、一方で、すでにポンペイウスの陣営を攻め落とし、もうほとんどカエサルの手に入っていた勝利を阻害したが、同時に、追撃の速度を鈍らせることでわが軍に救いをもたらしたのであった。

七一　[1]一日のうちに行なわれたこれら二度の戦闘でカエサルが失った兵士は九六〇名にのぼった。名の知れたローマ騎士も、元老院議員の息子であるトゥーティカーヌス・ガッルス、プラケンティア出身のガーイウス・フェルギナース、プテオリー出身のアウルス・グラーニウス、カプア出身のマルクス・サクラーティウィルが倒れた。彼らは軍団士官であった。(120)また、百人隊長三二名が失われた。[2]しかし、これらはみな大方が壕や防壁や川岸において恐慌状態で逃走する味方に押し潰されたもので、傷を受けぬまま命を落とした。奪われた軍旗は三二本であった。[3]ポンペイウスはこの戦闘により将軍として歓呼を受けた。彼はこの称号を保持して、以後、この称号による挨拶を受け入れたが、習慣的に書信の文頭に書き添える(121)ことはせず、儀鉞に月桂樹の徽章を飾ることもなかった。[4]ところが、ラビエーヌスは、ポンペイウスを説きつけて、捕虜はラビエーヌスに引き渡すこと、という命令を出させると、捕虜全員を表へ引き出した。明らかに、誇示することで、カエサルから寝返った自分への信頼を高めようとしたのである。戦友諸君、と呼びかけ、はなはだしく侮辱的な言葉で、古参兵が逃げるのはいつものことか、と尋ねながら、誰もが見ている前で殺害した。

七二 [1]これらの出来事によってポンペイウス軍はたいへんに自信を深め、士気が高揚したため、もはや作戦を練ることもせず、すでに勝利を収めたも同然と考えた。[2]わが軍の兵員の少なさ、わが軍が占領した陣営の地形が不利で狭隘なうえに封鎖線の内外両面に脅威があったこと、軍隊が二つに分断され、相互の支援ができなかったこと、これらがわが軍敗北の原因であったとは彼らは考えなかった。[3]さらには、激しい合戦も戦場での決戦もなかったこと、むしろ、わが軍の損害は敵から蒙ったものより大勢が狭い場所にいたことでみずから招いたほうが大きかったことを、彼らは考えなかった。[4]要するに、彼らは戦争に必ずともなう原因を思い起こそうとしなかった。実に些細な原因、たとえば、誤った疑念、突然の恐慌、ジンクスなどのために大損害を蒙る例は数多く、指揮官の失敗や軍団士官の過失のために軍隊に被害が生じることも頻繁であるのに、あたかも武勇によって勝利を収めたかのように、局面の変化がもはや何一つ起こりえないかのように、世界じゅうへ噂や手紙を介してその日の

(120) 写本には「軍団士官」のあとに「五〇」を表わすLがある。そこから、これを「五(V)」に読み替え、名前の挙げられるローマ騎士四名と別に軍団士官五名の犠牲が出た、とする校本もあるが、写本のLを削除し、「軍団士官」はローマ騎士四名の説明とする理解に従う。

(121) 実際の例として、キケローはアマーノス山地の山賊討伐により将軍の称号を得て、ローマにいるカエリウスへの手紙の文頭で、自分の名の前にこの称号を記した(『縁者・友人宛書簡集』二・一〇)。

勝利を祝う知らせを広めていた。

七三　[1]カエサルは、思い描いていた計画が崩れたので、作戦を全面的に変更しなければならないと考えた。[2]そこで、全守備拠点から一斉に兵を撤収させ、包囲を放棄すると、軍隊を一個所に集め、兵士らに向かって演説し、激励した。「起きたことを悔やむな。この状況に怖気づくな。これまで多くの戦闘に勝利してきたのだ。それらがただ一度の敗北、それも軽微な敗北で帳消しになると考えるな。[3]諸君の運に感謝すべきだ。なぜなら、諸君が一つの傷も負わずにイタリアを占領したからだ。諸君が両ヒスパーニアという、誰よりも好戦的な連中が誰にも劣らぬ実戦経験を誇る指揮官に率いられていた領地を平定したからだ。諸君がこの近くの穀物豊かな属州[122]を支配下に収めたからだ。要するに、どれほど幸運だったか思い起こさなければならない。諸君は敵艦隊のただ中を抜け、港ばかりか海岸も敵が埋め尽くしているのに、海を渡ってきたのだから。[4]だが、すべてが首尾よく運ばない場合は、力を振り絞って運を支えなければならない。蒙った損害については、誰でもよい、私以外の誰かの落ち度に帰すべきだ。[5]私は対等な決戦の機会を与えた。私は敵の陣営を掌握した。戦闘で敵を撃退し、圧倒した。しかし、諸君の動揺か、どこかに生じた手違いか、あるいは、運の作用かが獲得目前だった勝利を阻んだとすれば、諸君全員が奮起し、蒙った敗北を武勇で償わねばならない。[6]それがなされたなら、損失も利得に変わる。実際、ゲルゴウィア[123]ではそうなったのだ。以前には戦いを恐れていた者たちも進んで戦場に立つだろう」。

七四 [1]このような演説ののち、カエサルは数人の旗手に対し、軍の名誉を傷つけた廉《かど》で懲戒し、位階を下げた。[2]全軍を包んだ敗北ゆえの痛憤と、汚名を雪《すす》ごうとする熱意とはたいへんなものであったので、誰一人として軍団士官や百人隊長の命令を求めず、各自が懲罰の代わりに懲罰を上回る重労働をみずからに課し、全員が戦闘意欲に燃えていた。その一方、上級士官にも、採るべき策は現地点に留まって戦闘に命運をかけることだと考える者たちがいた。[3]これにカエサルは反対だった。恐慌に陥った兵士らを十分には信頼できなかったので、時間をかけて士気を回復すべきだと考えていたからである。また、封鎖線を放棄してしまったので、穀物調達が大きな懸念材料であった。

七五 [1]かくしてカエサルは即座に動いた。負傷者と病人に必要な配慮をしただけで、全輜重を日暮れとともに陣営からアポッローニア(124)へ静かに先発させ、行軍完了まで休息を禁じた。一個軍団がこの行軍を護送した。[2]この手配を完了すると、二個軍団を陣営内に留め、残りの軍団を第四夜警時に複数の門から連れ出し、同じ経路で先発させた。そのあと、軍隊の慣行を踏むと同時に、自分の出発を悟られるのをできるだけ遅らせるために、少しの間を置いてから荷造りの号令を出すと、すぐさま陣営を

(122) サルディニア、シキリア。
(123) カエサルはゲルゴウィアの戦いでは四六名の百人隊長を失った(『ガリア戦記』七・四三―五一)が、そのあとアレシア攻防戦で決定的勝利を得た。
(124) デュッラキオンから約七五キロメートル南に位置する。

出た。先発部隊の最後尾に追いつき、たちまち陣営から見えないところまで進んだ。[3]ポンペイウスもカエサルの計画を知ると、即座に追撃に動いた。目を向けるところは同じで、相手は輜重をかかえた行軍をし、怖気づいているから捕捉できるかもしれないと考えたのである。軍隊を陣営から繰り出す一方、騎兵を先発させてカエサル軍の最後尾を遅らせようとした。しかし、追いつくことはできなかった。カエサルが輜重をもたずにはるか先へ行軍を進めていたからである。[4]しかし、ゲヌスス川まで来たとき、川岸の足場が悪かったために騎兵が追いつき、最後尾へ戦いを仕掛けて足止めした。[5]これにカエサルも自軍の騎兵を対抗させ、さらに、軽装の先鋒兵四〇〇名を一緒に組み入れた。これが功を奏した。騎兵戦を交えて敵をすべて撃退し、相当数を討ち取ったあと、無事に行軍隊列へ戻った。

七六 [1]カエサルはその日に予定していたとおりの行程を踏破した。軍隊にゲヌスス川を渡河させたのち、アスパラギオンと向かい合う位置に以前築いた陣営(125)に陣取った。歩兵は全員を陣営の防壁の内側に留める一方、騎兵を糧秣調達と見せかけて送り出したが、すぐに裏門から陣営内へ戻るよう命じた。[2]同様にポンペイウスもその日の行程を終えると、アスパラギオン近郊に以前築いた陣営(126)に入った。[3]彼の兵士らは、防御設備がそのまま残っていて工事の必要がなかったので、一方で薪や糧秣の調達のためにかなりの遠出をする者たちがあった。他方、突然に出発が決まったことから輜重や携行品の大部分を置いてきていたため、これを取りに戻る気になった者たちもあった。彼らは前の陣営が近かったので、営舎に武器を置いて防壁から離れていた。[4]かくて、この者たちは追撃再開に手間取った。この成り行きをカエサルは予想していたので、正午頃に出発の号令を下すと、軍隊を引き出し、その日の行程を倍にして八マイル進んだ。ポンペイウスにはそうすることができなかった。兵士らが出払っていたからである。

七七 [1]翌日も同じように日暮れとともに輜重を先発させたあと、カエサル自身は第四夜警時に出発し、やむをえず戦う必要が生じた場合に備え、急な事態に臨戦態勢で応じられるようにした。このあと数日も同じことが繰り返された。[2]これによって、川はきわめて深く、経路はじつに障害が多かったが、(127)まったく損害を蒙らずにすんだ。[3]実際、ポンペイウスは初日に遅れをとったため、そのあと数日の奮闘も実を結ばなかった。強行軍で先を急ぎ、前を行くわが軍に追いつこうとしたが、四日目に追跡を中止し、別の作戦を立てるべきだと考えた。

七八 [1]カエサルにはアポッローニアへ来なければならない目的があった。負傷者を預け、給与を兵士に支払い、盟友の士気を鼓舞し、町々に守備隊を置くためである。[2]しかし、これらのために費やせる時間は限られていた。急がなければならなかったからである。ドミティウスのことが心配だった。(128)ポ

(125) 前出四一・一参照。
(126) 前出三〇・七参照。
(127) アスパラギオンからアポッローニアまでの四〇キロメートルはそれほど困難な道のりではないので、カエサルが険しい迂回路を取ったとも解される。

ンペイウスが先に着かないよう、カエサルはドミティウスのもとへ全速力で懸命に急いだ。[3]さて、カエサルの全体的戦略は次のような考えにもとづいていた。ポンペイウスが同じ地点へ向かった場合は、海から引き離し、デュッラキオンに蓄えられた穀物と物資からも切り離すことで、カエサルと対等の条件での決戦を余儀なくさせる。ポンペイウスがイタリアへ渡った場合は、ドミティウスと軍を統合したうえで、イッリュリクムを通ってイタリアの支援に進発する。ポンペイウスがアポッローニアとオーリコンに攻めかかり、カエサルを全海岸線から閉め出そうと企てた場合は、スキーピオーを包囲することでポンペイウスが味方の救援に向かわざるをえないように仕向ける。以上であった。[4]そこでカエサルは、先にグナエウス・ドミティウスへ伝令を送ることとし、文書に作戦指示を記した。そして、守備隊としてアポッローニアに四個大隊、リッソスに一個大隊、オーリコンに三個大隊を残し、負傷して体の利かない者たちを預けたのち、エーペイロスとアタマーニア(129)越えの進軍を開始した。[5]ポンペイウスもカエサルの作戦を推測し、スキーピオーのもとへ急ぐべきだと考えていた(130)。それは、カエサルがスキーピオーに向かって進軍した場合に、スキーピオーを支援するためであり、カエサルが海岸線とオーリコンから離れようとせず、イタリアから軍団兵と騎兵の到着を待つという場合には、ポンペイウスみずから全軍勢を率いてドミティウスに襲いかかるためであった。

七九 [1]こうした理由から、両者はいずれも少しでも速く進もうと急いだ。味方へ支援をもたらすと同時に、敵を征圧する絶好機を逃すまいとした。[2]しかし、カエサルはアポッローニアへ回ったために直線の経路から外れていたのに対し、ポンペイウスはカンダーウィアを通ってマケドニアへ入る障害の少ない道筋(131)を取っていた。3 加えて、思わぬところから別の問題が生じた。ドミティウスはかなりの日数にわたってスキーピオーの陣営に向かい合う位置に陣営を置いていた〈けれども〉、糧秣調達のためにスキーピオーの近くから離れてヘーラクレイア(132)の町へ向かっていた。この町はカンダーウィアと隣接するので、時の運が彼をポンペイウスの前へ差し出すかのように思われた。このことをカエサルはその時点では知らなかった。4 同時にポンペイウスは手紙をあらゆる属州と町々へ発信し、デュッラキオン近郊での戦闘について実際の出来事よりずっと大きく膨らませた噂を広めた。カエサルは撃退されて逃亡し、兵力のほとんどすべてを失った、というこの噂のために行軍が危険になった。この噂のためにかなりの町々がカエサルとの友誼に背を向けようとしていたのである。5 このため、複数の経路

(128) ドミティウス・カルウィーヌスはマケドニアにおいてスキーピオーと対峙していた。前出三四・三、第三六—三八章参照。

(129) 写本の読みは「アカルナーニア(Ac(h)arnania)」だが、地理的関係に照らして修正されている。

(130) プルータルコス『対比列伝』「ポンペイウス」六六・四—五は、アフラーニウスがまずイタリアを確保すべきだ、そうすれば他の地域もつき従う、と主張したのに対し、ポンペイウスは二度もカエサルに背中を見せるのを恥辱とし、また、スキーピオーなどの友軍を見捨てられないとしてカエサル追撃を決定した、と伝える。

(131) エグナーティウス街道。デュッラキオンからゲヌスス川沿いに東へ進み、ヘーラクレイアを経てテッサロニーケー(現テッサロニキ)に至る。

(132) この名の町は各地にあるため、「ヘーラクレイア・リュンケスティス(Lyncestis)」として特定される。写本は「ヘーラクレイア・センティカ(Sentica)」という誤った読みを伝えている。

でカエサルからドミティウスへ、また、ドミティウスからカエサルへ送り出された伝令がどのようにしても道のりを最後まで進めない事態となった。[6]しかし、アッロブロゲス族のロウキッルスとエーグスがポンペイウスに寝返ったことは上述したとおりだが、(133)この二人の縁者が移動中にドミティウスの偵察隊を見つけると、ガリアで一緒に戦った昔のよしみからか、あるいは、手柄を立てて気が大きくなっていたからか、起きたことを残らずすべて話して聞かせた。カエサルの出発についてもポンペイウスの到来についても告げ知らせた。[7]偵察隊から知らせを受けたドミティウスは、四時間足らず進んだだけで、敵の親切のおかげで危機を回避した。テッサリアと向き合う位置にあるアイギニオンで到着したカエサルと出会えたのである。

八〇　[1]カエサルは軍隊を統合したのち、ゴンポイに着いた。これはエーペイロスからテッサリアへ渡ると最初に入る城市である。住民は数カ月前に自分からカエサルへ使節を送り、(134)自分たちが提供できるものをなんでも利用してもらってよいから、軍で町を護ってほしい、と伝えていた。[2]しかし、そこへ上述のような噂がすでに先に着いていた。デュッラキオン近郊での戦闘についてはなはだしく誇張された噂である。[3]このため、テッサリアの連合総帥(135)アンドロステネースは、逆境にあるカエサルの盟友であるより、ポンペイウスと勝利をともにしたいと考え、農地に抱える多数の奴隷と自由人をすべて城市内へ集めて城門を閉ざしてから、スキーピオーとポンペイウスに伝令を送った。「こちらへ救援に来てもらいたい。城市の防備に自信はあるが、それは迅速な救援を得られる場合の話だ。長期の籠城戦には耐えられない」。[4]スキーピオーは、両軍がデュッラキオンを離れたことを知ると、軍団をラーリーサへ導いていたが、ポンペイウスはまだテッサリアの近くへ来ていなかった。[5]カエサルは、陣営の防備を固めたのち、急襲して攻略すべく梯子と小ネズミの製作、および枝編細工の用意を命じた。[6]これらが出来上がると、兵士らを激励して告げた。「あらゆる物資の窮迫を緩和するためになにより有用であるのは、物資が豊富で裕福な町を掌握すること、合わせて、他の町々にもこの町を見せしめとすることで恐怖を吹き込むこと、そして、迅速な遂行によって援軍の到来も間に合わなくすることだ」。[7]そうしてカエサルは、兵士たちの比類ない熱意(136)のおかげで、到着したその日の第九昼間時にきわめて高い城壁が囲む城市の攻略を開始し、日没前には攻め落とした。兵士たちに略奪を許したあと、ただちにこの町から進軍してメートロポリスに着いたが、その速やかさは町が陥落した報告や噂に先んじていた。

八一 [1]メートロポリスの住民は当初、同じ策を講じ、同じ噂に踊らされて城門を閉ざし、城壁全体に

(133) 第五九―六〇章。
(134) 前出一二・四参照。
(135) ローマ統治下のテッサリアでは、城市連合が組織され、毎年選ばれる連合総帥(praetor)がこれを統率し、戦時には最高指揮官を務めた。
(136) アイギニオンからゴンポイまで約二五キロメートルの行軍後に、陣営構築、攻略準備を行ない、第九昼間時(午後二時から三時頃)から日没までのわずか四時間足らずで攻略したことになる。

武装兵を配置した。しかし、そのあとでゴンポイの町の顚末を知らされた。カエサルが捕虜を城壁の近くへ引き出して話をさせたのであった。すると、住民は城門を開いた。[2]住民は細心の注意を払って保護されたので、メートロポリスの人々の幸運とゴンポイの人々の災いを突き合わせたとき、スキーピオー指揮下の大軍が支配するラーリーサ以外に、カエサルに服従せず命令を実行しないテッサリアの町は一つもなかった。[3]カエサルは農地の中に、ほぼ稔っていた〈穀物を補給するために〉適切な場所を見つけると、ここでポンペイウスの到来を待ち受けることとし、ここで戦争の総決算をすることを決心した。(137)

八二 [1]ポンペイウスは数日後にテッサリアに到着した。全軍の前で演説し、指揮下の将兵に謝辞を述べ、スキーピオーの兵士たちには、勝利はすでに掌中にあるので戦利品と褒賞に与るがよい、と激励した。全軍団を同じ一つの陣営に迎え入れたのち、スキーピオーと栄誉ある役割を分担した。(138)スキーピオーのもとでも進軍ラッパを鳴らし、彼のために第二の司令官幕舎を建てることとした。[2]二つの大軍が統合して、ポンペイウス軍の兵力が増したいま、以前から誰の心にもあった考えが強固になり、勝利への期待が募った。その結果、経過する時間の一刻一刻がイタリアへの帰還を遅らせているように思われるほどだった。ポンペイウスが時間をかけすぎるか、慎重にすぎることがあると、たった一日で済むことなのに、命令権行使を楽しんでいる、執政官経験者や法務官経験者を奴隷なみに扱っている、と取り沙汰された。[3]いまや公然と、褒賞や神官職(139)について自分のものだと互いに主張の応酬がなされたり、数年先まで執政官職の割り当てがなされたりし、なかには、カエサル軍の陣営にいる人々の屋敷財産をほしがる者もあった。(140) [4]諮問会議(141)の場で大きな議論となったのはルーキーリウス・ヒッルスに関するものだった。彼はポンペイウスによってパルティアへ派遣されていたので、(142)直近の法務官選挙に不在のまま立候補を認めるべきか、というのである。彼の親友たちはポンペイウスの信義に訴えた。「ヒッルスの出発時に請け合った約束を守りなさい。彼があなたの権威に一杯食わされたと見られることがあってはならない」。これに他の者たちは、労苦と危険は誰もみな同じであるから、一人だけを優遇することはない、と言って反対した。

八三 [1]いまや、カエサルの神官職(143)をめぐって、ドミティウス(144)、スキーピオー、レントゥルス・スピン

---

(137) カエサルは一度も地名に言及していないが、パルサーロス近郊の野。ただ、パルサーロスの戦いがどこで行なわれたかについては議論があり、必ずしも明らかではないものの、エニーペウス川の北側の平地と推定される。

(138) ポンペイウスとスキーピオーはともに執政官格総督であるので、公的地位は同等。

(139) 大神祇官、鳥卜官などの王政期に起源をもつ由緒ある神官職は威信を与えるものとして貴族に望まれた。

(140) 当時、ポンペイウスが勝利すれば、粛清と財産没収の嵐が吹くという恐怖が広まっていた。キケロー『アッティクス宛書簡集』九・一〇・六(前四九年三月一八日付)、一一・六・六(前四八年一一月二七日付)参照。

(141) 前出一六・四参照。

(142) ディオーン『ローマ史』四二・二・五は、援軍要請を目的としたポンペイウスの使者がパルティア人によって監禁されたことを記している。

(143) 前六三年以来、カエサルが就いていた大神祇官職。

(144) ルーキウス・ドミティウス・アヘーノバルブス。

テールが毎日のように言い争い、公然とはなはだしい侮辱の言葉を吐くにいたった。レントゥルスが年功を誇示すれば、ドミティウスはローマにおける地位と人気を自慢し、スキーピオーはポンペイウスとの姻戚関係を恃みとした。[2]アクーティウス・ルーフスはルーキウス・アフラーニウスに対し、軍隊を裏切った廉でポンペイウスの前へ出頭するよう要請までした。ヒスパーニアでの〈戦争遂行に手抜かりがあった〉というのであった。[3]ルーキウス・ドミティウスにいたっては、諮問会議においてこう発言した。「私の考えでは、戦争終了後、評決の投票札を三枚ずつ、元老院階級でわれわれと一緒に戦争に加わった人々に渡すのがよい。ローマに留まった人々、および、ポンペイウスの防御設備の内側にばかりいて、軍事面で働きを示せなかった人々の一人一人について投票させるのだ。一枚目の投票札は一切の咎めを免れるべきと判断される人に、二枚目は公民権剝奪(145)とすべき人に、三枚目は罰金刑に処すべき人に投じることとする」。[4]要するに、誰もがみな自分の栄誉か、金銭的見返りか、政敵の追及について議論していた。どのような戦略をとれば勝利を得られるかではなく、どのように勝利を利用すべきかを考えていた。

八四　[1]穀物供給の準備も整い、兵士らの士気も回復した。デュッラキオンでの戦闘から十分に長い時間も経過し、兵士らの気持ちも十分に確かめられたように思われたので、カエサルはポンペイウスにどれほど決戦に臨む意図あるいは意欲があるのか様子を窺うべきだと考えた。[2]そこで、陣営から軍隊を引き出し、戦列を組んだ。最初は自陣に近く、ポンペイウスの陣営からかなり遠い位置を占めたが、

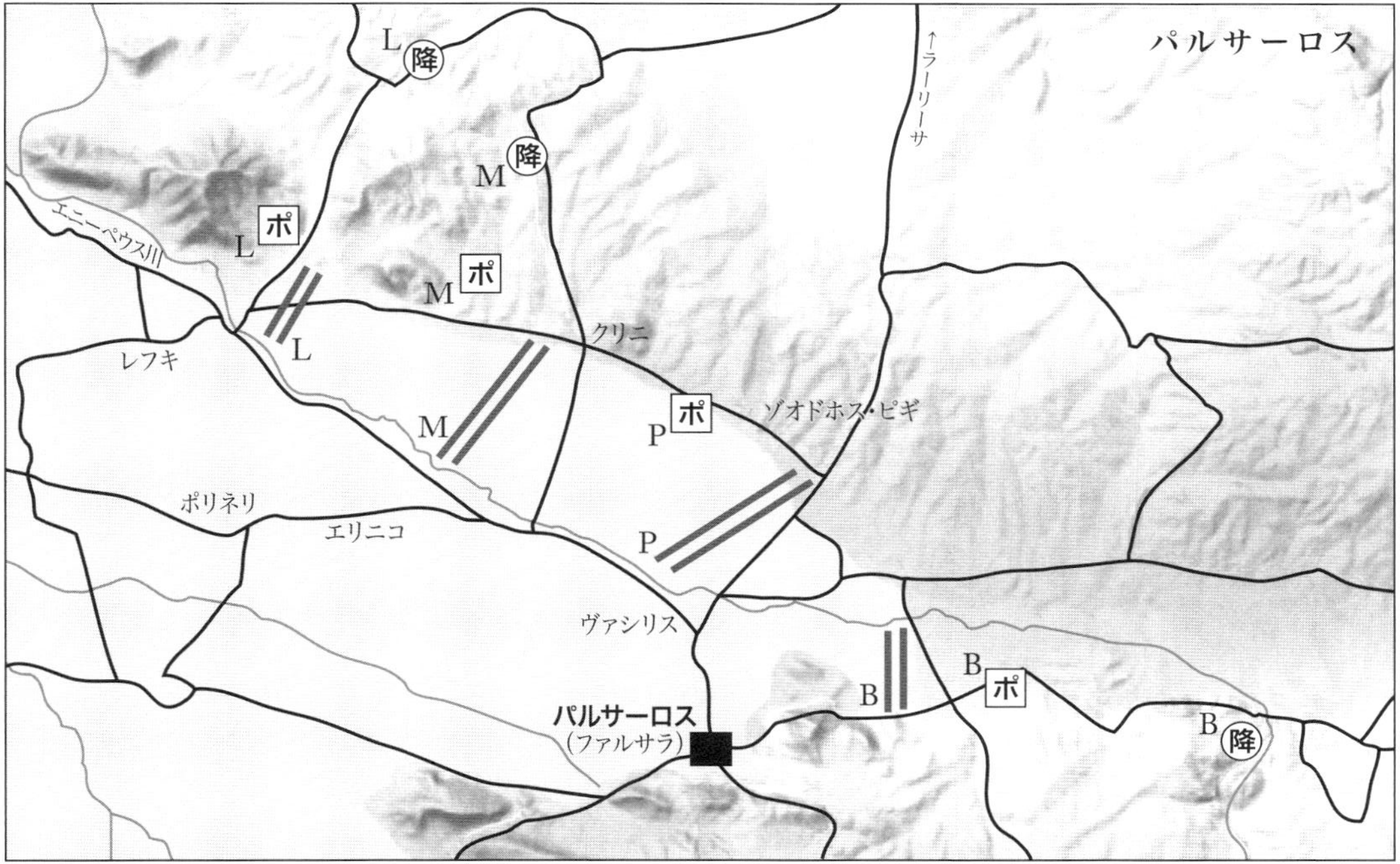

両軍戦列　ポ ポンペイウス陣営　降 降伏地点

主唱学者(訳者解説の「参考文献」参照)　L : Lucas　M : Morgan　P : Pelling　B : Béquignon

次の日から日ごとに味方陣営より前へ進め、ポンペイウス軍の陣取る丘(146)へ戦列を近づけた。このことにより、カエサル軍は日を追って気持ちを強くした。[3] それでも、騎兵については、上述した(147)以前からの戦術を守っていた。すなわち、数的に大差の劣勢であったので、カエサルは先鋒兵から俊敏さを基準に選び出した若者に軽武装で騎兵のあいだに入って戦うよう命じていた。この兵士らが毎日の反復によってこの種の戦闘に熟練するようにしていたのである。[4] この結果、一〇〇〇騎の騎兵が見通しの利く場所においてすら七〇〇〇騎のポンペイウス軍の攻勢を――それまでの経験を生かして――果敢に支えようとするまでになった。圧倒的多数の敵にもさして怖気づかなくなったのである。[5] 実際、この数日のあいだにカエサルは騎兵戦に勝利を収め、上述のようにポンペイウス側に寝返ったアッロブロゲス族の二人のうちの一人(148)を他の数人とともに討ち取った。

八五 [1] ポンペイウスの陣営は丘の上にあり、斜面を下りきった場所に戦列を布いていたので、カエサルが不利な地点に近づくのをいつまでも待ち受けているかのように見えた。[2] カエサルは、どのようにしてもポンペイウスを戦闘に誘い出すことができないと考え、最上の作戦は、現地点から陣営を移動し、つねに行軍することであると決断した。この狙いは、陣営を移動し、より多くの場所を通過することで穀物調達の利便性を増すとともに、行軍中に戦闘機会が生じるのを窺いつつ、労役に不慣れなポンペイウス軍を毎日続く行軍で消耗させることにあった。[3] このように決定が下され、すでに出発の号令が出され、幕舎がたたまれたとき、目を向けると、ポンペイウス軍の戦列が防壁から毎日のならいより少しだけ離れた位置へ前進していた。そのため、不利な地点に立たずとも戦うことが可能に思われた。[4] このとき、すでに隊列は陣営の門を通過中であったが、カエサルは部下に告げた(149)。

　いまは行軍を後回しにせねばならない。われわれが考えるべきは戦うことだ。これこそ、われわれがずっと求めてきたことだ。決戦に臨む覚悟を固めよう。機会はそうやすやすとこの先まためぐってはこない。

そして、ただちに戦闘態勢の軍勢を繰り出した。

八六 [1] のちに分かったことだが、ポンペイウスも部下の全員から促されて、決戦に臨むことを決めていた。数日前には作戦会議において、両戦列が合戦に及ぶこともないうちにカエサル軍は撃退されるだろう、とさえ述べていた。[2] その言葉にほとんどの者が驚くと、彼は言った。

---

(145) 追放刑もしくは死刑。

(146) エニーペウス川の北側平地、パルサーロスからラーリーサへ向かう道の西側に位置し、近辺(現ゾオドホス・ピギ(Zoodochos Pighi)やクリニ(Krini)という村があるあたり)に湧水がある。

(147) 前出七五・五参照。

(148) ロウキッルスまたはエーグス(前出五九・一参照)。

(149) 以下、『ガリア戦記』と『内乱記』を通じ、カエサルの言葉について直接話法が用いられる唯一の個所。

私も、これがにわかには信じがたい約束だとは承知している。しかし、私の作戦手順を聞いてもらいたい。そうすれば、いっそう気持ちを強くして戦場に立てるはずだ。[3]私が騎兵らに言い含め、彼らも私に実行を確約したことがある。それは、両軍が接近したとき、カエサルの右翼に対して防御の弱い側(150)から攻めかかり、背後から戦列を挟撃することだ(151)。これで、いちはやく敵軍を混乱に陥れて撃退すれば、わが軍が矢玉を放つまでもない。軍団兵に危険はなく、ほぼ無傷でわれわれは戦争を完遂することになろう。[4]しかるに、これは難しいことではない。わが軍は騎兵に絶大な強みがあるからだ(152)。

[5]同時にポンペイウスは指示した。「明日への心構えを固めよ。諸君が繰り返し求めたとおりに決戦の機会が与えられるのだから、私や他の人々の期待を裏切ることのないようにせよ」。

八七 [1]彼のあとをラビエーヌスが引きとった。カエサルの軍勢を侮っていたので、ポンペイウスの作戦を最大級の賛辞で褒め上げようとしたのである。

ポンペイウスよ、これがガリアとゲルマーニアを征服した軍隊であるとは考えないでもらいたい。[2]私はすべての戦闘に参加したから(153)、知りもしないことを考えもなく言い立てているのではない。

かの軍隊の生き残りはほんのわずかしかいない。大部分は命を落とした。あれほど数多くの戦闘があればそうなるのが必然だ。昨秋、イタリアで多数が疫病の犠牲になった(154)。多数が故国へ帰った。多数が大陸に残ったままだ。[3]それとも、諸君は聞いていないのか、健康上の問題を口実に居残っていた者たちがブルンディシウムで大隊に編入されたことを。[4]ここで諸君が見ている軍勢は内ガリアにおいてここ数年の徴募により補充されたものだ(155)。そのほとんどがパドゥス川以北の植民市出身だ(156)。また、補充はされても、軍の中核をなした将兵はデュッラキオンでの二度の戦闘で命を落としている。

[5]ラビエーヌスはこう述べたのち、自分は勝者とならずば陣営へ戻るまじ、と誓言し、他の人々にも、自分に倣うよう促した。[6]ポンペイウスはこれを称揚し、同じ誓言を行なった。他の人々の中にも誰一人として誓言をためらう者はなかった。[7]こうしたことがあったのち、誰もが大きな期待と喜びを抱い

---

(150) 盾を左手にもつので、その反対の右側。
(151) 軍団兵が交戦する前に騎兵の攻撃をかけるという作戦だが、実際の展開では、両軍の軍団兵の衝突と同時に騎兵も動いている(後出九三・二―三)。
(152) 前出四・三―四、八四・四参照。
(153) もちろん、誇張がある。
(154) 前出二・三参照。
(155) 前五三年初めに三個軍団(『ガリア戦記』六・一・四)、前五二年に一個軍団(同七・一・一)。
(156) 法規上はローマ市民ではない、もしくは、ローマ市民の正規軍に劣る、という含意。

て作戦会議をあとにした。彼らは早くも心に勝利を思い描いていた。これほどの重大事について、あれほど経験豊富な将軍が根拠のない安請け合いをするとは思えなかったからである。

八八　[1]カエサルはポンペイウスの陣営に近づいたとき、相手の戦列が次のような配置であるのに気づいた。[2]左翼に二個軍団がいた。これらは不和が生じた当初、元老院決議にもとづいてカエサルから譲り渡されたもので、第一軍団、および、第三軍団[157]と呼ばれていた。ポンペイウス自身もこの位置にいた。[3]戦列の中央はスキーピオーがシュリアから率いてきた数個軍団[158]とともに占めていた。キリキアの一個軍団[159]、および、上述のようにアフラーニウスから引き継いだヒスパーニアの数個大隊[160]が右翼に配置されていた。[4]これらの部隊が自軍の中でももっとも頼りになるとポンペイウスは考えていた。残りは戦列中央と両翼のあいだに差し入れ、その数は一一〇個大隊に達していた。[5]以上、四万五〇〇〇の兵員に加え、約二〇〇〇の再役兵がいた。これらは以前に特別任務兵[161]として務めたあと、再びポンペイウスのもとへ集まった者たちで、戦列全体に振り分けられていた。その他に七個大隊をポンペイウスは陣営と近くの砦の守備隊として配置した。[6]その右翼には川[162]があり、険しい両岸が防備をなしていた。そのため、全騎兵、弓兵と投石兵のすべてが左翼に置かれていた。

八九　[1]カエサルはこれまでのならいどおりに第一〇軍団を右翼に、第九軍団を左翼に配置した。ただし、第九軍団はデュッラキオンの戦いによって著しく弱体化していたので[163]、第八軍団を横に置き、二つでほぼ一個軍団をなすようにし、それぞれ互いを援護するよう命じた。[2]八〇個大隊で戦列を構成し、兵員の総数は二万二〇〇〇であった。七個大隊を陣営の守備隊として残した。[3]左翼はアントーニウスに、右翼はプブリウス・スッラに、戦列中央はグナエウス・ドミティウスに指揮を任せた。カエサル自身はポンペイウスの真向かいに位置した。[4]同時に、上述の敵側布陣を見ていたので、数にまさる騎兵によって右翼の裏へ回り込まれることを心配し、素早く戦列第三列からそれぞれ一個大隊を引き抜くと、これらによって第四列を組み、敵騎兵に対抗させた。カエサルは戦法を指示し、この日の勝利がそれら大隊兵の武勇にかかっていることを言い聞かせた。[5]また同時に、第三列と全軍に対して命令した。「私の命令がないうちは合戦に及ぶな。私がいまだと思ったとき、軍旗で合図を出す」。

(157) 両軍団の移管については、一・二・三参照。カエサル指揮下では、それぞれ第六、第一五軍団と呼ばれていた。なお、左翼の指揮官をルーカーヌス『内乱』七・二一七はレントゥルス・スピンテール、アッピアーノス『内乱史』二・七六およびプルータルコス『対比列伝』「ポンペイウス」六九はドミティウス・アヘーノバルブスとする。右翼の指揮官については、ルーカーヌスではドミティウス、アッピアーノスではレントゥルス、プルータルコスではポンペイウスとされている。

(158) 前出四・三には「二個軍団」と記されていた。

(159) 前出四・一参照。

(160) 現存テキストには該当個所が見当たらない。第五〇章末以下の欠損部分に記されていたと考えられる。この軍勢は第四章に列挙された兵力の中には言及されていない一方、プルータルコス『対比列伝』「カエサル」四一・二は、テッサリアでの作戦を記述する中で、アフラーニウスが最近到着した、と記している。

(161) 第一巻注(111)参照。

(162) エニーペウス川。

(163) 前出四五・二—四六・六、六三・六—六五・三、六七・三参照。

九〇 [1]カエサルは、軍隊の慣例どおり、戦闘へ向かう兵士の士気を鼓舞し、自分がつねに兵士のために尽力してきたことを述べたのち、とりわけ次のように訴えた。「私が平和を希求した熱意の大きさについて、私は諸君を証人とすることができる。私はウァティーニウスを介して会談し(164)、アウルス・クローディウスを介してスキーピオーと交渉した(165)。オーリコンでは使節派遣をめぐるリボーとの交渉でさんざん苦労した(166)。[2]私は兵士の血を無駄に流させたことは一度もない。どちらの軍隊にしろ、国家から奪い取ろうと欲したことは一度もない」。[3]カエサルはこのように演説したのち、戦闘意欲に燃える兵士らの要求に応え、ラッパの音で号令を下した。

九一 [1]カエサル軍の中にクラースティヌス(167)という再役兵がいた。前年にカエサルのもとで第一〇軍団の首位百人隊長を務め、類いまれな武勇の士であった。[2]この男が、号令が下るや言った。

俺についてこい、かつて同じ部隊にいた諸君よ。諸君の将軍のために諸君が決意したとおりの働きを示せ。残るはもうこの一戦だけだ。これが終われば、将軍は威信を、われわれは自由を取り戻すだろう。

[3]そして、カエサルのほうを振り返って言った。

私はやりますぞ、将軍よ。今日はこの身が生き残ろうと死に果てようと、私の働きに感謝のお言葉をいただきますぞ。

彼[4]はこう言うと、真っ先に右翼から突撃した。そのあとに約一二〇名の精鋭志願兵が続いた。

九二　両軍[1]戦列のあいだに残る距離が、双方とも十分に突撃できるまでに縮まった。[2]しかし、ポンペイウスは部下に前もって命じていた。「カエサルが攻勢に出るまで待て。持ち場から動くな。向こうの戦列が乱れるままにしておくのだ」。ポンペイウスにこの作戦を進言したのはガーイウス・トリアーリウスだと言われていた。突撃したカエサル軍兵士の最初の勢いが止められ、戦列の腰が伸びたとき、然るべく配置した隊形から散り散りの相手に襲いかかろうという狙いであった。[3]また、飛んでくる投げ槍の衝撃も、兵士たちが持ち場に留まっていた場合のほうが、こちらも投げ槍を投げ込んで突進した場合より軽いであろうし、カエサル軍の兵士は二倍の距離を走るので息が切れ、疲れて力を使

---

(164)　前出一九・二―七。

(165)　前出五七・一―五。

(166)　前出一六・三―一七・六。

(167)　アッピアーノスではクラッシニウス(『内乱史』二・八二)、プルータルコスではガーイウス・クラッシアーヌス(『対比列伝』「ポンペイウス」七一・二)という名前で伝えられるが、ルーカーヌス『内乱』七・四七一もクラースティヌスとする。

い果たすはずだとも見込んでいた。[4]私に言わせれば、ポンペイウスのとった作戦にはまったく理がなかったように思う。人は誰でも魂を駆り立て、活発に働かせる生得の資質を持っていて、それが戦いに向かうとき燃え上がる。[5]だから、この意欲を抑圧するのではなく、増進させることが将軍たる者の務めなのである。それゆえ、いたるところから号令のラッパが鳴り響き、兵士がみなそろって喊声を上げるという、はるか昔からのしきたりにも確かな根拠がある。これが敵を怯えさせ、味方を奮起させると考えられたのである。

九三 [1]しかし、わが軍の兵士らは号令が下るや、槍を構えて突進したが、ポンペイウス軍が合戦に応じないのに気づくと、これまでの戦闘で積んだ経験と教訓を生かし、自分から走る勢いを落とし、ほぼ中間点で停止した。体力を使い果たした状態で接近することを避けたのである。そして、少し間を置いてから、再び走り始め、投げ槍を投げ込むや、カエサルに指示されたとおり、素早く剣を抜き放った。[2]これに対し、ポンペイウス軍も手をこまねいてはいなかった。打ち込まれた矢玉を受け止め、軍団兵の攻勢を支え、隊形を保持し、投げ槍を投げ込んだのち、剣を構えた。[3]それと同時に、ポンペイウス軍左翼の騎兵が、下命のとおり、一斉に突進し、弓兵の大軍全員が前方へ殺到した。[4]この攻勢をわが軍騎兵は支えられず、わずかに後退した。すると、ポンペイウス軍騎兵はいっそう激しく攻め立て始めた。部隊ごとに展開し、わが軍戦列を防備の(168)薄い側面から挟撃しようとしたのである。[5]カエサルはこれに気づくと、あらかじめ大隊兵から選抜して編成してあった戦列第四列に号令を下した。

これら大隊兵は素早く前進すると、目標へ軍旗を向けながら、力のかぎりポンペイウス軍騎兵へ攻撃を仕掛けた。[6]この威力の前には一騎たりとも踏み止まれず、全騎が背中を見せて退却しただけでなく、すぐさま馬を飛ばして逃走し、丘の高みを目指した。[7]騎兵が退けられると、弓兵と投石兵は全員が武器も援護もない状態に陥り、討ち取られた。[8]この勢いそのままに大隊兵はさらに、左翼でまだ戦いを続け、戦列を組んで抵抗していたポンペイウス軍の裏へまわり、背後から襲いかかった。

九四 [1]時を同じくして、それまで静止したまま持ち場から動かさなかった戦列第三列にカエサルは前進を命じた。[2]そうして、新鮮な力を温存していた兵士が疲れた兵士と交代するとともに、背後から襲いかかってくる部隊もあったため、ポンペイウス軍は持ちこたえることができず、一斉に背中を見せた。[3]まったく、カエサルの目に狂いはなく、あのように大隊兵を騎兵に対抗すべく第四列に配置したことによって、勝利の端緒が開けたのである。彼が兵士を激励したときに明言したとおりだった。[4]これら大隊兵が最初に騎兵を撃退するとともに、弓兵と投石兵を討ち取り、さらにまた、ポンペイウス軍戦列左翼の裏へまわり、最初に逃走へ追い込んだのであった。[5]しかし、ポンペイウスは自軍の騎兵

---

(168) 写本どおり(ex cohortium numero)に読み、通常の陣立てでは大隊兵が三重の戦列を組み、補助軍が第四列を構成するのに対し、このときは特別に大隊兵によって第四列が組まれたとする解釈に従う。多くの校本で、フロンティーヌス『戦略論』二・三・二二、プルータルコス『対比列伝』「ポンペイウス」六九・二、「カエサル」四四・二の記述をもとに、「六個大隊で(sex cohortium numero)」という修正提案が採用されている。

が撃退されたのを目にし、もっとも信頼を寄せていた部隊が恐慌に陥ったことに気づくと、他の部隊には信頼がおけず、戦列から離脱し、そのまま馬に乗って陣営内へ駆け込んだ。彼は陣営正面の門番に立たせていた百人隊長らに、他の兵士たちにも聞こえる大声で言った。

陣営を守れ。懸命に防戦せよ。重大な事態になるかもしれぬから。私は他の門を見回り、陣営の守備隊を激励する。

[6]ポンペイウスはこう言ったあと、司令官幕舎に駆け込んだ。目的を果たす自信は失っていたが、それでも、結果が出るのを待っていた。

九五 [1]カエサルは、ポンペイウス軍を敗走させ、防壁の中へ追い込んだいま、恐慌状態の敵に少しの余裕も与えてはならないと考え、兵士らを激励した。「運が恵んだ機会に乗じて陣営を攻略せよ」。[2]兵士らは厳しい暑さで疲弊していた。すでに戦闘が真昼まで続いていたのである(169)。それでも、彼らはどのような労苦にも立ち向かう覚悟で命令に従った。[3]敵陣営では、守備のために残された大隊兵によって精一杯の防衛がなされていたが、ローマ兵よりトラーキア人や蛮族の補助軍のほうがずっと鋭い気合で防戦している状態だった。[4]というのも、戦列から逃げ戻ってきた兵士らは恐怖で気力を失い、疲労で体力も尽き果て、ほとんどが武器と軍旗を投げ捨てていた。陣営の防衛より、このあとどう逃げるかを考えていたのである。[5]防壁上に踏み止まっていた兵士らも、もはやこれ以上はおびただしい数の矢玉を支えられなくなった。負傷して戦う力を失い、持ち場を放棄すると、そのまま全員が百人隊長や軍団士官の先導で、陣営に接するもっとも高い丘の上へ逃げ込んだ。

九六 [1]ポンペイウスの陣営内を覗くことができた。東屋《あずまや》が建てられ、大量の銀器が並び、幕舎には刈りたての芝が敷きつめられていた。また、ルーキウス・レントゥルスや他の数人の幕舎には蔦を這わせてあった。これ以外にも数多く、過度な贅沢や勝利についての過信を窺わせるものがあったので、彼らがその日の結果についてまったく心配していなかったことが推察できた。だから、不必要な快楽を追い求めていたのである。[2]ところが、そういう彼らがカエサル軍に贅沢という非難を浴びせていた。実際は、カエサル軍は極度の困窮に誰よりも辛抱強く耐えていた。いつでも、あらゆる面で必要物資が不足していたからである。[3]ポンペイウスは、いまや防壁の中へわが軍が入り込んだので、馬を見つけるや、将軍の徽章(170)を脱ぎ捨て、裏門から陣営の外へ脱出し、そのまま馬を飛ばしてラーリーサへ急いだ。[4]その地でも足を止めることなく、速度を落とさぬまま、逃走中の味方数人(171)と合流しながら夜間

(169) 当時の暦で八月九日(ユーリウス暦で六月七日)。初夏でもギリシア内陸部は厳しい暑さになる。

(170) 将軍が身に着ける緋色の外套の他、兜や盾にも特別の意匠が凝らされていたと推測される。

(171) プルータルコス『対比列伝』「ポンペイウス」七三・六には、この中にファウォーニウス、レントゥルス・スピンテール、レントゥルス・クルースがいた、という。

も休まずに進んだ。騎兵三〇騎にともなわれて海辺へ着くと、穀物運搬船に乗り込んだが、このとき、聞くところでは、しきりにこう泣き言を漏らしていたという。「まったく目論見違いだった。あの連中(172)によって勝利を得られると踏んだのに、それが最初に逃げ出した。ほとんど裏切りに遭ったようなものだ」。

九七 [1]カエサルは敵陣営を掌握すると、兵士たちに求めた。「戦利品に心を奪われて、まだ残っている任務遂行の機会を逸するな」。[2]これに賛同が得られると、カエサルは丘を包囲する工事に着手した。ポンペイウス軍は、丘に水源がなかったため、この場所では危ないと考え、丘を放棄して一斉に尾根づたいにラーリーサの方向へ退却し始めた。[3]これに気づいたカエサルは軍勢を分けた。軍団兵の一部はポンペイウスの陣営に留まるように命じ、一部は味方陣営に送り返すと、四個軍団をみずから率い、比較的進みやすい経路でポンペイウス軍との合戦に向かった。そして、四マイル進んだところで戦列を布いた。[4]ポンペイウス軍はこれに気づいたとき、とある丘の上に停止したが、その麓には川が流れていた。カエサルは兵士らを激励した。兵士らは丸一日続いた苦闘で疲れ果て、夜も迫ってきていたが、それでもカエサルは封鎖線工事を行なって川と丘を分断した。ポンペイウス軍が夜間に水を汲むことができないようにしたのである。[5]この工事が完了すると、ポンペイウス軍は使節を寄越し、降伏に関する交渉を始めた。元老院階級に属する者若干名がその中に加わっていたが、夜のあいだに逃走して助かろうとした。

九八 カエサル[1]は夜明けとともに、丘の上に陣取った全員に対し、高所から平地へ下り、武器を棄てるよう命じた。彼ら[2]はそのとおりにし、抵抗はなかった。掌を上にして両手を差し伸べ、地面にひれ伏して涙ながらにカエサルに命乞いした。カエサルは彼らを慰撫して立ち上がるように命じた。自分が寛容であることを手短に話して聞かせ、恐怖心を和らげてから、全員の命を助けた。身柄を配下の兵士らに預け、誰一人暴行される者がないように、何一つ失われる持ち物がないようにせよ、と言いつけた。このように[3]抜かりなく配慮したのち、カエサルは別の数個軍団に対し、陣営から自分のもとへ駆けつけるように、その一方、自分が率いてきた軍団には、交代して休むため陣営へ戻るように命じた。そして、その日のうちにラーリーサへ到着した。

九九 この戦闘中に[1]命を落とした兵士は二〇〇名足らずだったが(173)、勇猛な百人隊長約三〇名をカエサルは失った。先に[2]言及したクラースティヌスも勇猛無比に戦って討ち取られた。剣を正面から顔に受けたのだった。彼が[3]戦いへ向かうとき言ったことに偽りはなかった。実際、カエサルは、この戦闘でクラースティヌスこそもっとも傑出した武勇の士であったと評価し、彼の功績がもっとも優れていた

---

(172) 騎兵のこと。

(173) アッピアーノス『内乱史』二・八二には、一二〇〇名とする記録も言及されており、こちらのほうが実際の状況を反映する数字と推測されている。

と判断した(174)。[4]ポンペイウス軍のうち約一万五〇〇〇名が戦死し(175)、投降者は二万四〇〇〇名を超えた。砦の守備に当たっていた大隊兵もスッラに投降したからである。これ以外に、多数が近隣の町へ逃げた。戦闘後にカエサルのもとへ届けられた軍旗は一八〇本で、鷲旗が八本あった。[5]ルーキウス・ドミティウスは陣営から丘の上へ逃れたが、疲労から体力が尽きたとき、騎兵によって討ち取られた(176)。

一〇〇 [1]同じ頃、デキムス・ラエリウスが艦隊を率いてブルンディシウムに到着した。リボーについて前述した(177)のと同じ作戦を取り、ブルンディシウム港に向かい合う島を占拠した。[2]同様に、ブルンディシウムで指揮を執っていたウァティーニウスも、甲板を装備し、艤装した艦載小艇でラエリウスの艦船をおびき出すと、そのうち深追いしすぎた五段櫂船一隻、および、それより小型の艦船二隻を港の狭い入り口で捕獲した。また、騎兵を配置して艦隊乗組員の水補給を阻止しようとした。[3]しかし、リボーのときより航海しやすい季節であったため、ラエリウスは輸送船を使い、コルキューラとデュッラキオンから水を補給し、作戦を断念しなかった。テッサリアで行なわれた戦闘が知らされるまで、船を奪われたという汚名を蒙っても、必要物資が窮迫しても、彼は港と島から駆逐されえなかった。

一〇一 [1]ほぼ同じ頃、カッシウスがシュリア、フェニキア、キリキアの艦船からなる艦隊を率いてシキリアに着いた。カエサル軍の艦隊は二手に分かれ、半分は法務官プブリウス・スルピキウスが指揮してウィボー沖に、半分はマルクス・ポンポーニウスが指揮してメッサーナ沖にいた。カッシウスは船足速くメッサーナに着いたので、ポンポーニウスは彼の到来を察知できなかった。[2]カッシウスは、ポンポーニウスが混乱して警備もおかず、隊形も整えていないところを襲った。強い追い風のもと、松明、瀝青、麻屑その他の可燃物を詰め込んだ輸送船をポンポーニウスの艦隊めがけて発進させ、三五隻の艦船すべてを焼き払った。このうち、二〇隻は甲板装備の艦船であった。[3]この事態から生じた恐怖は尋常ではなかったので、一個軍団がメッサーナを守っていたが、町の防衛は困難となった。そして、もしちょうどこのとき、カエサル勝利の知らせが伝馬を乗り継いで届けられなかったら、大方の見るところ、町は奪取されていたであろう。[4]しかし、これ以上はない時のめぐりあわせで知らせが届き、町は防衛された。カッシウスはそこからスルピキウスの艦隊がいるウィボーへ進発した。わが軍の艦船が同様の懸念から陸に係留してあったのに対し、以前と同じ戦術でカッシウスは、追い風が吹くや、焼き討ちの準備を施した約四〇隻の輸送船を発進させてきた。(178) 両端から燃え上がった炎によって五隻の艦船が焼け落ちた。[5]風の勢いが火の手をさらに広げようとしたとき、以前に属していた軍

(174) アッピアーノス『内乱史』二・八二には、特別に墓碑を立ててクラースティヌスを称えたことが記される。

(175) アッピアーノス『内乱史』二・八二、プルータルコス『対比列伝』「カエサル」四六・二は、アシニウス・ポッリオー(カエサルの腹心。前四〇年の執政官)の証言として、犠牲者の多くが陣営奪取の際に殺された奴隷で、戦死した兵士は六〇〇〇名足らずという数字を挙げている。

(176) ドミティウス・アヘーノバルブスを討ち取ったのは、キケロー(『ピリッピカ』二・七一)によれば、マルクス・アントーニウスだったという。

(177) 第二三章。

団を外れ、傷病のために艦船の守備に残されていた兵士らが汚名に耐えられず、みずから進んで艦船に乗り込み、係留を解くと、カッシウスの艦隊へ攻撃を仕掛けた。[6]二隻の五段櫂船を捕獲し、その一方にはカッシウスが乗船していたが、カッシウスは艦載小艇に乗り移って逃げ延びた。加えて、二隻の三段櫂船が撃沈された。[7]まもなく、テッサリアで行なわれた戦闘の情報が伝わり、ポンペイウス軍もこれを信じた。というのも、そのときまで彼らはカエサルの副司令官や友人らによる作り話だと考えていたのであった。戦闘の結果を知ると、カッシウスは艦隊を率いてこの地から去った。

一〇二　[1]カエサルはすべてを後回しにしてポンペイウスを追撃すべきだと考えた。どこであれ、彼が逃げ込んだ先で、また別の軍勢を整えて戦争を再開することを許してはならなかった。そこで、みずからは騎兵が可能なかぎりの進度で毎日前進し、一個軍団にそれより緩い進度であとからついてくるように命じた。[2]アンピポリスにおいてポンペイウスの名で布告が出されていた。属州内の若者は誰であれ、ギリシア人でもローマ市民でも、兵役の宣誓をするために参集せよ、というものであった。[3]しかし、布告の目的が疑念に対する目くらましなのか、つまり、さらに遠くへ逃げる計画をできるだけ長いあいだ隠しておくためであったのか、それとも、新たな徴兵によって――誰も留め立てしなければ――マケドニアを占領する企てにあったのか、判断できなかった。[4]ポンペイウス自身は一晩だけアンピポリス沖に碇泊した。客分関係の人々を呼びつけ、必要な出費に当てる資金をかき集めたのち、カエサルの到着を知ると、そこを離れ、数日後にミュティレーナイに着いた。(179)[5]悪天候のために二日間足止めされたのち、別の快速船を加えてキリキアへ、さらにそこからキュプロスへ到着した。[6]その地でポンペイウスは次のことを知った。すなわち、アンティオキアの市民と、そこへ商売に来ているローマ市民が全員一致して自分を閉め出すために武器を執ったこと、近隣の町々へ逃げ込んだと言われている人々のところへ使者を送り、「アンティオキアに近寄ってはならない。近寄った場合には著しい命の危険に曝されよう」と伝えたことである(180)。[7]前年の執政官であるルーキウス・レントゥルスにも、また、執政官経験者であるプブリウス・レントゥルスや他の何人かの者にも同様のことがロドス島で起きた。彼らはポンペイウスのあとを追って逃走中にロドス島へやって来たが、町にも港にも入れなかった。ここから立ち去れ、と伝える使者が彼らのもとへ寄越されたので、不本意ながら船を出した。[8]すでにカエサル到来の噂が町々に届いていた。

一〇三 [1]こうした状況を知って、ポンペイウスはシュリアに向かう考えを棄てた。資金を徴税請負人

---

(178) 写本の読みにほぼ従って訳出したが、文全体にわたってテキストが不確か。「同様の懸念から」を削除する、「以前と同じ戦術で」までを「わが軍」を主語とした文として区切って読む、「約四〇隻の」を「わが軍の艦船」を修飾する位置に移動する、といった修正提案がある。

(179) このときミュティレーナイにはポンペイウスの妻コルネーリアがいた。プルータルコス『対比列伝』「ポンペイウス」七四以下は、非情な運命に対する夫婦の嘆きを伝えている。

(180) アンティオキアはシュリアでもっとも重要な城市の一つであり、その決定は周囲に大きな影響を及ぼす。加えて、シュリアはポンペイウスの力で属州となった(前六四年)ので、彼への忠誠が固い地域のはずであっただけに、衝撃は大きい。

組合から収用するとともに数人の私人からも借用し、兵士への給金とするため大量の銅銭を船に積み込んだ。二〇〇〇人を武装させたが、一部は徴税請負人組合の奴隷から選抜し、一部は事業者たちに強要して集めた。事業者たちはそれぞれ手持ちの奴隷から適格と判断した者を差し出した。そして、ポンペイウスはペールーシオンに着いた。[2]その地にたまたまプトレマイオス王[181]がいた。年齢のうえでは少年だが、大軍を率いて姉のクレオパトラと戦争をしていた。数カ月前に近親者と友人の力を借りて姉を王国から追放していたが、いま、彼の陣営とクレオパトラの陣営はそれほど離れていなかった。[3]彼にポンペイウスは使いを送った。「父上との賓客関係および友情[182]を顧慮して、私をアレクサンドリアに迎え入れてくれ。王の権勢で災厄のどん底にある私を庇ってほしい」。[4]ところが、ポンペイウスが遣わした者たちは使いの用向きを終えると、王の兵士らと露骨なもの言いで話を始めた。「諸君はポンペイウスへの務めを果たせ。彼の武運を見くびるな」と言って聞かせたのである。[5]ここには相当数のポンペイウスの兵士がいた。ガビーニウスがシュリアでポンペイウスの軍隊から移管を受け、アレクサンドリアへ移送した兵士らで、戦争[183]終了後も少年王の父プトレマイオスのもとに残っていたのである。

一〇四　[1]このことを知った王の友人たちは――王が年少であるため王国の運営に当たっていたが――、あとで彼らが広言したように、ポンペイウスが王の軍隊を唆し、アレクサンドリアとエジプトを占領しまいかと恐怖心に駆られた。あるいは、ポンペイウスの武運を見くびったのかもしれない。災厄が起きた場合、友人が敵に変わることはよくあることだからである。彼らはポンペイウスが寄越した者たちに表向きは丁重な返事をした。ポンペイウスが王のもとを訪ねるように、と言ったのである。[2] しかし、裏で計画が立てられた。彼らは、アキッラースという国王軍司令長官でまれに見る命知らずの男と、軍団士官ルーキウス・セプティミウスとをポンペイウス暗殺のために送り出した。[3] ポンペイウスはこの者たちから丁重な挨拶を受けた。セプティミウスとは面識もあった。彼は対海賊戦(184)においてポンペイウスのもとで百人隊長を務めていたからである。彼らの小舟にポンペイウスが少数の部下とともに乗り込んだとき、彼はアキッラースとセプティミウスによって殺害された(185)。ルーキウス・レントゥルスも王によって捕らえられ、監獄で殺された。

---

(181) プトレマイオス一三世。前六一年生まれで、前五一年に父王プトレマイオス・アウレーテース(一二世)が死んだあと王位を継いだ。姉クレオパトラは八歳か九歳年上。このときの戦争は当人どうしの直接的なものではなく、次章で「王の友人たち」と言われる、まわりの後見役の党派的対立による。クレオパトラはいったんシュリアに逃れたあと陸路でエジプトへ戻っていた。

(182) プトレマイオス一二世は、前五八年に家臣によって廃位されたあと、ローマに赴き、ポンペイウスの客人となった。ポンペイウスはシュリア総督ガビーニウスに指示して、王を復位させた。

(183) プトレマイオス一二世を復位させるための戦争。

(184) 前六七―六六年。

(185) カエサルが数行で済ませたポンペイウス殺害の次第についてプルータルコスは二章を費やして詳述し(『対比列伝』「ポンペイウス」七八―七九)、第三の刺客としてサルウィウスという百人隊長の名前を挙げている。殺害の日付はポンペイウスの誕生日の前日、九月二八日(ウェッレイウス・パテルクルス『ローマ世界の歴史』二・五三・三、ディオーン『ローマ史』四二・五・五)。

一〇五　[1]カエサルはアシアに着いたとき、ティトゥス・アンピウスの企てを知った。彼はエペソスのディアーナ神殿から資金を持ち出そうとして、そのために在属州の元老院議員全員を呼び出し、資金の総額に関する証人にしようとしたが、カエサルの到来に邪魔されて逃げ延びた、というのである。[2]こうして二度にわたり、エペソスの資金にカエサルは救いをもたらした(186)。[3]同様に、次のことも確かである。すなわち、エーリスにあるミネルウァ神殿において、日数を遡って数えてみるとカエサルが戦闘で勝利を収めた日に、勝利女神の像が、以前には位置もミネルウァ女神の前にあって、向きもミネルウァ女神の像に正対していたのに、神殿の観音開きの両扉と敷居のほうへ向きを変えたという。[4]同じ日、シュリアのアンティオキアでは、軍隊の喊声と号令のラッパの音が二度にわたって非常に大きく響いたので、市民が武装して城壁の各所へ駆け上がったほどだった。これと同じことはプトロマーイス(187)でも起きた。[5]ペルガモンでは、神殿内の神官以外は立ち入りが禁止されている奥まった秘密の場所――これをギリシア人はアデュタ(188)と呼ぶ――において、太鼓が鳴った。[6]同様に、トラッレイスでは、勝利女神の神殿へカエサルが以前に神像を奉献していたが、ちょうどこの頃、一本の棕櫚《しゅろ》(189)の木が石畳の継ぎ目のあいだから現われているのが見つけられた。

一〇六　[1]カエサルは数日間アシアに留まったのち、ポンペイウスの姿がキュプロスで見られたと聞き、目的地はエジプトであると推測した。王室と親密な関係がある他(190)、かの地ではなにかと便宜が得られるからである。そこで、テッサリアから自分についてくるよう命じてあった一個軍団、アカイアから副司令官クイントゥス・フフィウスに命じて呼び寄せた一個軍団、騎兵八〇〇騎、ロドスの軍船一〇隻、アシアの軍船数隻を率い、アレクサンドリアへ到着した。[2]軍団兵は三二〇〇名であった。残りは戦闘での負傷、苦役、長距離の旅程のために体力を使い果たし、ついてこられなかった。[3]しかし、カエサルは戦果に関する評判の広まりに自信があったので、軍勢が非力でも、進発を躊躇しなかった。どこも等しく安全であるという判断があった。[4]カエサルはアレクサンドリア(191)でポンペイウスの死を知った。その地で船から上陸するやいなや、兵士らの叫び声を聞いた。王が町の守備のために残していた兵士らで、彼らが自分に向かって殺到してくるのをカエサルは見た。儀鉞を先頭に立てるのは王の尊厳を傷つけるものだ、と大勢の者がみなで言い立てていた。[5]この騒ぎは収まったものの、連続して数日間、何度も大勢が殺到してきて騒乱状態となり、相当数の兵士が町の路上のいたるところで殺さ

(186) 最初の機会はスキーピオーの企てを阻止したとき(前出三三・一―二)。なお、次の文が「同様に」で始まり、エペソスの神殿についても異兆に関する言及があったのを想定させることから、ここにテキストの欠落が疑われている。

(187) 同名の城市はいくつかあるが、カエサルは特定していない。フェニキア、キューレーネー、パンピューリア沿岸の城市が考えられ、いずれもポンペイウスの支配地域にあった。

(188) 「立ち入り厳禁の聖域」の意。

(189) 棕櫚の木は勝利の象徴。

(190) 前出一〇三・三、注(182)参照。

(191) アレクサンドリアはナイル川三角洲西端に位置し、エジプトの首都であり、最大の港を有するが、このとき、エジプト王の軍勢は三角洲東側のペールーシオン(一〇三・一)に移動していた。このため、カエサルは上陸を阻まれなかった。

れた。

一〇七　[1]これを見たカエサルは、アシアからさらに、ポンペイウス軍の兵士から編成してあった数個軍団を呼び寄せる命令を出した。実際、カエサルはエテーシアイ風(192)のために足止めを強いられていた。これはアレクサンドリアを出航する船にもっとも障害となる風である。[2]その一方、王室内の対立はローマ国民、ひいては、執政官である自分自身に関わりがあるうえに、自分が一役買うにふさわしい案件だと考えた。なぜなら、先の執政官任期中に法律と元老院決議にもとづいて父王プトレマイオスとのあいだに同盟関係が結ばれた(193)からである。そこでカエサルは勧告案を提示した。「プトレマイオスと姉クレオパトラは保有する軍隊を解散し、対立について互いの武力で決着をつけるのではなく、私に法的裁定を任せてほしい」。

一〇八　[1]王が年少であるため、王国の運営に当たっていたのは王の養育係で宦官のポテイノスであった。この者がまず、王が弁明のために呼び出されることに不満や憤慨を身内のあいだで示した。[2]次いで、自分の計画の援助者を王の友人たちの中から数人見つけ出すと、ペールーシオンから軍隊を密かにアレクサンドリアへ呼び寄せ、上述のアキッラースに全軍勢の指揮を任せた。[3]ポテイノスは自分も約束するし、王も約束しているからと言ってアキッラースを唆し、その気にさせたうえで、自分の意図を書面と伝言で指示した。[4]父王プトレマイオスの遺言に相続人として記載されていたのは、二人の息子のうちの年長者、および、二人の〈娘の〉うち年齢が上の者である(194)。このとおりになるように[5]、あらゆる神々、また、ローマで結んだ盟約にかけて誓いながら、先王プトレマイオスはローマ国民をこの遺言の証人としていた。遺言書の一通は王の使者によりローマへ届けられ、国庫に保管されることになっていた[6]。しかし、国難のために保管ができなかったため、ポンペイウスのもとに預けられた。それと同じ内容を写したもう一通は証人が署名してアレクサンドリアに残されていた。それがいま取り出されたのである。

一〇九 この問題の審議[1]がカエサルの前で行なわれた。カエサルが第一に望んだのは、双方に共通の友として、また裁定者として王室内の対立を調停することであった。ところが、突如、王の軍隊と全騎兵がアレクサンドリアへ向かってきているという知らせが入った。カエサルの兵力は決して十分で

(192) 夏期に吹く北寄りの強風。
(193) ローマでは、通常の外務は元老院の管轄であったが、戦争の可能性がある場合など重要な事案については関連する法律を民会で通過させる必要があった。前五九年、この手続きによってプトレマイオス・アウレーテース王に「ローマ国民の盟友」という称号が贈られた。このとき王は国内で不安定な状況にあり(実際、前五八年に廃位される。注(182)参照)、ローマから地位保全のための支持を取りつけようとした。
(194) 二人の息子とは、現王であるプトレマイオス一三世と、二歳年下でこのあとすぐ王位に就くプトレマイオス一四世。娘については、ベレニーケー、クレオパトラ、アルシノエーという三人がいたが、ベレニーケーは前五八—五五年に統治したあと、復位した父王によって殺されていた。

はなく、城市外での戦闘になった場合には信頼を置けなかった。残された策は、そのまま城市内に留まり、アキッラースの目論見を把握することであった。[3]それでも、兵士には全員が武装するように命じ、王にはこう求めた。「あなたの側近のうちでもっとも影響力のある者たちを使節としてアキッラースのもとへ差し向けよ。あなたの意向を教えてやるのだ」。[4]王はディオスコリデースとセラーピオーンを遣わした。この二人はともにローマへも派遣されたことがあり、父王プトレマイオスのもとでは大きな影響力を有していた。[5]彼らがアキッラースの面前に出ると、アキッラースは聞く耳をもたなかった。派遣の用向きを知ろうともせず、すぐさま取り押さえて殺せ、と命じた。(195)二人の一方は傷を受けたとき体を部下が確保し、死んだものとして運び去った。もう一方は殺された。[6]このあと、カエサルは王を自分の権限下に置くこととした。王の名前が臣民に大きな影響力を有すると考えたからである。また、王ではなく、少数の悪党による勝手な企みから戦争が始まったと思われるように仕向けた。

一一〇　[1]アキッラースが率いる軍勢は、数の点でも、陣容の点でも、軍事経験の点でも侮ることができないと思われた。[2]実際、二万名の武装兵を擁し、この中にはまず、ガビーニウスの兵士らがいた。彼らはいまやアレクサンドリアの勝手気ままな暮らしに慣れきって、ローマ国民の名と規律を忘れ去っていた。この地で妻を娶り、ほとんどの者が子供をもうけていた。[3]これに加えて、海賊や山賊であった者たちが属州シュリアおよびキリキアや近隣諸地域から集められていた。さらに、死刑囚や流刑囚が多数集まっていた。[4]われわれのところから逃亡した奴隷もみなアレクサンドリアに来れば確実に匿ってもらえるし、命が保証された。そのための条件は、名前を言って兵士として登録することだけであった。そうした奴隷の誰かが主人に捕まった場合、兵士たちが結束して救い出した。彼らは、自分たちが同様の罪に手を染めていたので、仲間を脅かす力の行使をみずからに対する危険であると見なして防衛した。[5]いまこちらで王の友人らに対する処刑要求があるかと思うと、あちらでは富裕者の財産略奪があり、給与増額のために王宮を占拠する一方で、王国からある人々を追放して別の人々を呼び戻すといった類いのことは、昔からアレクサンドリアの軍隊では習慣的に繰り返されていた。[6]この他に騎兵二〇〇〇騎がいた。以上の兵員のすべてがアレクサンドリアで戦争経験を重ねていた。父王プトレマイオスを王位に復権させ、ビブルスの二人の息子を殺害し(196)、エジプト人と戦争したことがあった。こうして軍事経験を積んでいたのである。

一一 [1]アキッラースはこれらの兵力に自信を持ち、兵員が少ないカエサル軍を見下してアレクサンドリアをほぼ占領した。残るはカエサルが兵士らとともに占拠していた地区だけであった。アキッラ

(195) ディオーン『ローマ史』四二・三七・一—二には、アキッラースは使節から、平和を維持せよ、という指示を聞いたが、それが王ではなく、カエサルの意図に発すると察したので、兵士らにカエサルとクレオパトラに対する怒りを煽り、使節を襲わせた、と記される。

(196) 前五一年、シュリア総督ビブルスが二人の息子をアレクサンドリアに(援軍を求めるため?)派遣したところ、アレクサンドリア軍に殺された。

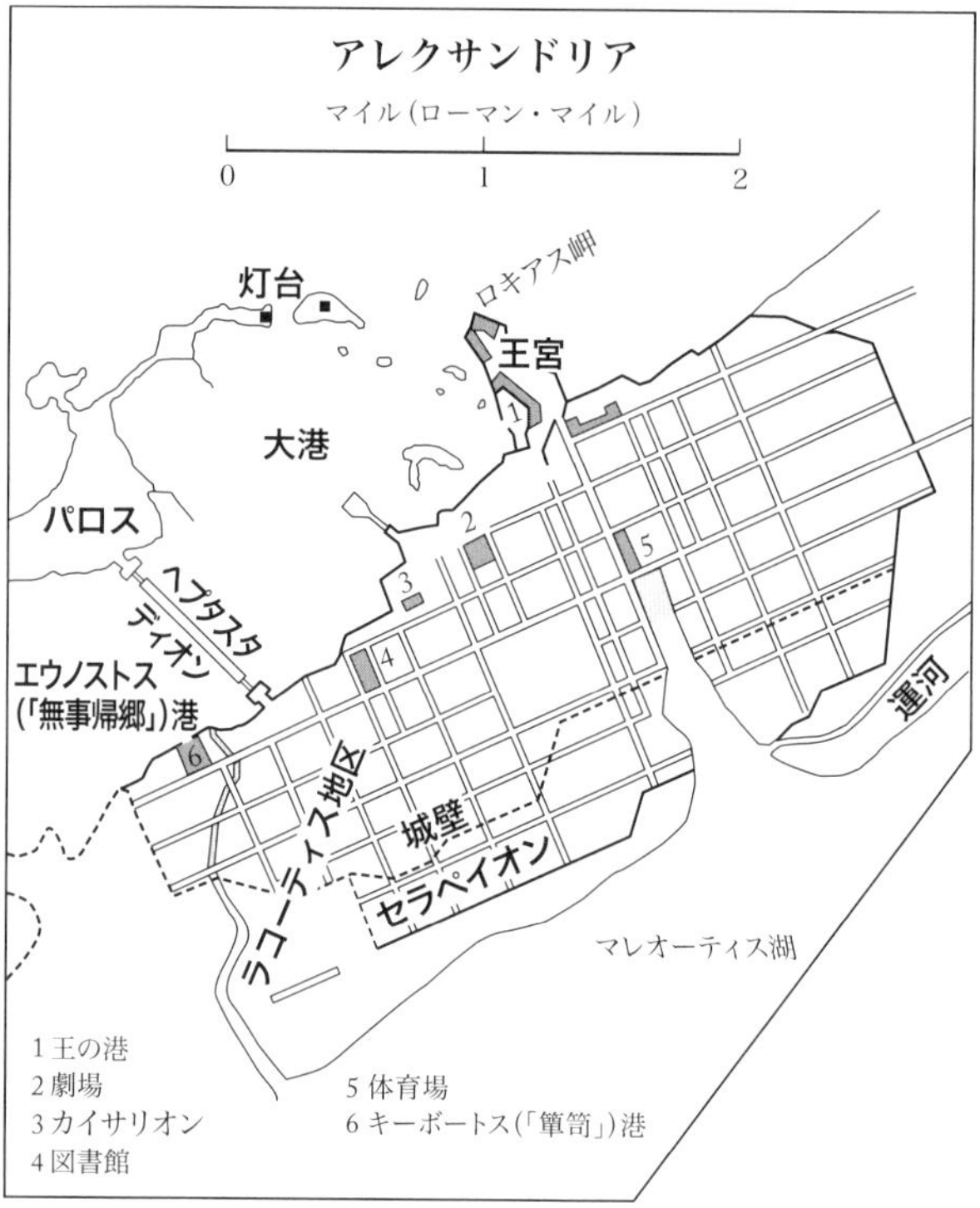
アレクサンドリア
マイル(ローマン・マイル)
0
1
2
灯台
ロキアス岬
王宮
大港
パロス
ヘプタスタディオン
エウノストス
(「無事帰郷」)港
ラコーティス地区
城壁
セラペイオン
マレオーティス湖
運河
1 王の港
2 劇場
3 カイサリオン
4 図書館
5 体育場
6 キーボートス(「箪笥」)港

ースは最初の攻撃でカエサルの拠点への突入を試みたが、カエサルは道路に大隊兵を配置して攻撃を持ちこたえた。[2]時を同じくして港でも戦闘が起き、これによって戦いは激烈さをきわめることとなった。[3]実際、兵士がいくつもの街路に分散して戦いが行なわれると同時に、敵は大部隊で軍船を乗っ取ろうと企てていた。軍船は五〇隻がポンペイウスのもとへ派遣されたが、テッサリアでの戦闘終了後に帰還していた。全船が四段櫂船か五段櫂船で、すべての艤装を済ませて航海の用意ができていた。この他に二二隻がアレクサンドリア守備のためにつねに残されることとなっており、これらはすべて甲板を装備していた。[4]これら艦船が仮に敵の手に落ちたとすれば、敵はカエサルの艦隊を奪ったうえで、港と海を完全に支配下に置き、カエサルを物資補給や援軍から孤立させることになろう。[5]かくして、戦意と戦意の激しい衝突は必然であった。一方は迅速な勝利が、他方は自身の助かる道がそこに開けることを見ていたからである。[6]しかし、カエサルの方が勝機を掴んだ。それら艦船のすべてに加えて、船渠にあった艦船を焼き払った。(197)それだけ広い範囲を少ない兵力で守ることは不可能だったからである。そして、すぐさま船でパロスへ向かい、兵士らを上陸させた。

一一二 [1]パロスは一つの島に立つ塔である。見上げるほどの高さがあり、驚異の建築物である。(198)パロ

(197) このときの火災でアレクサンドリア図書館の蔵書数十万巻が焼失したと言われている。

(198) 世界七不思議の一つとされるパロスの灯台。

スという名前は島の名からとられた。[2] この島はアレクサンドリアと向かい合って港をなしている。しかし先代の王たちによって八〇〇パッススの長さの堤(199)が海を横切って築かれ、狭い連絡路と橋がパロスと町を結んでいる。[3] この島にはエジプト人の住居があり、その居住区は一つの町ほども大きい。住民たちは、船が不注意や悪天候が原因で少しでも本来の針路から逸れた場合には、海賊のように略奪することを習慣としている。[4] また、パロスを占拠する人々が認めなければ、航路が狭いために船が港に入ることは不可能だった。[5] その点がこのときカエサルには心配であったため、敵が戦闘に気を取られている隙に、パロス(200)に兵士を上陸させて奪取し、そこに守備隊を配置した。[6] このことによって、カエサルのもとへ船による穀物補給や援軍増派が安全にできるようになった。実際、カエサルは近隣属州のすべてへ使いを送り、それぞれから援軍を呼び寄せた。[7] 町の他の地区での戦闘は互角のまま休止し、双方いずれも撃退されずに終わる結果となった。これは場所が狭隘であったためである。両軍とも戦死者は少数であった。カエサルは最重要地点を掌握すると、夜のうちに防御線を築いた。[8] この区画の中には、一方で、王宮のごく一部が含まれていた。そこはカエサル自身が当初、滞在場所として入ったところだった。また、居住区と繋がった劇場が含まれていたが、それは城塞の役割を果たすとともに、そこから港と王の船渠へ行くことができた。[9] そのあとの数日、カエサルはこの防御線を増強した。城壁代わりに築き上げ、望まない戦闘に引きずり込まれないようにした。[10] そのあいだに、プトレマイオス王の年下の娘(201)が空位の王座に就くことを狙って王宮を脱出し、アキッラース側へ走ると、結託して戦争を指揮し始めた。[11] しかし、すぐに二人はどちらが上に立つかをめぐって対立した。その結果、兵士らへのばらまきが増えた。どちらも兵士の気持ちを摑もうと、たいへんな散財をしたからである。敵方がこうした状況である一方、ポテイノスは、[少年の養育係で王国の運営にあたり、カエサル側にいた人物だが、(202)]アキッラースに使いを送り、任務を続行せよ、挫けるな、と激励していた。しかし、通報によって密使が捕まったことから、彼はカエサルによって処刑された。[これがアレクサンドリア戦争の始まりであった(203)]。

(199) この長さ(八〇〇パッスス＝七スタディオン＝約一二〇〇メートル)に由来してヘプタスタディオンと呼ばれる構造物。ストラボーン『地誌』一七・一・六参照。

(200) 『アレクサンドリア戦記』一七からは、島全体ではなく、灯台のみを占拠したと考えられる。

(201) アルシノエー(注(194)参照)。

(202) 一〇八・一での記述との重複もあり、竄入として削除する提案に従う。

(203) この一文は後世の校訂者によって書き加えられたと考えられている。

訳者解説

一　内乱

カエサルは前五九年に執政官を務めたあと、翌年からガリア遠征を開始した。前五〇年まで続けられた遠征の記録は『ガリア戦記』として、前五二年までがカエサル自身によって、前五一—五〇年についてては彼の副司令官であったヒルティウスによって記された。『内乱記』はおおよそ、この遠征後の前四九年年初の内乱勃発から前四八年九月の宿敵ポンペイウスの死までを記している。まず、内乱にいたる経過と戦争の展開を概観してみる。

三頭政治体制とガリア遠征

カエサルは前六〇年、ポンペイウスおよびクラッススとの、いわゆる三頭政治体制を組むことで執政官選挙当選を果たし、任期後の赴任属州としてガリア遠征の足場となる内外ガリアおよびイッリュリクムの統治権を確保した。この属州赴任にはカエサルにとって二つの側面があった。第一は、遠征による軍事的栄光と属州から見込まれる利得を目指した面である。この点で、ガリアは他と比べてきわめて有望であり、ポンペイウスが地中海の海賊討伐やポントス王ミトリダーテースに対する勝利を通じて築いた以上の勢力伸張を望めた。第二は、執政官任期中のカエサルの施策を違法として訴追しようとする政敵に対して身を護るために属州総督の権限である命令権を帯びることであった。第一の側面では、遠征当初に三個軍団であったカエサル軍の兵力は前五〇年には一一個軍団にまで強大化していた。しかも、兵士の誰もがカエサルのためには命を惜しまない忠誠ぶりだともっぱら噂されていた。この軍事力のもと、莫大な戦利品はもとより、ガリアの広大な沃野が富をもたらすべく支配下に収められていた。カエサルの成功はローマにいる彼の政敵に嫉妬心と警戒心を著しく増大させた。このことはまた第二の側面と連動する。

当時のローマ政界は、ポンペイウス、カエサルのように「第一人者(princeps)」たるべき一人の強力な指導者への指向がある一方で、前八二—八一年の独裁官スッラによる強権・恐怖政治の記憶はまだ生々しく、独裁者を嫌い、元老院の権威のもと先祖伝来のしきたりに従って国政運営を図ろうとする閥族派(optimates)と呼ばれる人々も一定の勢力を保っていた。閥族派には、小カトーのように共和政をほとんど教条的に信奉する強硬な人物もあれば、キケローのように共和政をすぐれた国政として信じながら現実の必要性を考慮する穏健な立場の人もあったが(このような人々は少なくとも節操がある点で元老院議員の異称「良識ある人々(boni)」とも呼ばれえた)、大多数は政治的信条に従って行動するというより、派閥原理で動いていた。主に由緒ある貴族出身の少数派閥領袖(ここから、閥族派は寡頭派(pauci)とも呼ばれる)の下で猟官を行ない、利権を得ようとした。閥族派はカエサルを敵視した。そこには、小カトーのように「信念」による場合もある一方、ビブルスのように私怨に駆られた場合(三・一六・三参照。以下、本書からの出典個所は巻・章・節の数字のみで示す)もあった。また、多くが派閥原理の気まぐれを追い風に、揚げ足取りの標的を探していた。こうしたことから、カエサルは命令権を保持していなければ、つねに訴追を受ける危険があった。

命令権を保持する方法は二つ、執政官に就任するか属州総督となるかである。執政官選挙に立候補するには前回就任時から一〇年の間隔を置いていなければならなかった。そこでカエサルは当初五年であった総督任期のさらに五年延長を画策した。それを実現させたのが前五六年における三頭政治体制更新である。ポンペイウスとクラッススは前五五年の執政官となり、それぞれヒスパーニアとシュリアを赴任属州として確保する一方、カエサルの任期延長法案(ポンペイウス・リキニウス法)を通過させた。そこにはカエサルの後任総督に関する元老院での審議を前五〇年三月まで行なわないことが定められていたと考えられる。当時、属州総督の任期は基本的に不定で、総督の交代が元老院で決まり、職務の引き継ぎが行なわれた時点で任期満了となった。そして、総督の交代決定から職務引き継ぎまでは約二年間を要した。というのは、総督交代が決まった属州はその年の選挙に当選した執政官もしくは法務官に割り当てられ、これら執政官ないし法務官が当該属州に赴任するのは一年の任期を務めた次の年の三月頃になるからである。そこで、カエサルに後任総督が送られることが前五〇年三月に決定されたとすると、同年の選挙に当選した人物が前四九年に任期を務めたあとに交代する運びとなるので、カエサルは前四八年三月頃まで総督職に留まれることになる。こうしてカエサルは執政官就任資格を得るまでの一〇年間の総督職を確保した一方で、執政官選挙に立候補するにはなお障害があった。立候補者はローマに戻り、命令権を手放さなければならない、という定めだったからである。これに対してカエサルは、前五二年三月に——カトーらの強硬な抵抗を受けながらも——通過した法案により不在のまま立候補することを認められた(一・九・二、一・三二・三)。こうして政敵による訴追から身を護る手だては尽くされたように見えた。

三頭政治体制は一方で、このようにカエサルの勢力増大と地位保全のために機能した。他方、それはまた同時に、それ以前には良好であったポンペイウスと閥族派のあいだにも一定の溝を生じさせた。しかし、ポンペイウスは基本的にカエサルより閥族派と息が合う性格であった。彼は自分と肩を並べる者、ましてや、自分を追い越す者の存在を嫌悪した(一・四・四)。自分を見上げて、へつらう人々が好ましかったのである。三頭政治体制が長く続かないことは予想できた。崩壊を早めるかのように、まず、ポンペイウスに嫁いでいたカエサルの娘ユーリアが前五四年九月に死去し、二人のあいだを結ぶ線が一つ切れた。翌年には、シュリアのカッライでの戦いでクラッススがパルティア軍の前に敗死し、三頭政治の一角が崩れた。この間、ポンペイウスは、任地属州ヒスパーニアの統治をアフラーニウス、ペトレイウス、ウァッローという三人の副司令官に行なわせて、命令権を保持したままローマ近郊に留まっていた。当然、大きな軍事力の間近な存在はローマの政治に強い影響を与えた。そして、前五二年に大きな転機がやって来た。

開戦前夜

前年から続く政治的混乱により、この年の執政官が選出されないまま迎えた年初、武力衝突へ発展していたプブリウス・クローディウスとアンニウス・ミローの対立から、ミローがクローディウスを殺害する(一月一八日)に及び、ローマは非常事態とも言える政情不安に陥った。このとき対処に当たったのがポンペイウスで、彼は単独執政官に指名され、騒乱鎮静化に成功した。この過程でポンペイウスは閥族派とよりを戻した。この結びつきはポンペイウスが閥族派の大物スキーピオー・ナーシーカの娘コルネーリアを妻に迎え、八月にスキーピオーを同僚執政官としたことで強化された。

状況を大きく変えたのはその年の後半にポンペイウスが通過させた赴任属州に関する法律(ポンペイウス法)である。これによって、執政官ないし法務官は任期終了後五年を経過しなければ属州に赴任できないことになった。そして、現執政官ないし法務官が赴任資格を得るまでの五年間は、経過措置として、これまで任期後に属州に赴任しなかった執政官ないし法務官経験者の中から総督が指名されることとなった(前五一年に属州キリキアに赴任したキケロー(前六三年の執政官)はこの例である)。このため、上述のように、従前の手続きでは、総督交代の決定から後任総督赴任まで約二年の期間があったのに対し、ポンペイウス法は交代決定直後の後任者赴任を可能にし、それと同時にカエサルは即座に総督職を辞さなければならない事態が生じた。法案の狙いはまさにそこにあったとカエサル自身は考えていた(一・八五・九)。

カエサルの命令権を奪うべく、閥族派はすぐにガリア属州の後任指名へ向けて動いた。前五一年の執政官マルクス・マルケッルスがカエサルの属州統治について元老院に諮問したのである(『ガリア戦記』八・五三・一、アッピアーノス『内乱史』二・二六)。しかし、さすがにこれには無理があった。ポンペイウス・リキニウス法の定めがあるので、前五〇年三月一日までは「不正なしに」行なうことはできないとポンペイウスも考えていた(キケロー『縁者・友人宛書簡集』八・八・九)。とはいえ、カエサルの目論見より二年早く後任総督が決まる状況に変わりはない。カエサルの取れる手だての一つとして、前五〇年の執政官選挙に不在のまま立候補することも考えられた。しかし、再任には一〇年の間隔を置くという定めを破りたくなかったためか(一・三二・二、三・一・一参照)、カエサルは前四九年の執政官選挙立候補を目指し(『ガリア戦記』八・五〇・四)、前五〇年三月一日の元老院での総督交代議案に対しては、袖の下を使って対抗した。それによって、執政官アエミリウス・パウルスに中立の立場をとるよう仕向けるとともに、護民官クーリオーに拒否権を行使させた(スエートーニウス『皇帝伝』「ユーリウス・カエサル」二九・一、アッピアーノス『内乱史』二・二六、キケロー『縁者・友人宛書簡集』八・一一・二)。

このあと、議案が出されるたびにクーリオーによる拒否権行使が繰り返され、それとともにカエサルとポンペイウスの関係は急速に悪化した。この年の造営官カエリウス・ルーフスがキリキアに総督として赴任していたキケロー宛に送った書簡には、「ポンペイウスは元老院とともに、カエサルは一一月一三日に(属州を)退去すべし、との考えに傾いたと見られる」(キケロー『縁者・友人宛書簡集』八・一一・三、四月中頃(?)発信)、「平和は一年ももたないと私は見ている。……グナエウス・ポンペイウスは、ガーイウス・カエサルが執政官となるのを認めるためには、彼が軍隊と属州を引き渡さねばならぬ、という決意である。対して、カエサルは……双方とも軍隊を引き渡そう、という提案を出している。……もし二人のうちのどちらか一方がパルティアとの戦争に向かわなければ、私の見るところ、重大な不和が迫り、その決着は剣と暴力でつけられるだろう」(同八・一四・二、四、八月八日頃発信)、というように記されている。

カエサルとポンペイウスの「双方とも軍隊を引き渡そう」という提案をカエサルは一貫して主張した(一・九・五、一・八五・一二、『ガリア戦記』八・五二・四参照)。そして、それは公平で理にかなっているように見えた。実際、元老院も一二月一日にはクーリオーの提案を容れ、武装解除を三七〇対二二票の賛成多数で決議した(アッピアーノス『内乱史』二・三〇)。しかし、ポンペイウスは軍隊を手放さなかった。しかも、任地属州ヒスパーニアの軍勢の他、対パルティア戦争に向かうべき二個軍団を——いずれも実質的にはカエサルのもとから派遣されたものだったにもかかわらず(一・二・三、『ガリア戦記』八・五四・一—三、八・五五・一)——自分の手元近くカプアに留めてしまっていた。カエサルは不在のまま執政官選挙立候補が認められる(それによって前四八年の執政官に就任できる)のであれば、それまでのあいだ——内外ガリア属州と軍隊の大部分を放棄して——イッリュリクム属州と二個軍団だけ保持できればよい、という提案を出した(スエートーニウス『皇帝伝』「ユーリウス・カエサル」二九・二)が、それにもポンペイウスは応じなかった。

行き違いもあった。一二月一〇日にポンペイウスと会談したキケローは、ポンペイウスの話として、一二月六日の夕方にヒルティウスがカエサルのもとから(ローマへ)着いたのに自分を訪ねず、さらには七日の夜明け前に事態全体についてスキーピオーとの会談が予定されていたにもかかわらず、六日深夜にカエサルのもとへ出発したことを伝えている(キケロー『アッティクス宛書簡集』七・四・二)。同じ一二月一〇日、クーリオーは一年の護民官職任期を了えたが、新護民官としてカエサルが送り込んだマルクス・アントーニウス(いわゆるマーク・アントニー)はクーリオーに輪をかけて激しく強い調子で閥族派に相対した。キケローは一二月二五日にも内乱回避の道をさぐってポンペイウスと会ったが、平和はまったく望むべくもない状況であることを見てとった(キケロー『アッティクス宛書簡集』七・八・四)。内乱は不可避の様相を呈した。このときカエサルは属州からローマ直轄領に入る手前の町ラウェンナに着いていた。ただ、動員できる軍勢は北イタリアに配置した第一三軍団のみであった(一・七・八)。

内乱勃発とポンペイウスの逃走

前四九年一月一日、新執政官コルネーリウス・レントゥルスとガーイウス・クラウディウス・マルケッルスが職に就いた当日、カエサルは彼らが元老院にいるところへ――そうすることで執政官らが握りつぶさないように――書簡を送り、自身のこれまでの国家への貢献を示し、カエサルとポンペイウス双方の軍隊解散を求めたが、元老院の審議に際して考慮を払われることはなかった(一・一・一、注(1))。結局、元老院は一月七日に非常事態を宣言する最終決議を可決し(一・五・三―四)、カエサルの主張を代弁したマルクス・アントーニウスとクイントゥス・カッシウスの両護民官は、権限を奪われたとしてカエサルのもとへ逃げた(一・五・五)。

そのあと開かれた元老院では、一月一五日までのあいだにカエサルとの戦争に向けて内外ガリア属州の総督を決定し、イタリア全土で徴兵、武器および資金の調達を行なうことを決定した(一・六・五―八)。だが、それまでにカエサルはルビコーン川を渡っていた(一月一〇日ないし一一日の夜、一・八・一)。その知らせが一月一七日にローマにもたらされると、ポンペイウスはその日に、閥族派元老院議員もその翌日に、ローマから逃げ出した。当初からポンペイウスは、戦争になればイタリアを戦場とすることを避け、強い支持基盤がある東方での決戦を意図していたと見られる。とはいえ、非常時に備えた予備金庫から軍資金を持ち出さなかったこと一つにも閥族派の混乱が表れていた。そのあいだにもカエサルは進軍を続け、アッレーティウム、ピサウルム、ファーヌム、アンコーナといった町々を占領した(一・一一・四)。その後もカエサルは苦もなく掌握地域を広げた。住民がみずから開城する城市も多かった(一・一五・一―二、一・一八・一―二)。最初の抵抗と言えるポンペイウス派による作戦行動は、外ガリア総督に指名されたドミティウス・アへーノバルブス指揮下のコルフィーニウム防衛戦であった(一・一六・二―二三・五)。だが、このとき、カエサル軍があとから追いついた軍勢と新徴募の兵士も加えて五個軍団の兵力となっていた一方(一・一八・五)、ドミティウスの支援要請にポンペイウスは応じなかった(一・一七・一―二、一・一九・四)。ドミティウスは包囲された城市から密かに逃亡を計画したものの、発覚して配下の兵士に捕まり、コルフィーニウムはカエサルの軍門に降った。

イタリア半島の踵《かかと》に位置し、ギリシアへの航路の基点である港町ブルンディシウムに戦争の一つの岐路があった。そこへカエサル軍が着いたとき、両執政官はすでにギリシアへ渡ったあとだった(一・二五・二)。カエサルはポンペイウスのイタリア脱出を阻んで港を封鎖しようとしたが、取り逃がした(一・二八・三)。三月一七日のことである(キケロー『アッティクス宛書簡集』九・一五A)。

西部戦線

背後に懸念材料を残すことを嫌い、追撃を諦めたカエサルは、まずヒスパーニア、シキリア、サルディニア、アフリカを掌握しようと作戦指示を出す一方(一・三〇・一―二)、自身はいったんローマに向かった。

ローマでの元老院招集(一・三二・二)の前に、カエサルはキケローと会談した。そのことをキケローは書き残している(『アッティクス宛書簡集』九・一八、三月二八日付)が、カエサルは記していない。そもそも、キケローの名は『内乱記』の中で一度も言及されていない。キケローによれば、カエサルはキケローに一緒にローマへ行って講和について助言してくれるよう頼んだが、キケローはカエサルに協力することを拒んだという。元老院で指導的発言力を有するキケローの拒絶に遭って、カエサルがローマでの数日を「無駄に費やした」(一・三三・四)のも当然と言えば当然の結果であった。また、これもカエサル自身は記していないが、このときの主要目的の一つには予備金庫から軍資金を持ち出すこともあったと考えられる。

このあと、ヒスパーニアへ向かうべく外ガリアを進む途中、マッシリアが(コルフィーニウムで降伏したあとカエサルによって釈放されていた)ドミティウス・アヘーノバルブスの艦隊を迎え入れ、自分に反旗を翻すのを目にする(一・三四・二、一・三六・一―三)。これ以後、ヒスパーニアでのポンペイウスの副司令官アフラーニウスおよびペトレイウスが指揮する軍勢との戦い(一・三七―五五、一・五九―八七)とマッシリア攻略(一・五六―五八、二・一―一六、二・二二)が主要な作戦となった。八月二日、カエサルは直面した危機と困難を克服し、イレルダ近郊で物資の尽きたアフラーニウス・ペトレイウス軍を降伏させた(一・八四―八七)。ヒスパーニア統治に当たっていたもう一人のポンペイウスの副司令官であるウァッローも、一時は徴兵を行ない、軍備を進めた(二・一八・一―六)ものの、結局は降伏し、軍団も資金もカエサルに引き渡した(二・二〇・七―八)。一〇月もしくは一一月、マッシリアも、ドミティウスが逃走し、降伏した(二・二二)。

しかし、直面しなければならない困難はつねにあった。その一つがプラケンティアでの兵士の命令不服従である。カエサルはまったく言及していないが、ディオーン『ローマ史』(四一・二六・一)によれば、カエサルが略奪を認めないことに不満を抱いた兵士数名が疲弊を口実に行軍を拒んだという。

カエサルは全兵士を前に規律を回復するための演説(同四一・二七・一―三五・四)を行なったあと、もっとも反抗的な者たちを処刑せねばならなかった(同四一・三五・五。アッピアーノス『内乱史』二・四七も参照)。

また、シキリアからアフリカに向かったクーリオーが敗死した(二・四二・四)。彼はアッティウス・ウァールス指揮下の軍勢に対する戦いを優位に進めてウティカの城市を攻囲し、あと少しで降伏させるところだった(二・二三・一―三六・二)。だが、クーリオーに私怨も抱く(二・二五・四)ヌミディア王ユバが指揮する軍勢の到来が状況を変えた。老獪な王の作戦の前に血気盛んな若い指揮官(二・三八・一―二)は敗れ去った。さらに、イッリュリクムのクリクタでは、ガーイウス・アントーニウスが捕虜となっていた(三・一〇・五)。

デュッラキオン近郊の戦い

マッシリア降伏の少し前、法務官レピドゥスの指名によってカエサルは独裁官となっていた(二・二一・五)。この資格で前四八年の執政官選挙を実施、その結果、彼自身とセルウィーリウス・ウァティア・イサウリクスが選出された(三・一・一)。ヒスパーニアを掌握したことで、背後の軍事的脅威が消えたいま、カエサルはローマ国内の支持基盤を強化するため、内乱による経済活動の混乱を落ち着かせて信用不安を解消する施策を実施する一方、ポンペイウス法により断罪されていた人々を復権させた(三・一・二―五)。そして、独裁官職を辞すると、いよいよポンペイウスを追撃すべくブルンディシウムに向かい、そこに一二個軍団を集結させた(三・二・一―二)。一月四日、カエサルは七個軍団とともにブルンディシウムを出航し、翌日、ギリシア、パライステーの港に着いた(三・六・一―三)。しかし、カエサルの上陸こそ許したものの、海岸線を防衛するポンペイウス軍の艦隊は強力で、アントーニウスが指揮する後続部隊四個軍団が到着したのは三月末になった(三・二五・一、三・二九・二)。

四月初めに軍を合流させたカエサルは、一方で、ギリシア全体へ目を向け、テッサリア、アイトーリア、マケドニアへ軍団を派遣することとした(三・三四・一―三)。この東部戦線でカエサル軍、とくにマケドニアに進んだドミティウス・カルウィーヌス指揮下の軍勢は、属州シュリアからスキーピオー・ナーシーカが率いてきた軍勢と対峙することとなった(三・三六―三八)。他方、カエサル自身は、ポンペイウスが軍需物資を運び込んでいたデュッラキオンへ入城するのを阻んだ(三・四一・三―五)。ポンペイウスはデュッラキオンに近い高台ペトラに陣営を構え(三・四二・一)、カエサルはこれを包囲する封鎖線をめぐらした(三・四三・二)。包囲する側より包囲された側が兵員の点でも兵糧の点でも有利という、通常の攻囲戦とは正反対の状況である(三・四七・一―四)のみならず、ポンペイウスがカエサル軍を分散させようと広い土地を囲い込んでいたため(三・四四・二―三)、同時に数多くの場所で戦闘が交えられる(三・五〇・一―五三・一)という前例のない戦いとなった。

長期の消耗戦ののち、カエサルはポンペイウスに封鎖線を突破され、「絶大な力がある運」が勝敗の分かれ日をもたらした(三・六八・一)。この「大敗北」(三・七〇・一)のために、ポンペイウス軍は戦争に勝利を収めたかのように喜ぶ一方(三・七二・一—四)、カエサルは包囲作戦を放棄し、全軍をアポッローニアへ向けて移動させた(三・七三・一—七五・二)。

パルサーロスの戦い

カエサルはポンペイウスの追撃をかわし、アポッローニアで今後のために必要な措置を講じると(三・七八・二)、ドミティウス指揮下の軍勢がスキーピオーとポンペイウスに挟撃されないよう、マケドニアへ急いだ。カエサルはアイギニオンでドミティウスときわどく合流すると(三・七九・三—七)、軍をテッサリアへ進め、パルサーロス近郊の野でポンペイウスと決戦を交えることを決めた(三・八一・三)。数日後にポンペイウスもテッサリアに入り、スキーピオーと軍を統合した(三・八二・一)。決戦の日は八月九日であった。ポンペイウス軍はカエサル軍を侮っていた(三・八二・一—二、三・八六・一、三・八七・一)。数的に圧倒的優位に立つ騎兵によってカエサル軍の背後を衝く作戦であったが(三・八四・四、三・八六・三)、その騎兵がカエサル軍第四戦列の攻撃を受けるとたちまち逃走してしまった(三・九三・六)。この時点で勝敗は決していた。ポンペイウスはすぐさま陣営へ逃げ込んだが、そこにもカエサル軍の攻勢が及ぶと、なりふりかまわず裏門から脱出してラーリーサへ逃走した(三・九六・三)。この戦いでドミティウス・アヘーノバルブスが戦死した(三・九九・五)。

ポンペイウスの最期とアレクサンドリアでの戦い

ポンペイウスはマケドニアとトラーキアの境にあるアンピポリスからレスボス島のミュティレーナイへ(ここで待っていた妻コルネーリアと会い)、そこからさらにキュプロスへ渡った(三・一〇二・四―五)。その地での情報からシュリアに向かうのは危険と判断し、エジプトに着いた(三・一〇二・六―一〇三・一)。現王プトレマイオス一三世の父プトレマイオス・アウレーテースとの縁故を頼ってのことであった(三・一〇三・三)。しかし、表向き歓待を装いながら、年少の王の取り巻きが送った刺客によってポンペイウスは暗殺された(三・一〇四)。カエサルはポンペイウスを追ってアレクサンドリアに着いたとき、宿敵の死を知った(三・一〇六・四)。そして、エジプト王室の内紛を調停しようとして、エジプト軍との戦争に引きずり込まれた(三・一〇七・二以下)。カエサルの筆はここで擱かれている。このあとカエサルは、数にまさり、地の利がある敵との困難な戦いを勝ち抜いていくことになるが、それは作者不詳の作品『アレクサンドリア戦記』に記録されることになった。

二 『内乱記』

『内乱記』は、『ガリア戦記』と比べるとき、「覚え書き」という著述形式、戦争の記録であること、また、著者自身が将軍としてつねに記述される出来事の中心を占める点など、共通する面は多い。その一方、とりわけ戦争の性格がまったく異なるために、両著作のあいだにはおのずから違いが見られる。そうした共通点と相違点に注意しながら、『内乱記』という作品について次に見ることにする。

執筆状況

『ガリア戦記』の場合も、いつどこで書かれ、どのような形で公刊されたか明らかではないが、『内乱記』の場合も、どのように執筆されたのかはっきりしない。このことには、作品が未完と見られることが関わってくる。スエートーニウスは、カエサルの腹心で自身も歴史書を著したアシニウス・ポッリオーが、カエサルが書き改めるつもりでいた、と言ったと証言している(『皇帝伝』「カエサル」五六・四)。これが確かなら、カエサル存命中の公刊はなされなかったことになる。『内乱記』が未完であることは『ガリア戦記』と比べても明らかに思われる。『ガリア戦記』では、第一巻冒頭での「全ガリア」の提示に呼応して、第七巻がローマの統治のもとに全ガリアの平定が達成されたかのような叙述で終わることで「完結性」が強く印象づけられる。対して、『内乱記』は導入もなく唐突に始まり、最後も一連の出来事の途中で記述が途切れている。また、第三巻第五〇章のあとなど、欠落と思われる個所もある。

ただ、作品中に「戦争が終わってから」分かったとして記される個所があるが(三・一八・五、三・五七・五、三・六〇・四)、この場合の「戦争」は、ポンペイウス派残党の掃討を果たす前四五年までではなく、ポンペイウスの死によって一つの区切りがつくまでの戦いを指している蓋然性が高い。そうだとすると、『内乱記』の終わり方も出来事の流れの切れ目と一致していることになる。それならば、しかし、ポンペイウスのあとを追ってカエサルがエジプトに到着し、そこで新たな戦争が始まろうとするところまで記すのは余計なことにも見える。

一つの有力な見方は、カエサルが前四七年秋にエジプトからイタリアへ戻るまでにほぼ現在の形に書き上げられていたが、そのあと顧みられぬままにされ、前四四年三月の暗殺後にカエサルの残した文書を整理したマルクス・アントーニウス(プルータルコス『対比列伝』「アントーニウス」一五・二参照)らの手で日の目を見た、というものである。この見方は、すぐあとに見るように、『内乱記』がカエサルの立場を共和政擁護の側に置いていることにもとづいている。前四七年秋以降のカエサルは翌年の執政官職就任(前四四年まで三期連続)をはじめとして強大な独裁権力を掌中にしていくことから、『内乱記』に記した立場はもはや無用となっていたと考えられるのである。

また、ヒルティウスが自身の『ガリア戦記』第八巻によってカエサルの『ガリア戦記』と『内乱記』を「継ぎ合わせ」たと記している(同八・序・二)ことから、おそらく前四四年の早い時期に公刊されていたものと推測される。というのも、ヒルティウスは前四三年四月のムティナの戦いで戦死しているので、それ以前に『ガリア戦記』第八巻待望論の高まりとヒルティウスによる執筆の期間を考慮しなければならないからである。

「覚え書き」

『ガリア戦記』と同じく、『内乱記』も「覚え書き(commentarii)」という形式を用いた。その目的は「偉大な事績の史料を歴史家に提供するため」(ヒルティウス『ガリア戦記』八・序・五。キケロー『ブルートゥス』二六二も参照)であったと言われる。実際、「覚え書き」という言葉はまとめの処理や整理の過程を経ない生のデータの記録をイメージさせる。しかし、カエサルの『覚え書き』が本当にそのようなものであったなら、誰もが認める高い評価(ヒルティウス『ガリア戦記』八・序・五―七)を得られたはずがない。「包み隠すところがなく、歪みがなく、美しく、着物を脱ぐように言葉の装いの一切を剝ぎ取っている」というキケローの有名な評言(『ブルートゥス』二六二)は余計な文飾を削ぎ落とした簡潔平明な文体についてのものとしてふさわしいが、それは出来事の記述にカエサルの構想や意図が働いていていないということではない。むしろ、「覚え書き」として出来事を生のデータであるかのように、それに見合った文体で記述することは、内容の信頼性ないし真実性を高める、言い換えれば、「偉大な事績」に嘘偽りのないことを読者に得心させるための戦略であった、と考えるほうが理にかなっているように思われる。その点は『ガリア戦記』と『内乱記』で違いはない。

ただ、その戦略のためには『内乱記』のほうが『ガリア戦記』の場合より、いっそう注意深さを必要としたであろうことも容易に想像される。ガリアでの戦争の現場に居合わせたのは、ガリア人を別とすれば、カエサルに従い、カエサルに助けられ、カエサルを支持する人々ばかりである。仮に都合のいい誇張や黙過があったとしても、それが指摘されることはほとんどなかったであろう。しかし、内乱の証人は数かぎりない。実際、閥族派側では、キケローの書簡が開戦前夜からデュッラキオンの戦いまで、言ってみれば、リアルタイムの速報を伝えた。カエサル側でも、アシニウス・ポッリオーが――残念ながら散逸したものの――内乱を歴史書に記録した。ちなみに、『内乱記』以外で内乱をいまに伝える歴史著作は、いずれも時代が下ってからのものである。スエートーニウスは後六九年頃の生まれとされる一方、プルータルコスは後一世紀後半から後二世紀にかけて、アッピアーノスは後二世紀前半に、ディオーンは後二世紀後半から後三世紀にかけて、それぞれ活躍した。これらの証言とカエサルの記述とのあいだに大きな食い違いは見られない。この点は留意しておくべきだと思われる。

ただ、その一方、『ガリア戦記』では一年間の出来事を一巻に収める構成が「生のデータの記録」を印象づけることに寄与したように思われるのに対し、『内乱記』はこの枠組みを採用していない。第一巻は前四九年年初の内乱勃発から始まるが、イレルダの戦いでポンペイウス派を降伏させるまでを記して結ばれる。第二巻は前四九年のそれ以後、外ヒスパーニアでのウァッロー、および、マッシリアの降伏を記してから、時間的にはマッシリア降伏に先立つアフリカでのクーリオー戦死の次第を述べて終わる。第三巻は、前四九年末にカエサルがローマに戻り、独裁官として行なった施策を手短に記してから、ほぼ全巻がポンペイウスとの戦いに当てられる。こうした構成は戦争の流れ、出来事の画期に配慮するものと見られ、その点で執筆者の視点がより表に出た記述であると言える。

戦争の大義

さて、カエサルの『覚え書き』が記録する「偉大な事績」とは言うまでもなく戦争である。戦争は人命を犠牲にする非人間的行為であるから、これを遂行するには大義が求められる。少なくともカエサルはそれを強く意識していた。

『ガリア戦記』では、属州の領域外へ踏み出して戦端を開いたとき、ヘルウェーティイー族の移動が地域の安定を損ない、ローマにとって脅威となることが述べられた。ゲルマーニア人の王アリオウィストゥスとの戦いでは、ガリア人の自由と平和を擁護することが目的とされた。全ガリアの諸部族が結束し、自由を求めて蜂起したときには、ガリア人指導者たちの残忍さ、悪辣さを描くことでその行動が征圧されるべきものであることを示した。要するに、敵がローマに害を及ぼす「蛮族」であることから容易に戦争が正当化されえた。『ガリア戦記』では戦争の大義が明瞭に主張できたのである。

しかし、内乱を戦う相手は同胞ローマ人である。そこに戦争の性格の決定的な相違があり、戦争の大義を立てることをきわめて難しくする要因があった。実際、内乱が最終的に終息したアウグストゥス帝治下の文学において内乱は狂気そのものとして扱われた。たとえば、ウェルギリウスのローマ建国叙事詩『アエネーイス』は作品全体が戦争の狂気を主要な表現対象としているが、その中で、これから生まれ出るカエサルとポンペイウスの霊について、「ああ、なんという大戦争を、なんという衝突、大殺戮を引き起こすことか、……このような大それた戦争を世のつねと思うな。頑健な力を濫用して祖国のはらわたを抉るな」(六・八二八―八二九、八三二―八三三)と歌い、とくにカエサルに対して先に武器を手放すよう呼びかけている(六・八三四―八三五)。

『内乱記』においてカエサルは、ルビコーン渡河に先立って兵士たちの前で演説し、彼らに事情を了解させ、戦争に踏み切る決断に支持を得た、と記している(一・七・一―八・二)。そこでのキーワードの一つは「威信(dignitas)」である。それは政治、経済、文化、軍事など各方面での業績、功労に見合った地位と、これに応じて払われるべき敬意を指す。つまり、ローマ人の誇りと自負の拠り所である。カエサルは兵士らに向かって言う。自分はポンペイウスの威信のために尽力したのに(一・七・二)、自分の敵対勢力はポンペイウスをして自分の威信を傷つけさせる不当行為を働いている、だから、自分の威信を護ってほしい(一・七・七)、と。カエサルの威信は将軍として九年間ガリア遠征を指揮して積み上げた戦果にもとづく。つまり、彼の威信は長く苦しい試練をともに戦い抜いてきた将兵各員の威信の総体と重なり合っており、そこに兵士への訴えかけのポイントがある。

いま一つのキーワードは護民官からの権限剝奪である。この当時、護民官は元老院での党利党略の駒として利用される存在となってはいたが、それでも、その名称が喚起する「民衆の代弁者」というイメージは生きていた。その護民官が弾圧された、と聞かされれば、兵士らが自分たちの権利に重大な侵害がなされたと感じたとしても不思議はない。そこで、カエサルの訴えに兵士らが「われわれは覚悟ができている。わが将軍と護民官を不当行為から護ってみせる」と叫んだとき(一・七・八)、それはカエサルのみならず、兵士ら自身の威信と権利をも護ろうとする決意表明と見ることができる。将軍のための戦いはとりもなおさず「われわれがわれわれのために」戦う戦いであることが示されている。この「われわれ」がローマ全体を覆うほどに数多く結集すれば、戦争の大義は立つと言えるかもしれない。

「われわれ」の支持

こうした名もなき多数の「われわれ」からの支持をカエサルが重視したことは、彼がロスキウスとルーキウス・カエサルに託したポンペイウスへの伝言の中にも窺える。彼は言った、「私はいつも、自身の威信を第一と考え、命より大切にしてきた。私が痛憤を覚えたのは、ローマ国民が私に与えた恩恵を政敵が奪い取って侮辱したからだ」(一・九・二)。彼の威信が傷つけられることはローマ国民全体の威信に対する侵害であるかのようである。また、「自由な選挙と国政全般を元老院とローマ国民の手に握らせるべきだ」(一・九・五)とカエサルが主張するとき、閥族派の圧力を排除して国民が自由に発言する場を得るなら、その支持はカエサルに集まることを見通しているかのようにも聞こえる。同じ主張はコルフィーニウムにおいてレントゥルスに対しても(一・二二・五)、また、ローマで招集した元老院においても(一・三二・二—九、とくに、三、四、七)繰り返された。

実際、ルビコーン渡河後のカエサルには、属州も含めて多くの城市の住民から支持が寄せられた。ポンペイウスの生地であるピーケーヌム地方の諸市(一・一二・三—一三・一)、ブルンディシウム(一・二八・一)、サルディニア(一・三〇・三)、内ヒスパーニアの諸市、諸部族(一・六〇・一—四)、外ヒスパーニアの諸市と在住ローマ市民(二・一九)、さらに、東方へ戦場が移ってからも、エーペイロスの諸市(三・一二・二—四)、自由マケドニアと呼ばれた地域(三・三四・四)、テッサリアの一部(三・三五・二)などである。

加えて注意すべきは、カエサルが独裁官として指名を受けると、その権限で執政官選挙を実施し、みずから出馬して当選したこと(三・一・一)、そして、独裁官を辞し、現職執政官としてポンペイウスとの戦いに臨んだこと(三・二・一)である。そうすることでカエサルは戦争遂行に向けて、独裁官という非常時に諸権限を一人で掌握できる地位より、通常の手続きに則り、国民の総意で選出された最高政務官という立場を選んだ。ローマ市民の代表として戦うというメッセージであったと見られる。

寛恕の戦略

こうした支持を広げ、「われわれ」の数を増やすためにもっとも効率的な方途は、目前の敵を味方に取り込むことである。そこにはプラスマイナス二倍の効果がある。内乱当初から一貫してカエサルが降伏した敵に寛大であったことはこの点に関わっていよう。たしかに、コルフィーニウム降伏後に赦免されたドミティウス・アヘーノバルブスやレントゥルス・スピンテールら厚顔な指導者たちがすぐにまたカエサルに敵対したように、そこにリスクはあった。それでも、降伏した兵士らはカエサルに忠誠を誓い(一・二三・五)、彼の軍勢を増強した。なにより大きな効果はキケローが書き残した言葉に表れている。内乱勃発直前、キケローはカエサルが勝利を収めた場合、「指導者の殺害についてキンナ同様に情けを示さず、富裕者の資産に対してスッラ同様に手加減しないだろう」(『アッティクス宛書簡集』七・七・七)と記した。それが、コルフィーニウム降伏直後には、「なんと鋭敏で、なんと用心深く、なんと周到な男であることか。まったく、誰一人として殺さず、誰からも何一つ奪わないのだから。これでは、恐怖が大きかった人々ほど大きな敬愛を彼に寄せることになろう」(同八・一三・一)

と変わった。ローマでは、カエサルがキンナやスッラの再来となり、粛清と財産没収の嵐が吹くのではないかと恐れられていた。それだけに、その恐怖が消え、安堵したとき、人々はカエサル支持へ向かう、というのである。

人命を尊重するカエサルの態度は戦場でも貫かれており、それは『ガリア戦記』でも描かれていた。たとえば、アウァリクムでの戦いのひとこま、兵士らが敵を目の前にして合戦の号令を求めたにもかかわらず、不利な地勢のために勝利しても大きな犠牲を出すことは必定である、兵士らの命が大事だ、として陣営に引き揚げた(七・一九・三―五)。『内乱記』でも同様の叙述が見られる。アフラーニウス軍を包囲したカエサルは、やはり兵士らが勝利を見越して逸るのに、死傷者を出したくないために戦いを控えた(一・七二・一―四)。

ガリア遠征の場合と異なるのは、「市民たちを憐れんで心が揺れていた。戦えば、彼らが殺されることが分かっていたので、彼らを無傷のまま助けて事を成就したかった」(一・七二・三)と言われ、味方の兵士だけでなく、敵方の兵士も戦死すれば「市民」の犠牲だとして、これを避けようとしている点である。ガリアでは、捕虜は奴隷として売られ(『ガリア戦記』二・三三・六、三・一六・四)、非戦闘員の処刑ないし殺戮(三・一六・四、七・二八・四)、焦土作戦(六・四三・二)も行なわれた。このような行為も当然の作戦行動として記録されえた。しかし、ローマ市民に対する場合は話が違う、それがカエサルの判断であった。その判断は反旗を翻した外ガリア属州の大城市マッシリアについても変わらなかった。マッシリアはカエサルとの交渉段階で彼とポンペイウスのいずれにも与《くみ》しないと言っていたのに、ドミティウス・アヘーノバルブスが艦隊を率いて到着するとその指揮下に入った(一・三五・一—三六・一)。住民に信義はない、とカエサルは記している(二・一四・二)。それでも、皆殺しにもしかねない兵士の規律を引き締めるようトレボーニウスに指示した(二・一三・三—四)。

ポンペイウス派指導者の無節操

このようにカエサルが「われわれ」の支持を広げるべく、市民の生命財産の保全に努めて規律を守ったとされるのに対し、ポンペイウス派指導者の振る舞いはそれと対照的に描かれる。その例をいくつか次に見てみよう。

コルフィーニウムを守るドミティウス・アヘーノバルブスは大地主であったので、豊富な資金で兵士を集め、褒賞によって戦意を高めようとした。テキストに誤りがなければ、一人当たり約一〇ヘクタールもの広さの土地を約束した(一・一七・三)。しかし、ドミティウスはポンペイウスが援軍を寄越さないと知るや、表向きは戦う姿勢を装いながら、身内だけで秘密裏に逃走を計画した(一・一九・一—二)。これほど恥知らずではないとしても、自分がまず助かりたいと考える点ではレントゥルス・スピンテールも変わらない。彼がカエサルに面談したとき、嘆願したのはなにより自分の身の安全であった(一・二二・三、六)。無血開城に向けた協議が始まったとき、カエサルは配下の兵士を送り込んだ場合に町が略奪されることを心配した(一・二一・二)。さらにカエサルが、自分の前に引き出されたドミティウスらに兵士らから侮辱が加えられないよう配慮したにもかかわらず、命を救われ、解放された者たちから感謝の言葉は聞かれなかったという(一・二三・三)。それどころか、このあとドミティウスもレントゥルスも戦線に戻ってカエサルと戦うことになる。この恩知らずぶりは、レントゥルスが助命嘆願において彼がカエサルから受けた恩義に言及していた(一・二二・三―四)だけにいっそう際立つ。

イレルダの戦いのさなか、ポンペイウス軍の指揮官アフラーニウスとペトレイウスが陣営を離れたとき、兵士らが自陣を出てカエサル軍陣営にいる知己と話を交わし、それをきっかけにアフラーニウスの息子まで巻き込んで講和が成立しそうになった。ポンペイウス軍側は命の危険の回避、カエサル軍側は無傷での事の成就という「大きな成果をカエサルが得られたのは彼が以前からずっと慈悲深かったからだというのがすべての人の見方であり、彼の方針は誰からも称えられた」(一・七四・七)。ところが、そこへ戻ったペトレイウスが自陣にいた配下の兵士とカエサル軍の兵士とのあいだを割き、後者を殺害するという挙に出た(一・七五・二)。なお隠れていた兵士も、ほとんどは匿ってくれたポンペイウス軍兵士の助けで脱出できたものの、公開処刑された者もあった(一・七六・四)。この次第をカエサルは、「そうして指揮官らがもたらした恐怖、処罰の残忍さ、誓約による新たな束縛、これらが降伏への期待を目の前から奪い去った。兵士らの気持ちは変わり、事態はもとの戦争状態へ戻ってしまった」(一・七六・五)と記す。それに対して、カエサルは自陣にいた敵方兵士を送還し、みずから留まりたいと望む軍団士官や百人隊長には手厚い処遇をしたという(一・七七)。ここでは、敵方指揮官がカエサルのみならず、「われわれ」の立場の将兵とも顕著な対比のもとに描かれている。

西部戦線を落ち着かせたあと、カエサルが独裁官としてローマ市民の経済活動を安定軌道に乗せる施策を講じた(三・一・二―三)のに対し、東方での決戦を控えてポンペイウスは軍資金目的で属州民に過酷な徴税を課した(三・三・二)。それは戦争に必要なだけの資金を集めるというものではなかった。スキーピオー・ナーシーカが総督となったシュリアでは、厳しい取立てが強欲を満たすためになされ(三・三二・二)、属州にあふれる官憲や徴税吏が私腹を肥やすことにも努め、恥知らずな行為に都合のいい口実を設けたという(三・三二・四)。その汚れた手はエペソスのディアーナ神殿に蓄えられた資金にも伸びたとされ(三・三三・一。三・一〇五・一も参照)、瀆神性のイメージも加わる。

デュッラキオン近郊の戦いで勝利したあと、ラビエーヌスはポンペイウスから捕虜の処遇一任をとりつけると、全員をみんなの前で殺害した(三・七一・四)。ちなみに、ガリアではカエサルの右腕的存在であったラビエーヌスが内乱勃発と同時にポンペイウス側に転じた原因について議論があるが、ラビエーヌスの残忍さを知るカエサルが彼を所払いにした、という見方があり、首肯できる面がある。

パルサーロスでは、ポンペイウス軍の指導者らが属州からかき集めた資金を自分の贅沢のために使っていたことが皮肉な形で示される。ポンペイウスが逃走したあとの陣営内でカエサルは東屋、大量の銀器、敷きつめられた芝など数多くの贅沢品を見つけ、彼らは自分が快楽を追い求めていながら、実際には物資不足に苦しんでいたカエサル軍を贅沢であると非難していた、と記す(三・九六・一―二)。

そして、ポンペイウス軍指導者の無節操がもっともよく示されるのは、パルサーロスの戦いを前に彼らが勝利を確信し、戦後の行賞をめぐって言い争うくだりである(三・八二・三以下)。「要するに、誰もがみな自分の栄誉か、金銭的見返りか、政敵の追及について議論していた。どのような戦略をとれば勝利を得られるかではなく、どのように勝利を利用すべきかを考えていた」(三・八三・四)とカエサルは記す。そこにあるのは自分のことだけを考える利己主義ばかりで、彼らを下から支える「われわれ」への視点はまったく欠如している。また、ヒッルスに不在のまま法務官選挙への立候補を認めるかどうか議論になったとされる(三・八二・四)。だが、カエサルに一度は認められた、執政官選挙に不在のまま立候補する権利を奪ったのは彼らであった。ドミティウスは政敵への処罰方法を提案した(三・八三・三)。だが、そのような粛清は内乱勃発までカエサルによって行なわれるとして恐れられていたことだった。かつてカエサルに対してあってはならぬとしたことも、自分が行なうときには何一つ憚るところがないように描かれている。

運の気まぐれへの対処

さて、カエサルの叙述について、これまで主に自身が戦う戦争の正当化という面から見てきた。それは単に政治的理念、ないしは、プロパガンダという面で意味があるだけでなく、現実的に戦争遂行のうえでもきわめて重要である。後方で、支持の広がりが食糧や装備などの物資補給や兵員の補充を円滑にする一方、前線でも、明確な目的意識が将兵の士気を高めるからである。それは戦争を指揮する将軍がもっとも留意すべき事柄の一つであろう。ただ、戦場で勝敗を左右する要素は数知れず、その予測し難さをカエサルは指揮官として誰よりも意識していたように思われる。そのことはまず、カエサルが運、ないし、運の女神(fortuna/Fortuna)に戦争における大きな力を認める点に見出せる。

ガリア遠征の六年目、クイントゥス・キケローの陣営があやうく壊滅しかけたときのことをカエサルは、「ここで戦争においては運がどれほど大きな力をもち、どれほど大きな災いをもたらすか知ることができた」と記した(『ガリア戦記』六・三五・二)。それはなにより偶然のめぐり合わせと、誰も予想しない事態の展開(同六・三七・一、三、六・三九・二、六・四二・一―三参照)として特徴づけられる。それだけに、いたずらに血気に逸り、無用な運試しをすることは戒められた。遠征の三年目、陣営がアルプスに住む部族の不意の襲撃を受け、軍団壊滅の瀬戸際に立たされたとき、副司令官ガルバは一か八かの突撃によって戦局を一変(原文の直訳は「運を逆転」、同三・六・二)させた。そうして力で運を摑んだにもかかわらず、ガルバはさらに何度も運を試すことを望まず、属州への帰還を急いだ(同三・六・四)。

『内乱記』でも、運の計り知れない力への言及は繰り返されるが(一・七二・二、三・一〇・六、三・二七・一、三・六八・一。三・七三・四、三・七九・三、三・九五・一も参照)、それを知ったうえで、適切な判断にもとづく臨機の対処という面に叙述の比重が置かれているように思われる。

イレルダの戦いでのこと、カエサル軍は騎兵が敵軍を包囲することで勝利の機会を摑み、将兵の誰もが合戦の号令を求めた(一・七〇・五―七一・四)。ところが、カエサルは「なぜ運まかせの危険を冒そうとするのか。とりわけ、将軍が勝利を収めるすべはまずもって作戦であって、剣ではないのだから」(一・七二・二)と考えて――先に「寛恕の戦略」の項で触れたように――犠牲を最小限に抑えることと、それも味方のみならず、敵兵の命も大事にすること(一・七二・三)を目先の勝利より優先させた。ガリアでは、一方が運に恵まれたとすると、相手は運に見放されていたことになり、敵の損害は自軍が運の女神から受けた好意のうちに算入することができた。しかし、内乱では事情がまったく異なる。敵兵もローマ市民であるから、その犠牲はローマにとって痛手である。その意味で運試しが避けられねばならないことがここに述べられている。そのように内乱を戦うことをローマにとって危険な運試しと捉え、極力これを控えようとする立場は次の例にいっそう明瞭に表れる。

ハドリア海を渡ってエーペイロスの港パライステーに上陸した直後、カエサルが和議の提案をウィブッリウスに託してポンペイウスに届けさせたとき、提案の中で彼は、「双方とも意地の張り合いをやめて武装解除すべきだ。これ以上危険な運試しをしてはならない。……われわれ自身と国家を傷つけることをやめよう。戦争においてどれほど運が力を揮うか、すでにわれわれ自身が自分たちの損失によって十分な証言をしたのだから」(三・一〇・三、六)と述べた。

「賽は投げられた」という言葉(第一巻注(32)参照)にも象徴されるように、開戦に踏み切る運試しをしたのはカエサルである。それからちょうど一年、ポンペイウスがイタリアから去ったために、天下分け目の運試しには至らず、犠牲は最小限に留められてきた。しかし、それだけでもローマの損失はすでに甚大であるのに、いま両雄の決戦となれば、どれほどになるか計り知れない。だから、ここで和議を結ぼう、とカエサルは言う。一年前の運試しでは、カエサルは自分の管轄である属州を出てローマ領内に侵入した。対して、いまは執政官としてローマの国益を擁護する代表者の立場である。カエサルはさらに続けて、「いまを措いて和平交渉の機会はない。いまならまだ双方ともに自信があり、両者拮抗していると思われるが、もし運がほんの少しでも一方に加勢したあとでは、自分が優位だと思った者は講和条件に目もくれないし、自分がすべてを手中に収める自信がある者は公平な分け前に満足しない」(三・一〇・七)とも言った。ここでカエサルの提案を拒絶すれば、その拒絶をもってポンペイウスが最終的に国家を脅かす危険な運試しに踏み切ることになる、と述べるかのようである。

勇猛果敢と優柔不断

そのように運試しの責任がポンペイウスにあるように記しながら、いざ戦争となると、カエサルは自分が運を摑もうと手を尽くしたのに対し、ポンペイウスはその機を逸した、というように戦争の次第を描く。

カエサル軍の戦争遂行には、どうしても後続部隊の到着が必要だった。「船を出せる風が吹いたら、航海の機会を逃すな」というカエサルの指示(三・二五・三)に従って、「カエサル軍は敢然と武勇を奮い起こした」(三・二六・一)。海を渡り、上陸できたのは二度も風が味方になったことが大きかったが、その「幸運」(三・二六・四)と「信じがたい僥倖」(三・二六・五)もカエサル軍の勇猛果敢さがあってはじめてめぐってきたように述べられている。このあと続いて、「運の急激な変化」(三・二七・一)が敵艦船を打ちのめすことになる。

デュッラキオン近郊での戦いでは、「絶大な力がある運」(三・六八・一)が作用して、優勢と思われたカエサル軍が劣勢に追い込まれた。大敗北にもかかわらず、全軍壊滅が避けられたのはポンペイウスの抱いた恐れのためであった、とカエサルは記す。ポンペイウスは「望外の結果であったため、しばらくは防御線に近づく踏ん切りがつかなかった」(三・七〇・一)。運に恵まれながら、優柔不断のために決定的打撃を加える好機をものにできなかったというのである。対して、カエサルは敗北のあと、兵士らを激励して言った。「すべてが首尾よく運ばない場合は、力を振り絞って運を支えなければならない。……諸君の動揺か、どこかに生じた手違いか、あるいは、運の作用かが獲得目前だった勝利を阻んだとすれば、諸君全員が奮起し、蒙った敗北を武勇で償わねばならない」(三・七三・四―五)。カエサルにとって、運は武勇と奮闘をもって摑み取るものとされている。

パルサーロスでは、ポンペイウスが相手の突撃をいったん受け止め、戦列に隙ができたところを叩く待機戦法を指示した(三・九二・二―三)。カエサルはこれを理にはずれた作戦と非難し、戦場では魂を活発に働かせる生得の資質が燃え立つものであるから、「この意欲を抑圧するのではなく、増進させることが将軍たる者の務め」(三・九二・五)と記す。この熱い闘魂によってカエサル軍の勝勢が築かれたとき、ポンペイウスがすぐに陣営に逃げ込んだ一方で、カエサルは敵に少しの余裕も与えようとしなかった。「運が恵んだ機会に乗じて陣営を攻略せよ」という兵士への激励(三・九五・一)は、デュッラキオン近郊の戦いでのポンペイウスの優柔不断と著しい対比をなしている。

人を動かす言葉、人を踊らせる言葉

いま、兵士の戦意高揚が将軍の務めであるというカエサルの記述を見た。先にはまた、カエサルがローマ市民の犠牲を少なくするために危険な運試しをしない理由として、剣ではなく作戦によって将軍は勝利を収めると考えていたこと(一・七二・二)に触れた。つまり、叱咤激励や作戦指示というように、言葉をもって部下を自分の思いどおりに動かし、それによって目的を達成することが将軍の務めであるとカエサルは述べている。この点で、最終的に勝利を手中にしたカエサルの言葉が的確に人を動かしたことは、『内乱記』という作品全体から実証されていると言えよう。

それと対照的に、ポンペイウス側については、噂のような裏づけのない言葉が飛び交い、それが早まった判断、誤った行動に走らせるという叙述が見られる。

イレルダの戦いでは、一時、カエサル軍が増水した二つの川のあいだの狭い場所に封じ込まれて窮迫する一方、アフラーニウス軍には城市とその周囲に物資と糧秣の豊富な備蓄があった(一・四八・一―五二・四)。こうした状況をアフラーニウスらは「大げさに尾ひれをつけてローマにいる支援者に書き送っていた。噂によって話が大きくふくらんだために、戦争がほぼ終結したかと思われるほどだった。それらの手紙や知らせがローマへ届くと、アフラーニウスの家へ大勢が押しかけ、大仰に祝辞が述べられた。多くの人々がイタリアからグナエウス・ポンペイウスのもとへ旅立ったが、その目的は、そうした知らせを最初に届けたと評価されるためであったり、戦争の結果が見えるまで待っていた、あるいは、みんなの最後にやって来たと見られるのを避けるためであったりした」(一・五三・一―二)

とカエサルは記す。噂にともなう軽佻浮薄の印象が先に見たポンペイウス派指導者の無節操さと響き合う叙述をなしている。しかし、カエサル軍が架橋工事を完成させるや、この状況は一変した(一・五九・二)。これをカエサルは、「まったく間の大変化であった。橋が完成し、五つの部族が味方に加わり、穀物の問題も解消し、ポンペイウスとともにマウレーターニアを通ってやって来ると言われていた軍団兵の援軍についての噂も消えて、さらに遠い場所の部族の多くもアフラーニウスから離反してカエサルの味方についた」(一・六〇・五)と記した。アフラーニウス軍の判断の甘さが噂に裏切られることでいっそう顕著に示されている。

デュッラキオン近郊の戦いでも同様の叙述が見られる。ポンペイウス軍はこの戦いに勝ったことが決定的打撃であると信じ、「誤った疑念、突然の恐慌、ジンクスなどのために大損害を蒙る例は数多く、指揮官の失敗や軍団士官の過失のために軍隊に被害が生じることも頻繁であるのに、あたかも武勇によって勝利を収めたかのように、局面の変化がもはや何一つ起こりえないかのように、世界じゅうへ噂や手紙を介してその日の勝利を祝う知らせを広めていた」(三・七二・四)。「局面の変化」はすぐに――パルサーロスの戦いで――やって来ることになるので、噂はポンペイウス軍の早まった判断を象徴している。

ただ、戦いの当初には、カエサル軍による包囲作戦の目的の一つとして、「ポンペイウスの影響力はとりわけ海外の諸民族に基盤があると思われたので、これを損なうために、彼がカエサルによって包囲されていながら敢えて決戦を挑まないという噂を世界じゅうに広めるため」(三・四三・三)と記されていただけに、カエサル軍敗北の結果には皮肉が感じられる。

加えて、カエサルと同じようにポンペイウスも意図的な情報戦略として噂を発信していた。「ポンペイウスは手紙をあらゆる属州と町々へ発信し、デュッラキオン近郊での戦闘について実際の出来事よりずっと大きく膨らませた噂を広めた。カエサルは撃退されて逃亡し、兵力のほとんどすべてを失った、というこの噂のために行軍が危険になった。この噂のためにかなりの町々がカエサルとの友誼に背を向けようとしていた」（三・七九・四）。しかし、この噂に踊らされてカエサルに敵対したゴンポイはわずか一日で陥落し、略奪を受ける憂き目を見た（三・八〇）。対照的に、当初は同様に噂に踊らされながら、ゴンポイ陥落を知って開城したメートロポリスは手厚く保護された（三・八一・一―二）。ここには、ポンペイウスの流した噂の不確かさがカエサルの武勇によって実証される展開が描かれている。

さらに言えば、カエサルにとって内乱はポンペイウス派が信じた幻想、流したデマの誤謬を自身の行動によって証明する戦いとして始められたと見なせるかもしれない。ポンペイウス派は、カエサルがスッラのような独裁者となって共和国ローマから自由を奪い、粛清と財産没収を進める、と喧伝した。彼らは恐怖に怯えながら、強硬な立場を譲らず、恐怖を振り払うために武器を執ったが、武器の使い方を知らず、同胞市民でも敵と見れば命を奪って容赦なかった。内乱を通じてポンペイウス派の残忍さ、無節操ぶりが明らかになる一方、カエサルは自由の擁護とローマ市民の生命財産の保全を第一に戦ったことが『内乱記』には記される。

『ガリア戦記』において、噂はガリア人の民族的本性であると同時に国家制度に組み入れられたものであるように記述された(四・五・二―三、六・二〇・一―三)。とりわけ、「こうして聞き知った事柄に影響されて最重要事の国策を決めることがよくあるが、それをすぐにまた後悔しなければならなくなる。彼らは不確かな噂の奴隷となる一方、答える側はたいてい、彼らの期待にそうような作り事を話すからである」(四・五・三)という一節は、そのまま『内乱記』でのポンペイウス軍にも当てはまりそうに聞こえる。ガリア人が「蛮族」であるならば、ポンペイウス軍の人間性もそれと変わらないものとして描かれているように見える。実際、アフリカでクーリオー軍を殲滅したのはユバ王率いるヌミディア人援軍であった(二・三八―四四)。若く勇敢なクーリオーが老獪な王の作戦によってほとんど騙し討ちに遭ったことに、サビーヌス指揮下の軍団を殲滅させたアンビオリクスの策略(『ガリア戦記』五・二六―三七)、ハエドゥイー族を離反させ、ローマ市民を殺害させたリタウィックスの欺瞞に満ちた煽動(同七・三八、四二)を重ね合わせることはそれほど的外れではないかもしれない。また、ポンペイウス軍の大半は東方の属州とその周辺地域から集められ、長々と列挙される(三・三・一―五・三)。いずれにしても、カエサルに支持を寄せる「われわれ」に対して、ポンペイウス軍に「非ローマ的」色彩が付与されていることは間違いないように思われる。

臨場感

さて、人を動かすにせよ、踊らせるにせよ、その言辞を文章で伝えるには二通りの方法がある。発話を引用符で囲む形で、話された内容をそのまま写す直接話法と、発話内容を地の文に取り込んで記述する間接話法である。ラテン語では、これら二つの話法に著しい相違があり、間接話法を使うと発話本来の迫力が損なわれる一方、客観的印象が強くなる。「覚え書き」の形式を意識してか、カエサルは間接話法を圧倒的に多用し、直接話法の使用を極力控えている。ただ、それだけに、使われたときの直接話法には生き生きとした臨場感を与える効果が意図されていると考えられる。

それは『ガリア戦記』でも、状況を変えたラビエーヌスの部下への激励(六・八・三―四)、ガリア人の策略をはらんだ言葉(七・二〇・三―八、一二、七・三八・一―三、六―八)や非人間的主張(七・七七・三―一六)、運の強大な力が発揮される契機となった偶然の情報(六・三五・八―九)など多様な表現に与《あずか》ったが、『内乱記』ではいっそう劇的な効果が意図されていると言えるかもしれない。

その顕著な例は、作品全体のクライマックスをなすパルサーロスでの戦いの叙述において見出せる。ここには、カエサル自身の発話が――『ガリア戦記』では一例も見られなかったのに――直接話法で示される。いったんは敵に行軍を続けさせて消耗させる作戦を始めようとしたが、ポンペイウス軍戦列の位置を見てカエサルは、「いまは行軍を後回しにせねばならない。われわれが考えるべきは戦うことだ。これこそ、われわれがずっと求めてきたことだ。決戦に臨む覚悟を固めよう。機会はそうやすやすとこの先まためぐってはこない」(三・八五・四)と言って戦闘態勢の軍を繰り出した。直接話法によって、一瞬の機を捉えたカエサルの機敏さと決断力がいっそう生き生きと表現されていることがまず認められる。

次いで、それはポンペイウスおよびラビエーヌスとの対比を描くことに与る。というのも、すぐに続いて、ポンペイウスの作戦指示(三・八六・二―四)と、これを称えるラビエーヌスの言葉(三・八七・一―四)も直接話法で示されるからである。ポンペイウスは絶対的強みのある騎兵でカエサル軍戦列の背後を衝くことを、ラビエーヌスはカエサル軍が弱体であることを述べた。それによって全軍が勝利を確信した(三・八七・七)。しかし、ポンペイウスの作戦指示には「ほとんどの者が驚く」(三・八六・二)ほど自信過剰な思い込みが滲む。また、ラビエーヌスの言葉には、「カエサルの軍勢を侮っていた」(三・八七・一)、誰もが「あれほど経験豊富な将軍が根拠のない安請け合いをするとは思えなかった」(三・八七・七)というコメントが付されることで、傲慢な響きと皮肉の影がともなう。実際の戦闘では、カエサル軍第四戦列がポンペイウス軍騎兵を圧倒すると、あとは一方的にポンペイウス軍の敗勢となった。この結果に至ったとき、陣営に逃げ込みながらポンペイウスが発した指示にまた直接話法が用いられている。彼は「陣営を守れ。懸命に防戦せよ。重大な事態になるかもしれぬから。私は他の門を見回り、陣営の守備隊を激励する」(三・九四・五)と言った。ここには、戦前の自信を見る影もなく失い、現場を放棄する無責任な指揮官の虚ろな声がよく表現されている。

対してカエサルは、勝利を摑んだ主因として、すでに見たように、ポンペイウスの待機戦法とは対照的に兵士の闘魂を熱く燃え立たせたことを挙げていた。そのことを象徴するクラースティヌスの挿話において、この百人隊長の言葉も直接話法で示された。彼は兵士仲間に向かって、「諸君の将軍のために諸君が決意したとおりの働きを示せ。残るはもうこの一戦だけだ。これが終われば、将軍は威信を、われわれは自由を取り戻すだろう」と言った(三・九一・二)。先に見たように、「威信」と「自由」はルビコーン渡河を前にカエサルが兵士らの意志を確認した際のキーワードであった。ここには、カエサルの奉じた戦争の大義を「われわれ」が共有しつつ、決戦に臨もうとする――やはり直接話法で語られていた――カエサルの決断に応えて決定的戦果に結実させることが宣言されている。宣言はそのとおり現実となった。クラースティヌスはまたカエサルに対して、「今日はこの身が生き残ろうと死に果てようと、私の働きに感謝のお言葉をいただきますぞ」(三・九一・三)と言った。ここに結ばれた約束も、悲しい結果のもとではありながら、そのとおり果たされた。「クラースティヌスも勇猛無比に戦って討ち取られた。剣を正面から顔に受けたのだった。彼が戦いへ向かうとき言ったことに偽りはなかった」(三・九九・二―三)とカエサルは記している。カエサルと「われわれ」の言葉は行為の裏づけをともなった。直接話法はその力強さを伝えるのに役立っている。

三　参考文献

訳出に当たって底本とした校本

Carter, J. M., *Julius Caesar The Civil War Books I & II*. Warminster 1991.

Id., *Julius Caesar The Civil War Book III*. Warminster 1993.

底本以外に参照した校本・対訳本・翻訳

Fabre, P., *César La Guerre Civile*. Tomes I–II. Paris 1936.

Klotz, A., *C. Iuli Caesaris Commentarii*. Vol. II. *Commentarii Belli Civilis*. Bibliotheca Teubneriana 1942.

Kraner, F./F. Hofmann, *C. Iuli Caesaris Commentarii de Bello Civili*. Dublin/Zürich 1968[16] (Hildesheim 1959).

Peskett, A. G., *Caesar The Civil Wars*. Loeb Classical Library 1914.

Schönberger, O., *C. Iulius Caesar, Der Bürgerkrieg*. Darmstadt 1984.

Townend, G., *Caesar's War in Alexandria. Bellum Civile III. 102-112 & Bellum Alexandrianum 1-33*. Bristol/Wauconda, IL 1988.

国原吉之助訳『カエサル文集』筑摩書房、一九八一年。(『内乱記』の講談社学術文庫版は一九九六年刊行)

Carter, J. M., *Julius Caesar The Civil War with the Anonymous Alexandrian, African, and Spanish Wars*. Oxford World's Classics 1996.

Gardner, J. F., *Caesar The Civil War, together with The Alexandrian War, The African War and The Spanish War by Other Hands*. Penguin Books 1967.

本書に関わる主要古代文献(代表的邦訳)

ウェッレイウス・パテルクルス『ローマ世界の歴史』(西田卓生・高橋宏幸訳、京都大学学術出版会、二〇一二年)。

キケロー『アッティクス宛書簡集』Ⅰ・Ⅱ(『キケロー選集』第一三・一四巻、根本和子・川崎義和・高橋英海・大芝芳弘訳、岩波書店、二〇〇〇―二〇〇一年)。

キケロー『縁者・友人宛書簡集』Ⅰ・Ⅱ(『キケロー選集』第一五・一六巻、高橋宏幸・五之治昌比呂・大西英文・兼利琢也訳、岩波書店、二〇〇一―二〇〇二年)。

スエートーニウス『皇帝伝』(=『ローマ皇帝伝』上・下、国原吉之助訳、岩波文庫、一九八六年)。

プルータルコス『対比列伝』(=『プルターク英雄伝』全一二冊、河野与一訳、岩波文庫、一九五二―一九五六年。『プルタルコス英雄伝』上・中・下、村川堅太郎訳、ちくま学芸文庫、一九九六年。『プルタルコス英雄伝』1―4、柳沼重剛・城江良和訳、京都大学学術出版会、二〇〇七―二〇一五年)。

ルーカーヌス『内乱』(上・下、大西英文訳、岩波文庫、二〇一二年)。

アッピアーノス『内乱史』(邦訳なし。H. White, *Appian's Roman History*. Vols. III–IV. *The Civil Wars*. Loeb Classical Library 1913)。

ディオーン『ローマ史』(邦訳なし。E. Cary, *Dio's Roman History*. 9 vols. Loeb Classical Library 1914–1927)。

解説等の執筆に当たって参照した文献

ゲルツァー、マティアス『ローマ政治家伝Ⅰ　カエサル』長谷川博隆訳、名古屋大学出版会、二〇一三年。

ゴールズワーシー、エイドリアン『カエサル』上・下、宮坂渉訳、白水社、二〇一二年。

サイム、ロナルド『ローマ革命』上・下、逸身喜一郎ほか訳、岩波書店、二〇一三年。

高橋宏幸『カエサル『ガリア戦記』——歴史を刻む剣とペン』岩波書店、二〇〇九年。

長谷川博隆『カエサル』講談社学術文庫、一九九四年。

モムゼン、テオドール『ローマの歴史IV　カエサルの時代』長谷川博隆訳、名古屋大学出版会、二〇〇七年。

Adcock, F. E., *Caesar as a Man of Letters*. Cambridge 1956.

Batstone, W. W./C. Damon, *Caesar's Civil War*. Oxford 2006.

Béquignon, Y., Études Thessaliens XII. Encore le champ de bataille de Pharsale. *Bulletin de Correspondance Hellénique* 98(1974), 119–123.

Boatwright, M. T., Caesar's Second Consulship and the Completion and Date of the *Bellum Civile*. *Classical Journal* 84(1988), 31–40.

Brown, R. D., Two Caesarian Battle-Descriptions: A Study in Contrast. *Classical Journal* 94(1999), 329–357.

Collins, J. H., On the Date and Interpretation of the *Bellum Civile*. *American Journal of Philology* 80(1959), 113–132.

Id., Caesar as Political Propagandist. *Aufstieg und Niedergang der Römischen Welt* I.1. Berlin/New York 1972,

922–966.

Griffin, M. (ed.), *A Companion to Julius Caesar*. Malden, MA 2009.

Grillo, L., *The Art of Caesar's Bellum Civile: Literature, Ideology and Community*. Cambridge 2011.

Grosser Historischer Weltatlas. 1. Teil. Vorgeschichte und Altertum. Hrsg. vom Bayerischen Schulbuch-Verlag. München 1978^{6}.

Knoche, U., Caesars Commentarii, ihr Gegenstand und ihre Absicht. *Gymnasium* 58(1951), 139–160.

Lendon, J. E., The Rhetoric of Combat: Greek Military Theory and Roman Culture in Julius Caesar's Battle Descriptions. *Classical Antiquity* 18(1999), 273–329.

Lucas, F. L., The Battlefield of Pharsalos. *The Annual of the British School at Athens* 24(1919–21), 34–53.

McCullough, C., *Caesar. A Man, A Leader, A Legend*. London 1998.

Morgan, J. D., Palaepharsalus — the Battle and the Town. *American Journal of Archaeology* 87(1983), 23–54.

Mutschler, F. H., *Erzählstil und Propaganda in Caesars Kommentarien*. Heidelberg 1975.

Pelling, C. B. R., Pharsalus. *Historia* 22(1973), 249–259.

Raaflaub, K., *Dignitatis contentio: Studien zur Motivation und politischen Taktik im Bürgerkrieg zwischen Caesar und Pompeius*. München 1974.

Ramage, E. S., The Bellum Iustum in Caesar's *De Bello Gallico*. *Athenaeum* 89(2001), 149–170.

Id., Aspects of Propaganda in the *De Bello Gallico*: Caesar's Virtues and Attributes. *Athenaeum* 91(2003), 331–

372.

Rambauld, M., *L'Art de la Déformation Historique dans les Commentaires de César*. Paris 1966.

Riggsby, A. M., *Caesar in Gaul and Rome. War in Words*. Austin, TX 2006.

Rossi, A., The Camp of Pompey: Strategy of Representation in Caesar's *Bellum Ciuile. Classical Journal* 95 (2000), 239–256.

Rowe, G. O., Dramatic Structures in Caesar's *Bellum Civile. Transactions and Proceedings of the American Philological Association* 98 (1967), 399–414.

Talbert, R. J. A., *Barrington Atlas of the Greek and Roman World*. Princeton 2000.

Welch, K./A. Powell (eds.), *Julius Caesar as Artful Reporter: The War Commentaries as Political Instruments*. London 1998.

高橋宏幸
1956年，千葉県生まれ．1984年，京都大学大学院文学研究科博士課程修了．2010年，京都大学文学博士．
現在，京都大学大学院文学研究科教授．西洋古典学専攻．
（主要著書）
『カエサル『ガリア戦記』── 歴史を刻む剣とペン』（岩波書店）
『ギリシア神話を学ぶ人のために』（世界思想社）
『はじめて学ぶラテン文学史』（編著，ミネルヴァ書房）
『農耕詩の諸変奏』（共著，英宝社）
『セネカ哲学全集5　倫理書簡集Ⅰ』（訳，岩波書店）
『キケロー書簡集』（編，岩波文庫）

カエサル戦記集 内乱記

2015年10月15日　第1刷発行

訳　者　高橋宏幸《たかはしひろゆき》

発行者　岡本　厚

発行所　株式会社 岩波書店
〒101-8002 東京都千代田区一ツ橋2-5-5
電話案内 03-5210-4000
http://www.iwanami.co.jp/

印刷・法令印刷　カバー・半七印刷　製本・牧製本

ISBN 978-4-00-024173-1　Printed in Japan

索　引

出現個所は「巻(太字)＋章＋節」で表示.
(例) **3**. 79. 7 ＝第三巻第七九章七節
1. 12. 3; 13. 1, 5 ＝第一巻第一二章三節および第一三章一・五節

ア　行

アイギニオン　Aeginium　エーペイロスの城市，現カランバカ(Kalambaka).　**3**. 79. 7
アイトーリア(人)　Aetolia(Aetoli)　ギリシア本土中央部の地方.　**3**. 34. 2; 35. 1; 56. 1; 61. 2
アウァリクム　Avaricum　ガリア，ビトゥリゲス族の城市，現ブールジュ(Bourges).　**3**. 47. 5
アウクシムム(の住民)　Auximum(Auximates)　ピーケーヌム地方の城市，現オージモ(Osimo).　**1**. 12. 3; 13. 1, 5; 15. 1; 31. 2
アウセーターニー　Ausetani　ヒスパーニアの部族.　**1**. 60. 2
アウレーリウス・コッタ，マルクス　Aurelius Cotta, M.　ポンペイウス軍の指揮官.　**1**. 30. 2, 3
アウレーリウス・コッタ，ルーキウス　Aurelius Cotta, L.　前 65 年の執政官.　**1**. 6. 5
アエクス　→エーグス
アエミリウス・レピドゥス，マルクス　Aemilius Lepidus, M.　前 49 年の法務官，前 46 年にカエサルの同僚執政官.　**2**. 21. 5
アエリウス・トゥーベロー，ルーキウス　Aelius Tubero, L.　カエサル軍の指揮官.　**1**. 30. 2; 31. 2, 3
アカイア　Achaia　ギリシア本土南部とペロポンネーソス半島からなるローマ属州.　**3**. 3. 2; 4. 2; 5. 3; 56. 1, 3; 57. 1; 106. 1
アカルナーニア　Acharnania　ギリシア本土中西部の地方.　**3**. 56. 1; 58. 4
アキッラース　Achillas　エジプト国王軍司令長官.　**3**. 104. 2, 3; 108. 2; 109. 2, 3, 5; 110. 1; 111. 1; 112. 10, 12

アキーリウス・カニーニアーヌス(カニーヌス)，マルクス　Acilius Caninianus(Caninus), M.　カエサル軍の副司令官.　**3**. 15. 6; 16. 2; 39. 1; 40. 1
アクイターニア　Aquitania　ガリア南西部の民族アクイターニー(Aquitani)の領地.　**1**. 39. 2
アクーティウス・ルーフス　Acutius Rufus　ポンペイウス軍の士官.　**3**. 83. 2
アシア　Asia　現在のトルコ西部に相当する領域の属州.　**1**. 4. 5; **3**. 3. 1, 2; 4. 1; 5. 1, 3; 7. 1; 42. 2; 53. 1; 105. 1; 106. 1; 107. 1
アスクルム　Asculum　ピーケーヌム地方の城市，現アスコリ・ピチェーノ(Ascoli Piceno).　**1**. 15. 3
アスパラギオン　Asparagium　デュッラキオンの住民が治める町.　**3**. 30. 7; 41. 1; 76. 1, 2
アタマーニア　Athamania　エーペイロスの南東地方.　**3**. 78. 4
アッティウス，ガーイウス　Attius, C.　ポンペイウス軍の指揮官.　**1**. 18. 1, 3, 4
アッティウス・ウァールス，クイントゥス　Attius Varus, Q.　カエサル軍の騎兵隊長.　**3**. 37. 5
アッティウス・ウァールス，プブリウス　Attius Varus, P.　ポンペイウス軍の指揮官．前 52 年にアフリカで法務官格属州総督.　**1**. 12. 3; 13. 1, 2, 4, 5; 31. 2; **2**. 23. 1, 3; 25. 1, 3; 27. 1–3; 28. 1, 3; 30. 2; 33. 3; 34. 2, 3, 6; 35. 1, 2, 6; 36. 2; 43. 2; 44. 1, 2
アップレイウス・サートゥルニーヌス，ルーキウス　Appuleius Saturninus, L.　前 103, 100 年の護民官.　**1**. 7. 6
アッレーティウム　Arretium　エトルーリアの城市，現アレッツォ(Arezzo).　**1**. 11. 4
アッロブロゲス　Allobroges　外ガリア属州の部族.　**3**. 59. 1; 63. 5; 79. 6; 84. 5
アテーナイ　Athenae　現アテネ.　**3**. 3. 1
アドブキッルス　Adbucillus　アッロブロゲス族の指導者.　**3**. 59. 1
アナス　Anas　ヒスパーニアの川，現グアディアナ(Guadiana).　**1**. 38. 1
アプソス　Apsus　アポッローニア近郊の川，現セマン(Seman).　**3**. 13. 5, 6; 19. 1; 30. 3
アフラーニウス，ルーキウス　Afranius, L.　(1)ポンペイウス軍の副司令

官. **1**. 37. 1, 3; 38. 1–4; 39. 1; 40. 4; 41. 2, 3, 5; 42. 2; 43. 1, 4, 5; 46. 5; 47. 2; 48. 5; 49. 1; 51. 1, 4; 53. 1, 2; 54. 1; 60. 5; 61. 2; 63. 3; 65. 1; 67. 1; 69. 1; 70. 1–4; 71. 3, 4; 72. 5; 73. 4; 74. 3; 75. 1; 76. 3; 78. 1; 84. 2, 3; 87. 3; **2**. 17. 4; 18. 1, 3; **3**. 83. 2; 88. 3　(2)(1)の息子. **1**. 74. 6; 84. 2

アープーリア　Apulia　イタリア南部イオニア海側の地方，ほぼ現プーリア(Puglia)に相当. **1**. 14. 3; 17. 1; 23. 5; **3**. 2. 3

アフリカ　Africa　現在のチュニジアとリビア西部沿岸部に相当する領域のローマ属州. **1**. 30. 2, 3; 31. 2; **2**. 23. 1; 28. 1; 32. 3, 13; 37. 2; **3**. 10. 5; 26. 4, 5

アヘーノバルブス　→ドミティウス・アヘーノバルブス

アポッローニア(の住民)　Apollonia(Apolloniates)　イッリュリクムの城市. エグナーティウス街道の西の起点. **3**. 5. 2; 11. 2; 12. 1, 3; 13. 1, 5; 25. 3; 26. 1; 30. 1; 75. 1; 78. 1, 3, 4; 79. 2

アマーノス　Amanus　キリキアとシュリアにまたがる山地. **3**. 31. 1

アマンティア　Amantia　イッリュリクム南端の城市. **3**. 12. 4; 40. 4

アリオバルザネース　Ariobarzanes　カッパドキアの王(在位前 52–42 年). **3**. 4. 3

アリミヌム　Ariminum　ハドリア海沿岸，内ガリアとの境界にある城市. 現リミニ(Rimini). **1**. 8. 1; 10. 3; 11. 1, 4; 12. 1

アルシノエー　Arsinoe　クレオパトラの妹.「プトレマイオス王の娘」として言及される. **3**. 108. 4; 112. 10

アルバ(・フケンス)　Alba Fucens　マルシー人の城市. **1**. 15. 7; 24. 3

アルビキー　Albici　ガリアの部族. **1**. 34. 4; 56. 2; 57. 3; 58. 4; **2**. 2. 6; 6. 3

アレクサンドリア　Alexandria　エジプトの首都. **3**. 4. 4; 103. 3, 5; 104. 1; 106. 1, 4; 107. 1; 108. 2, 6; 109. 1; 110. 2, 4–6; 111. 1, 3; 112. 2, 12

アレコミキー　→ウォルカエ・アレコミキー

アレシア　Alesia　ガリア，マンドゥービイー族の城市，現アリーズ゠サント゠レーヌ(Alise-sainte-Reine). **3**. 47. 5

アレラーテー　Arelate　サッリュエス族の主邑，現アルル(Arles). **1**. 36. 4; **2**. 5. 1

アンクイッラーリア　Anquillaria　アフリカの城市. **2**. 23. 1

アンコーナ　Ancona　ピーケーヌム地方の城市，現在も同名. **1**. 11. 4

アンティオキア　Antiochia　シュリアの首都. **3**. 102. 6; 105. 4

アンティオコス・コンマゲノス　Antiochus Commagenus　シュリア王.　**3**. 4. 5
アントーニウス，ガーイウス　Antonius, C.　カエサル軍の副司令官.　**3**. 4. 2; 10. 5; 67. 5
アントーニウス，マルクス　Antonius, M.　前項の人物の兄．前 49 年の護民官.　**1**. 2. 7; 11. 4; 18. 2, 3; **3**. 24. 1, 3, 4; 26. 1, 29. 1, 2; 30. 2, 4, 6; 34. 1; 40. 5; 46. 4; 65. 1; 89. 3
アンドロステネース　Androsthenes　テッサリアの連合総帥.　**3**. 80. 3
アンニウス・ミロー，ティトゥス　Annius Milo, T.　前 57 年の護民官．プブリウス・クローディウスの殺害者.　**3**. 21. 4; 22. 1
アンピウス・バルブス，ティトゥス　Ampius Balbus, T.　ポンペイウス軍の副司令官．前 59 年の法務官.　**3**. 105. 1
アンピポリス　Amphipolis　マケドニア東部，沿岸部の城市.　**3**. 102. 2, 4
アンピロコイ　Amphilochi　エーペイロスの部族.　**3**. 56. 1
アンブラキア　Ambracia　エーペイロスの城市.　**3**. 36. 5
イギリウム　Igilium　コサ沖の島，現ジリオ(Giglio).　**1**. 34. 2
イーグウィウム　Iguvium　ウンブリア地方の町，現グッビオ(Gubbio).　**1**. 12. 1, 3
イストモス　Isthmus　コリントスの地峡.　**3**. 56. 3
イタリア　Italia　**1**. 2. 2; 6. 3, 8; 9. 1, 4, 5; 25. 3, 4; 27. 2; 29. 3; 30. 3; 35. 1; 48. 4; 53. 2; **2**. 17. 1; 18. 7; 22. 6; 32. 1, 3, 13; **3**. 1. 2; 4. 1; 6. 1; 10. 5; 12. 2; 13. 5; 18. 4; 21. 4; 22. 4; 29. 2, 3; 39. 1; 42. 3; 57. 4; 73. 3; 78. 3, 5; 82. 2; 87. 2
イタリカ　Italica　ヒスパーニアの城市.　**2**. 20. 6
イッサ　Issa　サローナエ沖の島，現ヴィス(Vis).　**3**. 9. 1
イッリュリクム　Illyricum　ローマの属州，旧ユーゴスラヴィア沿岸部に相当.　**3**. 9. 1; 78. 3
イッルルガウォネンセス　Illurgavonenses　ヒスパーニアの部族.　**1**. 60. 2
イレルダ　Ilerda　ヒスパーニアの城市，現リェイダ(Lleida).　**1**. 38. 4; 41. 2; 43. 1; 45. 1, 2; 48. 5; 49. 2; 56. 1; 59. 1; 63. 1; 69. 1; 73. 2; 78. 1, 2; **2**. 17. 4
ウァッロー　→テレンティウス・ウァッロー
ウァティーニウス，プブリウス　Vatinius, P.　カエサル軍の副司令官．前

47 年の執政官.　**3**. 19. 2, 6; 90. 1; 100. 2
ウァールス　→アッティウス，クインティリウス
ウァールス　Varus　外ガリア属州東側境界をなす川，現ヴァール(Var).　**1**. 86. 3; 87. 1, 5
ウァレリウス，クイントゥス　Valerius, Q.　カエサル軍の副司令官.　**1**. 30. 2, 3; 31. 1
ウァレリウス・トリアーリウス，ガーイウス　Valerius Triarius, C.　ポンペイウス軍の副司令官.　**3**. 5. 3; 92. 2
ウァレリウス・フラックス，ルーキウス　Valerius Flaccus, L.　(1)前 63 年の法務官.　**3**. 53. 1　(2)(1)の息子．ポンペイウス軍の士官.　**3**. 53. 1
ウィービウス・クリウス　Vibius Crius　カエサル軍の騎兵隊長.　**1**. 24. 3
ウィブッリウス・ルーフス，ルーキウス　Vibullius Rufus, L.　ポンペイウス軍の指揮官.　**1**. 15. 4; 34. 1; 38. 1; **3**. 10. 1; 11. 1; 15. 8; 18. 3; 22. 1
ウィボー　Vibo　ブルッティイーの港町．現ヴィボ・マリーナ(Vibo Marina).　**3**. 101. 1, 4
ウェスピッロー　→ルクレーティウス・ウェスピッロー
ウェットネス　Vettones　ヒスパーニアの部族.　**1**. 38. 1, 2, 4
ウォルカエ・アレコミキー　Volcae Arecomici　外ガリアの部族.　**1**. 35. 4
ウォルカーキウス・トゥッルス，ガーイウス　Volcacius Tullus, C.　カエサル軍の指揮官.　**3**. 52. 2
ウォルセーヌス，ガーイウス　Volusenus, C.　カエサル軍の騎兵隊長.　**3**. 60. 4
内ガリア　Gallia citerior　アルプス南東側のローマ属州.　(**1**. 22. 5); **3**. 87. 4
ウティカ(の住民)　Utica(Uticenses)　アフリカの城市.　**1**. 31. 3; **2**. 23. 3; 24. 1, 3, 4; 25. 1, 3, 6, 7; 26. 1, 2; 36. 1; 37. 3; 38. 1; 44. 3
エーグス(アエクス)　Egus(Aecus)　アッロブロゲス族騎兵.　**3**. 59. 1; 79. 6; 84. 5
エジプト(人)　Aegyptus(Aegyptii)　**3**. 3. 1; 5. 1, 3; 40. 1; 104. 1; 106. 1; 110. 6; 112. 3
エーペイロス　Epirus　ギリシア西部の地方.　**3**. 4. 2; 12. 4; 13. 2; 42. 3;

47. 6; 61. 2; 78. 4; 80. 1
エペソス　Ephesos　属州アシア最大の都.　**3**. 33. 1, 2; 105. 1, 2
エーリス　Elis　ペロポンネーソス半島北西部の城市.　**3**. 105. 3
オクターウィウス，マルクス　Octavius, M.　ポンペイウス軍の指揮官.
3. 5. 3; 9. 1, 4, 6–8
オスカ(の住民)　Oscenses　内ヒスパーニアの城市，現ウエスカ(Huesca).
1. 60. 1
オターキリウス・クラッスス　Otacilius Crassus　ポンペイウス軍の指揮官.
3. 28. 2, 4, 6; 29. 1
オトゲサ　Otogesa　内ヒスパーニアの城市.　**1**. 61. 5; 68. 1; 70. 4
オピーミウス，マルクス　Opimius, M.　ポンペイウス軍の騎兵隊長.
3. 38. 4
オーリコン　Oricum　エーペイロスの城市と港，現オリクム(Orikum).
3. 7. 1; 8. 4; 11. 3; 12. 1; 13. 1; 14. 2; 15. 1; 16. 2; 23. 1; 34. 1; 39. 1; 40. 1; 78. 3–5; 90. 1
オルコメノス　Orchomenus　ボイオーティアの城市.　**3**. 56. 4

カ　行

カエキリウス，ティトゥス　Caecilius, T.　アフラーニウス軍の百人隊長.
1. 46. 5
カエキリウス・メテッルス，ルーキウス　Caecilius Metellus, L.　前 49 年の護民官.　**1**. 33. 3
カエキリウス・メテッルス・ピウス・スキーピオー・ナーシーカ，クイントゥス　Caecilius Metellus Pius Scipio Nasica, Q.　ポンペイウスの岳父. 前 52 年にポンペイウスと同僚執政官.　**1**. 1. 4; 2. 1, 6; 4. 1, 3; 6. 1, 5; **3**. 4. 3; 31. 1; 33. 1; 36. 1, 5–8; 37. 1–4; 38. 1, 2; 57. 1, 3, 5; 78. 3, 5; 79. 3; 80. 3, 4; 81. 2; 82. 1; 83. 1; 88. 3; 90. 1
カエキリウス・ルーフス，ルーキウス　Caecilius Rufus, L.　元老院議員.
1. 23. 2
カエサル　→ユーリウス・カエサル
カエリウス・ルーフス，マルクス　Caelius Rufus, M.　前 52 年の護民官，前 48 年の法務官.　**1**. 2. 3; **3**. 20. 1, 4; 21. 1, 3–5; 22. 3
カシリーヌム　Casilinum　カプア近くの町.　**3**. 21. 5

カストゥロー峠　saltus Castulonensis　ヒスパーニアの城市カストゥロー(Castulo)近くの峠．　**1**. 38. 1
カストール　→タルコーンダーレイオス・カストール
カッシウス・ロンギーヌス，ガーイウス　Cassius Longinus, C.　ポンペイウス軍の指揮官．カエサル暗殺者の一人．　**3**. 5. 3; 101. 1, 2, 4, 6, 7
カッシウス・ロンギーヌス，クイントゥス　Cassius Longinus, Q.　前49年の護民官．　**1**. 2. 7; **2**. 19. 1; 21. 4
カッシウス・ロンギーヌス，ルーキウス　Cassius Longinus, L.　カエサル軍の副司令官．　**3**. 34. 2; 35. 2; 36. 2, 4, 5, 7, 8; 56. 1, 2
カッパドキア　Cappadocia　現トルコ中央部の地方．　**3**. 4. 3
ガッルス　→トゥーティカーヌス・ガッルス
ガッログラエキア　Gallograecia　ビテューニア南方の国．ガラティア(Galatia)とも呼ばれる．　**3**. 4. 5
ガッローニウス，ガーイウス　Gallonius, C.　ローマ騎士．　**2**. 18. 2; 20. 2, 3
ガーデース　Gades　外ヒスパーニアの城市，現カディス(Cádiz)．　**2**. 18. 1, 2, 6; 20. 1–3; 21. 1, 3, 4
カトー　→ポルキウス・カトー・ウティケンシス
カニーニアーヌス　→アキーリウス・カニーニアーヌス
カニーニウス・レビルス，ガーイウス　Caninius Rebilus, C.　カエサル軍の副司令官．　**1**. 26. 3, 5; **2**. 24. 2; 34. 4
カヌシウム　Canusium　アープーリアの城市，現カノーサ・ディ・プーリア(Canosa di Puglia)．　**1**. 24. 1
カヌレイウス，ルーキウス　Canuleius, L.　カエサル軍の副司令官．　**3**. 42. 3
カピトーリウム　Capitolium　ローマの丘．　**1**. 6. 7
ガビーニウス，アウルス　Gabinius, A.　前58年の執政官．　**3**. 4. 4; 103. 5; 110. 2
カプア　Capua　カンパーニアの城市，現在も同名．　**1**. 10. 1; 14. 4; **3**. 21. 5; 71. 1
カメリーヌム　Camerinum　ウンブリア地方の町，現カメリーノ(Camerino)．　**1**. 15. 5
カラグッリス(の住民)　Calagurritani　ヒスパーニアの城市，現カラオラ(Calahorra)．　**1**. 60. 1

カラリス(の住民)　Calaritani　サルディニアの首都，現カリアリ(Cagliari). **1**. 30. 3
ガリア　Gallia　現在のフランス，スイス，ベルギーに相当する地域. **1**. 6. 5; 7. 7; 10. 3; 18. 5; 29. 2, 3; 39. 2; 48. 4; 51. 1; **2**. 1. 2; **3**. 2. 3; 29. 2; 42. 3; 59. 1, 2; 79. 6; 87. 1
カリディウス，マルクス　Calidius, M.　カエサル派の元老院議員. **1**. 2. 3, 5
カリュドーン　Calydon　ギリシア，アイトーリア地方の町. **3**. 35. 1
カルウィシウス・サビーヌス，ガーイウス　Calvisius Sabinus, C.　カエサル軍の指揮官. 前 39 年の執政官. **3**. 34. 2; 35. 1; 56. 1, 2
カルウィーヌス　→ドミティウス・カルウィーヌス
カルプルニウス・ピーソー，ルーキウス　Calpurnius Piso, L.　前 58 年の執政官，カエサルの岳父. **1**. 3. 6
カルプルニウス・ビブルス，マルクス　Calpurnius Bibulus, M.　(1)ポンペイウス軍の指揮官，前 59 年にカエサルの同僚執政官. **3**. 5. 4; 7. 1, 2; 8. 3; 14. 2, 3; 15. 1, 6; 16. 2, 3; 18. 1; 31. 3　(2)(1)の 2 人の息子. **3**. 110. 6
カルモー(の住民)　Carmonenses　外ヒスパーニアの城市，現カルモーナ(Carmona). **2**. 19. 4
カレーヌス　→フフィウス・カレーヌス
カンダーウィア　Candavia　イッリュリクム内陸の山岳地域. **3**. 11. 2; 79. 2, 3
カンタブリア　Cantabria　ヒスパーニア北部の地方. **1**. 38. 3
カンパーニア　Campania　イタリア半島の「脛」に当たる地方. **1**. 14. 5
キュクラデス　Cyclades　エーゲ海の群島. **3**. 3. 1
キュプロス　Cyprus　地中海東部の島. **3**. 102. 5; 106. 1
キューレーネー　Cyrenae　現在のリビア中央部沿岸の城市とこれを中心とするローマ属州. **3**. 5. 1
キリキア(の住民)　Cilicia(Cilices)　現トルコの東南沿岸部に相当する領域の属州. **3**. 3. 1; 4. 1; 88. 3; 101. 1; 102. 5; 110. 3
ギリシア(人)　Graecia(Graeci)　**1**. 25. 3; **3**. 11. 4; 30. 6; 102. 2; 105. 5
キンガ　Cinga　ヒスパーニアの川，現シンカ(Cinca). **1**. 48. 3
キングルム　Cingulum　ピーケーヌムの町，現チンゴリ(Cingoli). **1**.

15. 2
クインティリウス・ウァールス，セクストゥス　Quintilius Varus, Sex.　ポンペイウス軍の財務官.　**1**. 23. 2; **2**. 28. 1, 2
クラウディウス・マルケッルス，ガーイウス　Claudius Marcellus, C.　前49年の執政官.　**1**. 6. 4; 14. 2; **3**. 5. 3
クラウディウス・マルケッルス，マルクス　Claudius Marcellus, M.　前51年の執政官.　**1**. 2. 2, 5
クラースティヌス，ガーイウス　Crastinus, C.　カエサル軍の首位百人隊長.　**3**. 91. 1; 99. 2, 3
グラックス兄弟　Sempronii Gracchi, Ti. et C.　兄ティベリウス(前133年の護民官)と弟ガーイウス(前123, 122年の護民官).　**1**. 7. 6
クラッスス　→オターキリウス，リキニウス
グラーニウス，アウルス　Granius, A.　カエサル軍のローマ騎士.　**3**. 71. 1
クリウス　→ウィービウス・クリウス
クーリオー　→スクリーボーニウス・クーリオー
クリクタ　Curicta　ハドリア海の島.　**3**. 10. 5
クルペア　Clupea　アフリカの城市，現ケリビア(Kelibia).　**2**. 23. 2, 3
クレオパトラ　Cleopatra　エジプトの女王，プトレマイオス12世の娘.　**3**. 103. 2; 107. 2; 108. 4
クレータ　Creta　現クレタ島.　**3**. 4. 1, 3; 5. 1
クレモーナ　Cremona　内ガリアの城市，現在も同名.　**1**. 24. 4
クローディウス，アウルス　Clodius, A.　カエサルの友人.　**3**. 57. 1, 5; 90. 1
クローディウス，プブリウス　Clodius, P.　前58年の護民官，大衆煽動家.　**3**. 21. 4
ゲヌスス　Genusus　イッリュリクムの川，現シュクンビン(Shkumbin).　**3**. 75. 4; 76. 1
ケラウニア　Ceraunia　エーペイロスの海岸域.　**3**. 6. 3
ゲルゴウィア　Gergovia　ガリア，アルウェルニー族の主都，現クレルモン(Clermont).　**3**. 73. 6
ケルティベーリア　Certiberia　ヒスパーニアの地方，ヒベールス川南側の山岳地域.　**1**. 38. 3; 61. 2
ゲルマーニア(人)　Germania(Germani)　現在のドイツに相当する地域

(の人々). **1**. 7. 7; 83. 5; **3**. 4. 4; 52. 2; 87. 1
コサ　Cosa　エトルーリアの城市，現アンセドニア(Ansedonia). **1**. 34. 2
コッタ　→アウレーリウス・コッタ
コテュス(コトゥス)　Cotys(Cotus)　トラーキア東部，アスタエの王. **3**. 4. 3; 36. 4
コーポーニウス，ガーイウス　Coponius, C.　ポンペイウス軍の指揮官，前49年の法務官. **3**. 5. 3; 26. 2
コルキューラ　Corcyra　イオニア諸島中，第2の島. 現コルフ(またはケルキラ)島. **3**. 3. 1; 7. 1; 8. 3; 15. 3; 16. 1; 58. 4; 100. 3
コルドゥバ　Corduba　ヒスパーニアの城市，現コルドバ(Córdoba). **2**. 19. 1–3; 20. 8; 21. 1, 3
コルネーリウス・スッラ，プブリウス　Cornelius Sulla, P.　カエサル軍の副司令官. **3**. 51. 1, 3, 5; 89. 3; 99. 4
コルネーリウス・スッラ・ファウストゥス，ルーキウス　Cornelius Sulla Faustus, L.　次項の人物の息子. **1**. 6. 3, 4
コルネーリウス・スッラ・フェーリクス，ルーキウス　Cornelius Sulla Felix, L.　前82–80年の独裁官. **1**. 4. 2; 5. 1; 7. 3
コルネーリウス・バルブス，ルーキウス　Cornelius Balbus, L.　ガーデース出身のローマ騎士. カエサル軍の士官. **3**. 19. 7
コルネーリウス・レントゥルス・クルース，ルーキウス　Cornelius Lentulus Crus, L.　前49年の執政官. **1**. 1. 2; 2. 4, 5; 4. 2; 5. 4; 14. 1, 4; **3**. 4. 1; 96. 1; 102. 7; 104. 3
コルネーリウス・レントゥルス・スピンテール，プブリウス　Cornelius Lentulus Spinther, P.　ポンペイウス軍の指揮官. **1**. 15. 3; 16. 1; 21. 6; 22. 1, 6; 23. 2; **3**. 83. 1; 102. 7
コルネーリウス・レントゥルス・マルケッリーヌス，プブリウス　Cornelius Lentulus Marcellinus, P.　カエサル軍の財務官. **3**. 62. 4; 64. 1; 65. 1
コルネーリウス砦　Castra Cornelia　ウティカ近くの砦. 第2次ポエニー戦争中の前204/203年に大スキーピオーが築いた. **2**. 24. 2; 25. 6; 30. 3; 37. 3
コルフィーニウム(の住民)　Corfinium(Corfinienses)　スルモーに近い，パエリグニー人の城市. **1**. 15. 6; 16. 1; 18. 1; 19. 4; 20. 1; 21. 6; 23. 4,

5; 24. 1; 25. 1; 34. 1; **2**. 28. 1; 32. 1, 13; **3**. 10. 1
コンシディウス・ロングス，ガーイウス　Considius Longus C.　前50年のアフリカ総督．ポンペイウス軍の指揮官．　**2**. 23. 4
コンプサ　Compsa　ヒルピーニー人の城市，現コンツァ(Conza)．　**3**. 22. 2
ゴンポイ　Gomphi　テッサリアの城市．　**3**. 80. 1; 81. 1, 2
コンマゲノス　→アンティオコス・コンマゲノス

サ　行

サクサ　→デキディウス・サクサ
サクラーティウィル，マルクス　Sacrativir, M.　ローマ騎士．　**3**. 71. 1
サーソーン　Sason　オーリコンの入り江の縁に位置する島，現サザン(Sazan)．　**3**. 8. 4
サダラース　Sadalas　コテュスの息子．　**3**. 4. 3
サッリュエス　Sallyes　外ガリアの部族．　**1**. 35. 4
サートゥルニーヌス　→アップレイウス・サートゥルニーヌス
サビーヌス　→カルウィシウス・サビーヌス
サブッラ　Saburra　ヌミディア軍の司令長官．　**2**. 38. 1, 3; 39. 1; 40. 1, 2; 41. 2; 42. 1
サルディニア　Sardinia　ティレニア海の島でローマ属州，現サルデーニャ．　**1**. 30. 2, 3; 31. 1; **3**. 10. 5
サローナエ　Salonae　ダルマティアの城市，現スプリト(Split)．　**3**. 9. 1, 2
シキリア　Sicilia　現シチリア島．　**1**. 25. 1; 30. 2, 4; 31. 1; **2**. 3. 1; 23. 1, 5; 30. 3; 32. 3; 34. 4; 37. 4; 43. 1; 44. 1; **3**. 10. 5; 42. 3; 101. 1
シキリア海峡　fretum Siculum　**1**. 29. 2; **2**. 3. 1
シコリス　Sicoris　ヒスパーニアの川，現セグレ(Segre)．　**1**. 40. 1; 48. 3; 61. 6; 62. 3; 63. 1; 83. 4
シュリア(人)　Syria(Syri)　地中海東端沿岸部のローマ属州．　**1**. 4. 5; 6. 5; **3**. 3. 1, 2; 4. 3, 5; 5. 3; 31. 3; (32. 6); 88. 3; 101. 1; 103. 1, 5; 105. 4; 110. 3
勝利女神　Victoria　**3**. 105. 3, 6
スカエウァ　Scaeva　カエサル軍の百人隊長．　**3**. 53. 4, 5

スキーピオー　→カエキリウス・メテッルス・ピウス・スキーピオー・ナーシーカ
スクリーボーニウス・クーリオー，ガーイウス　Scribonius Curio, C.　前50年の護民官．　**1**. 12. 1, 3; 18. 5; 30. 2, 5; 31. 1; **2**. 3. 1; 23. 1, 5; 24. 1; 25. 1, 3, 4, 6, 7; 26. 1, 3; 27. 1–3; 28. 1, 2, 4; 29. 1; 31. 1; 33. 1, 2; 34. 3, 4; 35. 1, 4, 5; 36. 1; 37. 1, 6; 38. 1–3, 5; 39. 1, 2, 5, 6; 40. 2, 3; 41. 3; 42. 1, 3, 4; 43. 1; **3**. 10. 5
スクリーボーニウス・リボー，ルーキウス　Scribonius Libo, L.　ポンペイウス軍の指揮官．　**1**. 26. 3–5; **3**. 5. 3; 15. 6; 16. 2, 3; 17. 5; 18. 3; 23. 1; 24. 2, 4; 90. 1; 100. 1
スタティウス・ムルクス，ルーキウス　Statius Murcus, L.　カエサル軍の副司令官．　**3**. 15. 6; 16. 2
スタベリウス，ルーキウス　Staberius, L.　ポンペイウス軍の指揮官．　**3**. 12. 1, 3
スッラ　→コルネーリウス・スッラ
スピンテール　→コルネーリウス・レントゥルス・スピンテール
スルピキウス，セルギウス　Sulpicius, Ser.　元老院議員．　**2**. 44. 3
スルピキウス・ルーフス，プブリウス　Sulpicius Rufus, P.　カエサル軍の副司令官，前48年の法務官．　**1**. 74. 6; **3**. 101. 1, 4
スルモー(の住民)　Sulmonenses　サムニウム地方の城市，現スルモーナ(Sulmona)．　**1**. 18. 1, 2
セプティミウス，ルーキウス　Septimius, L.　ポンペイウスの殺害者．　**3**. 104. 2, 3
セラーピオーン　Serapion　エジプト王の家臣．　**3**. 109. 4
セルウィーリウス・ウァティア・イサウリクス，プブリウス，　Servilius Vatia Isauricus, P.　前48年，カエサルの同僚執政官．　**3**. 1. 1; 21. 1, 3
セルトーリウス，クイントゥス　Sertorius, Q.　前83年(？)の法務官．前81年に公権を剝奪されたあと，ヒスパーニアを根城にゲリラ戦を展開してローマに反旗を掲げて戦い，前73年に暗殺された．　**1**. 61. 3
外ガリア　Gallia ulterior　アルプス西側のローマ属州．　**1**. 33. 4; 39. 2

タ　行

大西洋　Oceanus　**1**. 38. 3

タウロイース(タウロエイス)　Taurois(Tauroeis)　マッシリア軍の砦.　**2**. 4. 5
タッラキーナ　Tarracina　ラティウムの町，現テッラチーナ(Terracina).　**1**. 24. 3
タッラコー(の住民)　Tarraco(Tarraconenses)　内ヒスパーニアの城市，現タラゴーナ(Tarragona).　**1**. 60. 2; 73. 2; 78. 3; **2**. 21. 4, 5
ダマシップス　→リキニウス・ダマシップス
タルコーンダーレイオス・カストール　Tarcondarius Castor　デーイオタルスの婿.　**3**. 4. 5
ダルダニア(人)　Dardani　マケドニア北方の地方.　**3**. 4. 6
ダルマティア(人)　Dalmatae　イッリュリクム中央部の地方.　**3**. 9. 1
ディアーナ　Diana　森と狩猟を司る処女神．ギリシアのアルテミスに相当.　**3**. 33. 1; 105. 1
ディオスコリデース　Dioscorides　エジプト王の家臣.　**3**. 109. 4
デーイオタルス　Deiotarus　ガラティア(→ガッログラエキア)の四分太守.　**3**. 4. 3
ティッリウス，クイントゥス　Tillius, Q.　カエサル軍の副司令官.　**3**. 42. 3
ティーブルティウス，ルーキウス　Tiburtius, L.　カエサル軍の士官.　**3**. 19. 7
テオパネース　Theophanes　ミュティレーナイ出身の歴史家．ポンペイウスのミトリダーテース戦争に付き添い，市民権を与えられた.　**3**. 18. 3
デキディウス・サクサ，ルーキウス　Decidius Saxa, L.　カエサル軍のケルティベーリア人士官.　**1**. 66. 3
テッサリア(人)　Thessalia(Thessali)　ギリシア本土東北部の地方.　**3**. 4. 2, 6; 5. 1; 34. 2; 35. 2; 36. 2–5; 79. 7; 80. 1, 3, 4; 81. 2; 82. 1; 100. 3; 101. 7; 106. 1; 111. 3
テーバイ　Thebae　ギリシア，ボイオーティア地方の城市.　**3**. 56. 4
デュッラキオン　Dyrrachium　イッリュリクムの城市，現ドゥラス(Durrës).　**1**. 25. 2; 27. 1; **3**. 5. 2; 9. 8; 11. 2; 13. 1, 3, 5; 26. 1–3; 30. 1, 7; 41. 3, 5; 42. 1, 44. 1; 53. 1; 57. 1; 58. 1; 62. 3; 78. 3; 79. 4; 80. 2, 4; 84. 1; 87. 4; 89. 1; 100. 3
デルポイ　Delphi　有名な神託所のあったギリシアの町.　**3**. 56. 4

テルムス　→ミヌキウス・テルムス
テレンティウス・ウァッロー，マルクス　Terentius Varro, M.　ポンペイウス軍の副司令官．　**1**. 38. 1, 2; **2**. 17. 1; 19. 3, 4; 20. 1, 4, 6, 8; 21. 2, 4
テレンティウス・ウァッロー・ムーレーナ，アウルス　Terentius Varro Murena, A.　ポンペイウス軍の指揮官．　**3**. 19. 4
トゥッルス　→ウォルカーキウス・トゥッルス
トゥーティカーヌス・ガッルス　Tuticanus Gallus　元老院議員の息子．　**3**. 71. 1
トゥーベロー　→アエリウス・トゥーベロー
トゥーリイー(周辺域)　Thurii(Thurinum)　ルーカーニアの城市．　**3**. 21. 4; 22. 3
ドミティウス，グナエウス　Domitius, Cn.　クーリオー軍の騎兵隊長．　**2**. 42. 3
ドミティウス・アヘーノバルブス，ルーキウス　Domitius Ahenobarbus, L.　(1)前54年の執政官．　**1**. 6. 5; 15. 6, 7; 16. 2, 3; 17. 1; 19. 1, 3, 4; 20. 1, 2, 4, 5; 21. 6; 22. 2; 23. 2, 4, 5; 25. 1; 34. 2; 36. 1; 56. 1, 3; 57. 4; **2**. 3. 1, 3; 18. 2; 22. 2; 28. 2; 32. 8; **3**. 83. 1, 3; 99. 5　(2)(1)の息子．　**1**. 23. 2
ドミティウス・カルウィーヌス，グナエウス　Domitius Calvinus, Cn.　カエサル軍の指揮官．前53年の執政官．　**3**. 34. 3; 36. 1, 2, 6, 8; 37. 1–3, 5; 38. 1, 2, 4; 78. 2–5; 79. 3, 5–7; 89. 3
ドムニラーオス　Domnilaus　ガラティア(→ガッログラエキア)の四分太守．　**3**. 4. 5
トラーキア(人)　Thracia(Thraces)　エーゲ海北岸の地域．　**3**. 4. 3; 95. 3
トラッレイス　Tralles　アシア中西部の城市．　**3**. 105. 6
トリアーリウス　→ウァレリウス・トリアーリウス
トルクアートゥス　→マンリウス・トルクアートゥス
トレボーニウス，ガーイウス　Trebonius, C.　カエサル軍の副司令官．　**1**. 36. 5; **2**. 1. 1, 4; 5. 3; 13. 3, 4; 15. 1; **3**. 20. 1, 2; 21. 2

ナ　行

ナウパクトス　Naupactus　ギリシア中西部沿岸の城市，現レパント(Lepanto)．　**3**. 35. 1

ナシディウス，ルーキウス　Nasidius, L.　ポンペイウス軍の指揮官．　**2**. 3. 1; 4. 4, 5; 7. 1, 2
ナルボー　Narbo　外ガリアの城市，現ナルボンヌ(Narbonne)．　**1**. 37. 1; **2**. 21. 5
ニュンパイオン　Nymphaeum　イッリュリクムの港．　**3**. 26. 4
ヌミディア(人)　Numidae　アフリカ北岸の地域，現アルジェリア東部に相当．　**2**. 25. 3, 5; 38. 4; 39. 4; 41. 6
ネアーポリス　Neapolis　現ナポリ．　**3**. 21. 5
ノーリクム(の王)　Noricus(rex)　ドナウ川南側の地方．　**1**. 18. 5

ハ　行

パエリグニー(人)　Paeligni(Paelignus)　イタリア中央部の部族．　**1**. 15. 7; 18. 1; **2**. 29. 3; 35. 1
バグラダース　Bagradas　アフリカの川，現メジェルダ(Medjerda)だが，川筋は古代から変化している．　**2**. 24. 1; 26. 1; 38. 3; 39. 1
ハドリア海　Hadoriaticum mare　現アドリア海．　**1**. 25. 3
ハドルーメートゥム　Hadrumetum　アフリカの城市，現スース(Sousse)．　**2**. 23. 3, 4
パライステー　Palaeste　エーペイロスの港町，現アルバニアのパラセ(Palasë)．　**3**. 6. 3
ハリアクモーン　Haliacmon　マケドニアとテッサリア境界の川，現アリアクモナス(Aliakmonas)．　**3**. 36. 3; 37. 1
パルティア(人)　Parthi　メソポタミア地方の王国．　**1**. 9. 4; **3**. 31. 3, 4; 82. 4
パルティーニー　Parthini　イッリュリクム南部の部族．　**3**. 11. 3; 41. 1; 42. 4, 5
バルブス　→コルネーリウス・バルブス
パロス　Pharus　アレクサンドリア近くの島と灯台．　**3**. 111. 6; 112. 1, 4, 5
ピーケーヌム　Picenum　イタリア半島の「ふくらはぎ」に当たる地方．　**1**. 12. 3; 15. 1, 4; 29. 2
ピサウルム　Pisaurum　ウンブリア地方，ハドリア海沿岸の城市，現ペーザロ(Pesaro)．　**1**. 11. 4; 12. 1

ヒスパーニア(人)　Hispania(Hispani)　現在のイベリア半島に相当する地域(の人々).　**1**. 22. 4; 30. 1; 34. 1; 37. 1; 38. 1; 39. 2, 3; 74. 5; 85. 6; 86. 3; 87. 5; **2**. 1. 1, 2; 32. 5; 37. 2; **3**. 2. 3; 10. 1, 5; 47. 5; 83. 2
内ヒスパーニア　Hispania citerior　ヒスパーニア東側部分のローマ属州.　**1**. 38. 1; 39. 1; 48. 7; **2**. 7. 2; 18. 6, 7
外ヒスパーニア　Hispania ulterior　ヒスパーニア西側部分のローマ属州.　**1**. 38. 1, 2; 39. 1; **2**. 17. 1; 19. 1
両ヒスパーニア属州　Hispaniae　内ヒスパーニアと外ヒスパーニア.　**1**. 10. 3; 29. 3; 85. 7; **2**. 18. 7; 32. 13; **3**. 10. 5; 73. 3
ヒスパリス　Hispalis　外ヒスパーニアの城市，現セビリア(Sevilla).　**2**. 18. 1; 20. 4
ピーソー　→カルプルニウス・ピーソー
ヒッルス　→ルーキーリウス・ヒッルス
ビテューニア　Bithynia　黒海西南岸のローマ属州.　**3**. 3. 1
ビブルス　→カルプルニウス・ビブルス
ヒベールス　Hiberus　ヒスパーニアの川，現エブロ(Ebro).　**1**. 60. 2; 61. 5; 62. 3; 63. 2; 65. 4; 68. 1, 3; 69. 4; 72. 5; 73. 1
ビュッリス(の住民)　Byllis(Byllidenses)　イッリュリクム南端の城市.　**3**. 12. 4; 40. 4
ピューレーネー山地　Pyrenaeus Saltus　現ピレネー山脈.　**1**. 37. 1; **3**. 19. 2
ピリップス　→マルキウス・ピリップス
ヒルピーニー地方　Hirpinus ager　イタリア中部サムニウム地方に住むヒルピーニー人の土地.　**3**. 22. 2
ファウォーニウス，マルクス　Favonius, M.　ポンペイウス軍の指揮官.前 49 年の法務官.　3. 36. 3, 6–8; 57. 5
ファウストゥス　→コルネーリウス・スッラ・ファウストゥス
ファーヌム　Fanum　ウンブリア地方，ハドリア海沿岸の城市，現ファーノ(Fano).　**1**. 11. 4
ファビウス　Fabius　クーリオー軍のパエリグニー人兵士.　**2**. 35. 1, 2, 5
ファビウス，ガーイウス　Fabius, C.　カエサル軍の副司令官.　**1**. 37. 1, 3; 40. 1, 3, 4, 7; 48. 2
フィルムム　Firmum　ピーケーヌムの町，現フェルモ(Fermo).　**1**. 16. 1
フェニキア　Phoenice　シュリアの沿岸部.　**3**. 3. 1; 101. 1

フェルギナース，ガーイウス　Felginas, C.　ローマ騎士.　**3**. 71. 1
プテオリー　Puteoli　カンパーニアの城市，現ポッツォリ(Pozzuoli).　**3**. 71. 1
プトレマイオス(12世)・アウレーテース　Ptolemaeus Auletes　エジプト王.　**3**. 4. 4; 103. 5; 107. 2; 108. 4, 5; 109. 4; 110. 6; 112. 10
プトレマイオス(13世)　Ptolemaeus　エジプト王．前項の人物の息子，クレオパトラの弟.　**3**. 103. 2, 5; 107. 2
ブートロートン　Buthrotum　エーペイロスの町，現ブトリント(Butrint).　**3**. 16. 1
プトロマーイス　Ptolomais　フェニキアまたはキューレーネーまたはパンピューリアの城市.　**3**. 105. 4
プーピウス，ルーキウス　Pupius, L.　ポンペイウス軍の首位百人隊長.　**1**. 13. 4, 5
フフィウス・カレーヌス，クイントゥス　Fufius Calenus, Q.　カエサル軍の副司令官.　**1**. 87. 4; **3**. 8. 2; 14. 1, 2; 26. 1; 56. 2–4; 106. 1
プラケンティア　Placentia　内ガリアの城市，現ピアチェンツァ(Piacenza).　**3**. 71. 1
フラックス　→ヴァレリウス・フラックス
プランクス　→ムナーティウス・プランクス
ブリタンニア　Britannia　現ブリテン島.　**1**. 54. 1
フルウィウス・ポストゥムス　Fulvius Postumus　カエサル軍の士官.　**3**. 62. 4
フルギニウス，クイントゥス　Fulginius, Q.　カエサル軍の百人隊長.　**1**. 46. 4
ブルッティイー　Bruttii　イタリア南部の地方.　**1**. 30. 4
ブルートゥス　→ユーニウス・ブルートゥス
ブルンディシウム　Brundisium　イタリア南部の港町，現ブリンディジ(Brindisi).　**1**. 24. 1, 5; 25. 1–4; 26. 1; 27. 1; 28. 1, 4; 30. 1; **3**. 2. 1, 3; 6. 1; 8. 1; 14. 1; 23. 1; 24. 1, 4; 25. 1, 3; 87. 3; 100. 1, 2
プーレイオー，ティトゥス　Puleio, T.　ポンペイウス軍兵士.　**3**. 67. 5
フレンターニー　Frentani　イタリア中央部の部族.　**1**. 23. 5
プローティウス，マルクス　Plotius, M.　カエサル軍の士官.　**3**. 19. 7
ヘーゲサレートス　Hegesaretos　テッサリア人権勢家.　**3**. 35. 2
ベッシー　Bessi　トラーキア北西部の部族.　**3**. 4. 6

ペディウス，クイントゥス　Pedius, Q.　カエサル軍の副司令官．　**3**. 22. 2
ペトラ　Petra　デュッラキオン近辺の高台．　**3**. 42. 1, 5
ペトライオス　Petraeus　テッサリア人青年貴族．　**3**. 35. 2
ペトレイウス，マルクス　Petreius, M.　ポンペイウス軍の副司令官．　**1**. 38. 1–4, 39. 1; 40. 4; 42. 2; 43. 1; 53. 1; 61. 2; 63. 3; 65. 1; 66. 3; 67. 1; 72. 5; 73. 4; 74. 3; 75. 2; 76. 1; 87. 3; **2**. 17. 4; 18. 1
ヘーラクレイア　Heraclia (Lyncestis)　イッリュリクムとの境界に位置するマケドニアの城市，現ビトラ(Bitola)の近く．　**3**. 79. 3
ベーリカ門　Belica porta　ウティカの城門．　**2**. 25. 1
ヘルウィイー　Helvii　ガリアの部族．　**1**. 35. 4
ペルガモン　Pergamum　属州アシアの城市．現ベルガマ(Bergama)．　**3**. 31. 4; 105. 5
ヘルクレースの社　Herculis fanum　ガーデースにある神殿．　**2**. 18. 2; 21. 2
ペールーシオン　Pelusium　エジプトの城市．現ポート・サイード(Port Said)．　**3**. 103. 1; 108. 2
ボイオーティア　Boeotia　ギリシア中央部の地方．　**3**. 4. 2
ポストゥムス　→フルウィウス・ポストゥムス
ポテイノス　Pothinus　エジプト王の養育係で宦官．　**3**. 108. 1; 112. 12
ポルキウス・カトー・ウティケンシス，マルクス(小カトー)　Porcius Cato Uticensis, M.　前 54 年の法務官．　**1**. 4. 1; 30. 2, 4; 32. 3
ポントス　Pontus　黒海南岸東部のローマ属州．　**3**. 3. 1; 4. 3
ポンペイウス・マグヌス，グナエウス　Pompeius Magnus, Cn.　(1)前 70, 55, 52 年の執政官，カエサルの宿敵．　本書の各所　(2)(1)の息子．　**3**. 4. 4; 5. 3; 40. 1
ポンポーニウス，マルクス　Pomponius, M.　カエサル軍の指揮官．　**3**. 101. 1, 2

マ　行

マウレーターニア　Mauretania　アフリカ北岸の地域，現モロッコ沿岸部に相当．　**1**. 6. 3; 39. 3; 60. 5
マギウス，ヌメリウス　Magius, N.　ポンペイウス軍の工兵隊長．　**1**. 24.

4; 26. 2
マケドニア(人)　Macedonia(Macedones)　ギリシア北部の地方，ローマ属州．　**3**. 4. 1, 4, 6; 11. 2; 33. 2; 34. 3, 4; 36. 1–3; [41. 1]; 57. 1; 79. 2; 102. 3
マッシリア(の住民)　Massilia(Massilienses)　外ガリアの城市，現マルセイユ．　**1**. 34. 2–4; 35. 1; 36. 1, 4, 5; 56. 1, 4; 57. 2, 4; 58. 1, 5; **2**. 1. 1, 3; 3. 1, 3; 4. 1, 5; 5. 1; 6. 1; 7. 2–4; 14. 5; 15. 1; 17. 4; 18. 1; 21. 5; 22. 1, 2, 5
マッルーキーニー　Marrucini　イタリア中央部の部族．　**1**. 23. 5; **2**. 34. 3
マルキウス・ピリップス，ルーキウス　Marcius Philippus, L.　(1)前56年の執政官．　**1**. 6. 5　(2)(1)の息子．前49年の護民官．　**1**. 6. 4
マルキウス・ルーフス　Marcius Rufus　クーリオー軍の財務官．　**2**. 23. 5; 24. 1; 43. 1
マルケッリーヌス　→コルネーリウス・レントゥルス・マルケッリーヌス
マルケッルス　→クラウディウス・マルケッルス
マルシー　Marsi　イタリア中央部の山岳部族．　**1**. 15. 7; 20. 3; **2**. 27. 1; 29. 3
マンリウス・トルクアートゥス，ルーキウス　Manlius Torquatus, L.　前49年の法務官．　**1**. 24. 3; **3**. 11. 3
ミヌキウス・テルムス，クイントゥス　Minucius Thermus, Q.　前53年の法務官．　**1**. 12. 1, 2
ミヌキウス・ルーフス　Minucius Rufus　ポンペイウス軍の指揮官．　**3**. 7. 1
ミネルウァ　Minerva　技芸と戦いを司るローマの女神，ギリシアのアテーネーに相当．　**3**. 105. 3
ミュティレーナイ　Mytilenae　レスボス島の城市．現ミティリニ(Mitilini)．　**3**. 102. 4
ミロー　→アンニウス・ミロー
ムナーティウス・プランクス，ルーキウス　Munatius Plancus, L.　カエサル軍の副司令官．　**1**. 40. 5
ムルクス　→スタティウス・ムルクス
メッサーナ　Messana　シキリア北東端の城市，現メッシーナ(Messina)．　**2**. 3. 2; **3**. 101. 1, 3
メテッルス　→カエキリウス・メテッルス
メートロポリス(の住民)　Metropolis(Metropolitae)　テッサリアの城市．

3. 80. 7; 81. 1, 2
メネデーモス　Menedemus　マケドニアの指導者.　**3**. 34. 3

ヤ　行

ヤケターニー　Iacetani　ヒスパーニア北部の部族.　**1**. 60. 2
ユーニウス・ブルートゥス，デキムス　Iunius Brutus, D.　カエサル軍の副司令官.　**1**. 36. 5; 56. 4; 57. 1; **2**. 3. 3; 5. 1; 6. 4, 6; 22. 3
ユバ　Iuba　ヌミディア王.　**1**. 6. 3; **2**. 25. 3, 4; 36. 3; 38. 1; 40. 1; 43. 2; 44. 2, 3
ユーリウス・カエサル，ガーイウス　Iulius Caesar, C.　前 59, 48 年の執政官，本作品の著者.　本書の各所.
ユーリウス・カエサル，セクストゥス　Iulius Caesar, Sex.　カエサル軍の副司令官.　**2**. 20. 7
ユーリウス・カエサル，ルーキウス　Iulius Caesar, L.　(1)前 64 年の執政官．カエサルの副司令官(前 52–49 年).　**1**. 8. 2　(2)(1)の息子．ポンペイウス軍の指揮官.　**1**. 8. 2; 10. 1; **2**. 23. 3, 4

ラ　行

ラウェンナ　Ravenna　内ガリアの城市，現ラヴェンナ.　**1**. 5. 5
ラエリウス，デキムス　Laelius, D.　ポンペイウス軍の指揮官.　**3**. 5. 3; 7. 1; 40. 4; 100. 1–3
ラケダイモーン　Lacedaemon　ギリシア，スパルタを中心とする地方.　**3**. 4. 3
ラスキューポリス　Rhascypolis　トラーキア西部，サパイオイ族の王.　**3**. 4. 4
ラティウム祭　feriae Latinae　ローマでもっとも由緒ある祝祭の一つで，毎年，執政官が日取りを定める.　**3**. 2. 1
ラビエーヌス，ティトゥス　Labienus, T.　ガリア遠征におけるカエサルの副司令官，内乱におけるポンペイウス軍の指揮官.　**1**. 15. 2; **3**. 13. 3; 19. 6, 8; 71. 4; 87. 1
ラーリーサ　Larisa　テッサリアの首都，現在も同名.　**3**. 80. 4; 81. 2; 96. 3; 97. 2; 98. 3

ラーリーヌム(の住民)　Larinates　アープーリア西の境界にある町，現ラリーノ(Larino)．　**1**. 23. 5
リキニウス・クラッスス・ディーウェス，マルクス　Licinius Crassus Dives, M.　前 70, 55 年の執政官．　**3**. 31. 3
リキニウス・ダマシップス　Licinius Damasippus　元老院議員．　**2**. 44. 3
リッソス　Lissus　イッリュリクムの城市，現レジャ(Lezhë)．　**3**. 26. 4; 28. 1, 2; 29. 1, 2; 40. 5; 42. 4; 78. 4
リブルニア艦隊(艦船)　Liburnica classis (Liburnae naves)　リブルニアはイッリュリクム北部の島嶼地域で，快速船が有名．　**3**. 5. 3; 9. 1
リボー　→スクリーボーニウス・リボー
ルーカーニア　Lucani　イタリア半島南部の地方．　**1**. 30. 4
ルーキーリウス・ヒッルス，ルーキウス　Lucilius Hirrus, L.　前 53 年の護民官．ポンペイウス軍の指揮官．　**1**. 15. 5; **3**. 82. 4
ルクレーティウス，クイントゥス　Lucretius, Q.　ポンペイウス派の元老院議員．　**1**. 18. 1, 3
ルクレーティウス・ウェスピッロー，クイントゥス　Lucretius Vespillo, Q.　ポンペイウス軍の指揮官．　**3**. 7. 1
ルーケリア　Luceria　アープーリアの町，現ルチェラ(Lucera)．　**1**. 24. 1
ルーシーターニア(人)　Lusitania (Lusitani)　外ヒスパーニア南西部の地方．　**1**. 38. 1–3; 44. 2; 48. 7
ルッケイウス，ルーキウス　Lucceius, L.　前 67 年の法務官．ポンペイウスの親友．　**3**. 18. 3
ルティーリウス・ルプス，プブリウス　Rutilius Lupus, P.　前 49 年の法務官．ポンペイウス軍の指揮官．　**1**. 24. 3; **3**. 56. 3
ルテーニー　Ruteni　アクイターニア東北部の部族．　**1**. 51. 1
ルーフス　→アクーティウス，ウィブッリウス，カエキリウス，カエリウス，スルピキウス，マルキウス，ミヌキウス
ルプス　→ルティーリウス・ルプス
ルブリウス，ルーキウス　Rubrius, L.　ポンペイウス派元老院議員．　**1**. 23. 2
レピドゥス　→アエミリウス・レピドゥス
レビルス　→カニーニウス・レビルス
(小)レプティスの住民　Leptitani　小レプティス(Leptis Minor)はアフリカ沿岸の城市，現ラムタ(Lamta)．　**2**. 38. 1

レントゥルス　→コルネーリウス・レントゥルス
ロウキッルス　Roucillus　アッロブロゲス族騎兵．　**3**. 59. 1; 79. 6
ロスキウス，ルーキウス　Roscius, L.　カエサル軍の副司令官．　**1**. 3. 6; 8. 4; 10. 1
ロダヌス　Rhodanus　現ローヌ川．　**2**. 1. 2
ロドス　Rhodus　現ロードス島．　**3**. 5. 3; 26. 2; 27. 2; 102. 7; 106. 1
ローマ　Roma　**1**. 6. 3; 14. 1; 33. 2; 53. 1, 2; **3**. 10. 8; 83. 3; 108. 5, 6; 109. 4
ローマ騎士　eques Romanus　ローマ人の階級の一つ．元老院階級の次に位する．　**1**. 17. 2; 23. 1, 2; 77. 2; **2**. 18. 2; **3**. 71. 1
ローマ国民　populus Romanus　**1**. 7. 5; 9. 2, 5; 22. 5; 〈35. 3〉; **3**. 11. 4; 12. 2; 107. 2; 108. 5; 110. 2
ローマ市民　cives Romani　**1**. 30. 4; **2**. 18. 4; 19. 2; 20. 5; 21. 1, 2; **3**. 4. 1; 9. 3; 10. 5; 29. 1; 32. 6; 40. 5; 102. 2, 6
ロンギーヌス　→カッシウス・ロンギーヌス

用語説明

演壇　rostra　ローマ中央広場の北西端にあり，敵軍船から奪った衝角で飾られた演説用の高壇．

大盾歩兵　scutati　皮革の覆いと鉄の縁を施した大型の木製盾(scutum)をもつヒスパーニア歩兵．

管区　praefectura　ローマ直轄地の行政単位．司法・行政の長としてローマから長官(praefectus)が派遣される．

儀鉞　fasces　薪の束に斧を挿したもので，命令権を象徴する．

徽章　insignia　兜の飾り，勲章など，将兵の位階や手柄を示すもの．

亀甲車　testudo　鎧車の先頭に破城鎚を装備したもの．

騎兵　equitatus(equites)　補助軍で構成されることが多い．10騎からなる騎兵小隊(decuria)を最小単位とし，3小隊が中隊(turma)，10中隊が大隊(ala)を形成する．

騎兵隊長　praefectus equitum　騎兵隊の指揮官．

軍船　naves longae　全長30メートル前後の大きさで，舳先に衝角を備え，左右の舷側に並ぶ漕ぎ座は段重ねに複数ある．→二段櫂船，三段櫂船，四段櫂船，五段櫂船

軍団　legio　ローマ正規軍の編制単位．1個軍団は10個大隊，1個大隊は3個中隊，1個中隊は2個の百人隊からなる．したがって，1個軍団の通常兵員は6000．軍団兵は原則としてローマ市民．

軍団士官　tribunus militum　軍団の下級士官．貴族の子弟が軍隊経験を積むためにこの位階で軍団に加わることが多い．

現地出身者軍　legio vernacula　ヒスパーニアで編成された属州生まれの兵士からなる軍団．

行軍隊形　agmen　縦列の隊形で，騎兵が先乗りの偵察や見張りをする．

攻城登坂路　agger　攻城戦において敵城市とのあいだにある起伏を克服して，鎧車や攻城櫓など攻城装備を城壁まで導く接近路．木材や土砂を用いて築き，城壁との高低差を相対的に減殺する．

攻城櫓　turris　攻城戦に用いられる可動式の櫓．

工兵隊長　praefectus fabrum　文官の最高位で，兵員・食糧・資材などの調達に当たる．

古参兵　veteranus (miles)　軍役期間の長い兵卒．

小盾歩兵　caetrati　小ぶりの皮革製丸盾(caetra)をもつヒスパーニア歩兵．

五段櫂船　quinqueremis　軍船の一種．上中下3段の漕ぎ座が両舷に連なり，上中下3本の櫂を1組として5人の漕ぎ手で漕いだと考えられる．5人の配置は上から2・2・1，あるいは，2・1・2という説がある．

小ネズミ　musculus　攻城具の一つ．矢玉を防ぐ箱形の移動式装備の中に兵士が入って敵の城壁へ近づくもの．2. 10参照．

再役兵　evocatus (miles)　いったん退役したあと現役復帰した兵士．

作戦会議　consilium　通常，最高指揮官，および，各軍団から副司令官，軍団士官6名，首位百人隊長6名が参加した．

参事会員　decuriones　イタリア自治市の審議機関である参事会の構成員．ローマの元老院議員に相当．

三段櫂船　triremis　軍船の一種．上中下3段の漕ぎ座が両舷に連なり，1本の櫂をそれぞれ1人ないし2人の漕ぎ手が漕ぐ．

自治市　municipium　自治権を有する行政単位．

輜重　impedimenta　食糧，野営具，工具，兵器などの軍需物資の総称．

諮問会議　consilium　ポンペイウスがテッサロニーケーにおいて招集した「元老院」．

首位百人隊長　primipilus　第1大隊第1中隊第1百人隊の隊長．一軍団の中で最高位の百人隊長．

収監所　ergastulum　大農園で働く奴隷の収容所．

従軍奴隷　calo　将兵の世話をする奴隷．

十五人委員　quindecim primi　マッシリアの行政実務を担う役職で，600人の参事会員の中から選ばれる．

衝角　rostrum　敵船に体当たりして損害を与えるために軍船の舳先に装備した突起．

将軍　imperator　軍事的成功を収めた指揮官に対して兵士らから歓呼とともに贈られる称号．

城市　oppidum　地域の拠点をなす防御設備に護られた居住地．文脈により「町」と訳した場合もある．周辺の村，人里と対をなす．

城壁　murus　城市の周囲にめぐらされた防衛のための障壁．

障壁車　pluteus　工事中の兵士を護るための装備．枝編細工などで作った

衝立状のものに車をつけて移動できるようにしてある.

親衛隊 cohors praetoria 最高指揮官の個人警護に当たる部隊.

税金 vectigal 徴税の権利は入札で徴税請負人に売却され，入札額が国庫に入る一方，徴税請負人は入札額を上回る税金を徴収することで利ざやを稼いだ.

先駆警吏 litores 高位政務官の露払いをする吏官.

先鋒兵 antesignani 字義どおりには「軍旗の前を進む兵」で，軍団の最前列に立つ兵士を意味したが，カエサルは通常の戦列に入らない特別部隊として用いた.

属州 provincia 第 1 次ポエニー戦争(前 264–241 年)以降にローマが獲得した海外領地. 巻頭地図参照.

属州総督 proconsul, propraetor 軍隊の指揮権をもって属州の統治に当たる役職. 前 52 年以前は，執政官もしくは法務官が元老院によってあらかじめ任期前に任地属州を割り当てられ，任期後に赴任した. それぞれ執政官格総督(proconsul)，法務官格総督(propraetor)と呼ばれる. 前 52 年のポンペイウス法により，任期後 5 年経過してからの赴任となった.

第 1 大隊百人隊長 primus hastatus 第 1 大隊に属する(他の大隊の百人隊長より上位の)百人隊長.

第 2 位百人隊長 princeps prior 第 1 大隊で首位百人隊長に次ぐ位階.

昼間時 hora 日の出から日没までを 12 等分して区切った時間. →夜警時

徴税請負人 publicani 属州において徴税業務を国家から請け負う者. 主にローマ騎士からなる.

ディギトゥス →マイル

冬期陣営 hiberna 軍隊が冬越しする陣営. ローマでは冬のあいだ戦闘を休止するならいで，そのあいだの駐留場所.

投石兵 funditor 投石を主たる武器とする軽武装兵. →補助軍

投石砲 ballista 大岩や長大な杭などを発射するカタパルト型の兵器.

独裁官 dictator 非常時に 1 人で国家権力のすべてを掌握する官職. 通例では，元老院決議にもとづいて 2 人の執政官のうち一方が他方を指名する.

特別任務兵 beneficiarii 司令本部つきで，諜報活動や司令官の護衛を務め，物資調達や陣営構築などの労役を免除された兵士.

弩砲 tormentum 巨大な石弓型の兵器．重量のある矢や槍を水平方向へ発射する．

二段櫂船 biremis 軍船の一種．上下2段の漕ぎ座が両舷に連なり，1本の櫂をそれぞれ1人ないし2人の漕ぎ手が漕ぐ．

二人委員 duumviri 自治市の首長，もしくは首長級の官吏．

パッスス →マイル

百人隊長 centurio 百人隊を指揮する兵卒．

副司令官 legatus 最高指揮官に代わって個別の軍団を指揮する資格を有する士官．

部隊長 praefectus 軍隊で軍団より下位の編制単位の指揮官．

ペース →マイル

防御設備 munitiones 自陣の防御もしくは敵陣の封鎖を目的とする構築物の総称．目的によって，「防御線」ないし「封鎖線」と訳している場合もある．一般に，壕(fossa)と防壁(vallum)からなり，防壁は土塁(agger)の上に柵を築く．

補助軍 auxilium(milites alarii) ローマの正規軍以外の軍勢．属州からの徴募や同盟国からの提供による．騎兵の場合が多く，歩兵は(正規軍が重装であるのに対し)投石兵や弓兵などの軽武装兵である．戦闘では，戦列中央を占める正規軍の両翼に配される．

マイル mille passuum ローマン・マイル．1マイル＝1000パッスス(passus)，約1500メートル．1パッスス＝5ペース(pes)，約1.5メートル．1ペース＝16ディギトゥス(digitus)，約30センチメートル．

村 vicus 地方の集落．城市より小さく，防御設備をもたない．

命令権 imperium 執政官と法務官，もしくは，同等の権限を認められた者(属州総督など)に授けられる包括的軍事指揮権．

夜警時 vigilia 4交代制による兵士の夜間勤務時間．日没から日の出までを4等分した．したがって，夏至には各夜警時がもっとも短くなる．→昼間時

ヤマアラシ ericius 大きな角材に大釘を打ちつけた防御装備．

弓兵 sagittarius 弓矢を主たる武器とする軽武装兵．→補助軍

四段櫂船 quadriremis 軍船の一種．両舷に連なる上下2段の櫂を4人1組(したがって，1本の櫂に2人)の漕ぎ手で漕ぐ．

四人委員 quattuorviri コルフィーニウムの首長団．

予備金庫 sanctius aerarium 字義どおりには「より神聖な国庫」で，非常

時に必要な資金を保管する.

鎧車　vinea　攻城戦において城壁に近づく兵士を矢玉から防ぐための箱状の可動式装備. 通廊を形成するように連結して用いることもある.

四分太守　tetrarches　部族内で統治権限を分有する首長.

ローマ騎士　eques Romanus　元老院階級に次ぐローマ市民の身分.

ローマ市民協会　conventus civium Romanorum　外地に居住するローマ市民の互恵組織.

鷲旗　aquila　軍団全体を統率する軍旗で, 旗先に鷲を象る.

ローマ内乱関連略年表

年号はすべて紀元前．前46年以前の日付は前ユーリウス暦(ほぼ太陰暦に相当し，現在の暦から2カ月ほどの遅れがある)，以後はユーリウス暦(ほぼ現在の暦と同じ)による．

106	9月29日，ポンペイウス誕生．
100	7月13日，カエサル誕生．
91	同盟市戦争勃発(〜87)．
87	マリウスとキンナ，ローマを占拠し市民を虐殺．
82	スッラ，内乱に勝利，12月に独裁官就任．翌年にかけて大粛清，元老院体制の回復．
74	第3次ミトリダーテース戦争(〜63)．
70	ポンペイウス，クラッススとともに執政官就任(第1回)．
69	カエサル，財務官として属州ヒスパーニアに赴任．
67	ポンペイウス，大権を付与されて地中海の海賊討伐(〜66)．
66	ポンペイウス，大権を付与されて対ミトリダーテース戦争を指揮(〜63)．
62	カエサル，法務官就任．
61	カエサル，法務官格総督として属州ヒスパーニアに赴任．
60	カエサル，ローマに戻り，執政官選挙出馬．ポンペイウスおよびクラッススと組んだ三頭政治体制を背景に当選．イッリュリクム，内ガリア両属州と3個軍団を確保．
59	カエサル，執政官就任．外ガリア属州を確保．カエサルの娘ユーリアがポンペイウスに嫁ぐ．
58	カエサル，5年の任期で属州に出発，ガリア遠征を開始．
56	4月中旬，カエサル，クラッススとポンペイウスとそれぞれ個別に会談，三頭政治体制を更新．
55	ポンペイウス，クラッススとともに執政官就任(第2回)．それぞれヒスパーニアとシュリアを赴任属州として5年の任期で確保．カエサルの属州総督任期を5年間延長．
54	9月，カエサルの娘でポンペイウスの妻ユーリアが死去． 11月，クラッスス，シュリアへ出発．

53	6月12日，クラッスス，パルティア遠征中にカッライで敗死.
52	年初にローマでクローディウス殺害に絡む政情不安.
	ポンペイウス，8月まで単独執政官.
	カエサル，アレシアの決戦に勝利，20日間の感謝祈願祭を元老院が決議.
50	3月1日，カエサルの後任総督について元老院で審議，クーリオーが拒否権行使.
	12月1日，カエサルとポンペイウス双方の武装解除を求める元老院決議.
49	1月10/11日夜，カエサルのルビコーン渡河，内乱勃発.
	2月21日，コルフィーニウム降伏.
	3月17日，ポンペイウス，イタリアを去る.
	4月1–3日，ローマに戻ったカエサル，元老院を招集.
	4月7日，カエサル，ヒスパーニアへ出発.
	8月2日，イレルダ近郊でアフラーニウス・ペトレイウス軍降伏.
	8–9月，クーリオー，アフリカ戦線を指揮し，バグラダース河畔の戦いで敗死.
	10/11月，マッシリア降伏.
	12月，カエサル，ローマに戻り独裁官として執政官選挙実施，前48年の執政官に選出される.
48	1月4日，カエサル，ブルンディシウムから出航，翌日パライステーに上陸.
	3月末，アントーニウス率いる後続部隊，ニュンパイオンに上陸.
	4月中頃，カエサル，デュッラキオン近郊でポンペイウスを包囲.
	7月初旬，ポンペイウス，カエサルの封鎖線を突破.
	7月下旬，カエサル，パルサーロス近郊に陣営を構え，ポンペイウスと対峙.
	8月9日，カエサル，パルサーロスの戦いでポンペイウス軍に勝利.
	9月28日，ポンペイウス，エジプトで殺害される.
	10月2日，カエサル，アレクサンドリアに到着.
47	3月27日，カエサル，エジプトでの戦いに勝利.

	6月末，カエサル，エジプトを出発.
	8月2日，カエサル，ゼーラの戦いでポントス王パルナケースに勝利.
	10月，カエサル，ローマに戻る.
	12月下旬，カエサル，アフリカに渡る.
46	4月6日，カエサル，アフリカのタプソスでの戦いに勝利.
	4月12日，カトー，ウティカで自害.
	7月25日，カエサル，ローマに戻る.
	9月，カエサル，凱旋式挙行.
	12月初旬，カエサル，ヒスパーニアに到着.
45	3月17日，カエサル，ムンダでの戦いに勝利.
	10月，カエサル，ローマに戻り，凱旋式挙行.
44	3月15日，カエサル暗殺.

図版出典一覧

詳しい書誌は訳者解説を参照.

6 頁「イタリア」 *Grosser Historischer Weltatlas*, pp. 40–41 および Talbert, *Barrington Atlas of the Greek and Roman World*, pp. 20, 39–46 を参考に高橋が作成.

28 頁「ブルンディシウム」 Peskett, *Caesar The Civil Wars* 巻末付図.

40 頁「ヒスパーニアとアフリカ」 *Grosser Historischer Weltatlas*, p. 39 および Talbert, *Barrington Atlas of the Greek and Roman World*, pp. 15–16, 24–27, 32–33, 48 を参考に高橋が作成.

43 頁「イレルダ」 Peskett, *Caesar The Civil Wars* 巻末付図.

82 頁「マッシリア」 Peskett, *Caesar The Civil Wars* 巻末付図.

100 頁「アフリカ」 Peskett, *Caesar The Civil Wars* 巻末付図.

127 頁「ギリシア」『キケロー選集』(岩波書店)収載「紀元前 1 世紀のギリシア本土図」をもとに, Talbert, *Barrington Atlas of the Greek and Roman World*, pp. 20, 49–51, 54–55, 58 を参考にして加筆.

161 頁「デュッラキオン」 Peskett, *Caesar The Civil Wars* 巻末付図.

197 頁「パルサーロス」 学者の諸説をもとに高橋が作成.

224 頁「アレクサンドリア」 Kraner/Hofmann, *C. Iuli Caesaris Commentarii de Bello Civili* 巻末付図 No. 3.